普通高等教育"十一五"国家级规划教材

高职高专财经商贸类专业系列教材

"十三五"江苏省高等学校重点教材（编号：2019-1-019）

财务报表分析

第4版

主　　编　张远录

副主编　蔡清龙　胡　迪　边　巍

参　　编　能　超　王安超　赵晓青

张经纬　张亚芳

机械工业出版社

本书立足高职高专财会专业人才培养目标，以学生为本，理论联系实际，学用结合，融教、学、做于一体，着力培养学生分析和解决实际问题的能力。

　　本书以企业财务报表年报为依据，介绍了企业的资本资产结构、偿债能力、盈利能力、营运能力、发展能力、权益变动、利润分配等财务指标和成本费用的分析内容、分析方法；对企业的综合财务状况和经营绩效的评价内容和方法进行了阐述。

　　本书为高职高专财经类专业教材，也可作为管理类专业基础教材，还可作为企业财务会计人员和经营管理人员进行财务报表分析的参考资料。

图书在版编目（CIP）数据

财务报表分析／张远录主编. —4 版. —北京：机械工业出版社，2020.6（2022.1 重印）

高职高专财经商贸类专业系列教材

ISBN 978 - 7 - 111 - 65322 - 6

Ⅰ.①财… Ⅱ.①张… Ⅲ.①会计报表-会计分析-高等职业教育-教材 Ⅳ.①F231.5

中国版本图书馆 CIP 数据核字（2020）第 061065 号

机械工业出版社（北京市百万庄大街22号　邮政编码100037）

策划编辑：孔文梅　　责任编辑：孔文梅　乔　晨

责任校对：赵　燕　　封面设计：鞠　杨

责任印制：单爱军

北京虎彩文化传播有限公司印刷

2022 年 1 月第 4 版第 4 次印刷

184mm×260mm · 12.25 印张 · 310 千字

标准书号：ISBN 978 - 7 - 111 - 65322 - 6

定价：39.80 元

电话服务　　　　　　　　　　　　网络服务

客服电话：010 - 88361066　　　　机　工　官　网：www.cmpbook.com

　　　　　010 - 88379833　　　　机　工　官　博：weibo.com/cmp1952

　　　　　010 - 68326294　　　　金　书　网：www.golden-book.com

封底无防伪标均为盗版　　　　机工教育服务网：www.cmpedu.com

前言
Preface

教育部公布的最新高职专业标准中，财务分析与业绩评价课程已经成为会计和财务管理的核心课，表明财务会计向管理会计转型的力度加大了。本次修订在保持第 3 版特色的基础上，根据企业财务报表分析的最新要求，结合当前高职财会人才培养的新特点，在学以致用上进行了大胆创新，调整、更新了相关知识，对配套实训资料、实训方式、实训要求、实训考核方式等进行了调整，并丰富了数字化配套资源。本书主要特点包括：

1. 对照新标准

本书在内容安排、知识结构、素质能力要求等方面进行了调整，使其在教学重点、课程内容、素质能力结构以及评价标准等方面与新的专业教学标准对接。

2. 融教、学、做于一体

本书以培养学生职业能力为主线，在结构上做了精心安排，把知识准备、知识转化、知识运用三环紧扣，顺应了教、学、做于一体的要求。

3. 突出理实结合

本书在阐述财务报表分析基本理论、基本知识的基础上，突出学以致用，以创业板公司年报为课堂教学和实训素材，使教学在现实环境中展开，把工学结合落到实处；让学生自由选取感兴趣的公司，并以行业划分实训小组，让学生在充满兴趣、有效互动、相互协作中锻炼分析和解决问题的能力。

4. 教学资源更加丰富

本书配有电子课件、案例库、习题库、模拟试题和参考答案等教学资源，凡选用本书作为教材的教师均可登录机械工业出版社教育服务网 www.cmpedu.com 下载。咨询电话：010 - 88379375；联系 QQ：945379158。同时，以原省级精品课程、网络课程为基础的在线课程正在建设中。

本次修订由江苏财经职业技术学院教授、高级会计师张远录老师主笔，蔡清龙、胡迪、边巍、能超、王安超、赵晓青、张经纬和张亚芳老师参与了资料收集、整理、框图设计和校对。在本次修订过程中得到了南通市崇川区审计局审计专员、高级审计师蒋勇先生和万达商管集团区域财务高管何剑先生的帮助和指导，特此致谢。同时，本书在编写时参考了近几年有关企业财务报表分析方面的书籍，在此对各位作者一并表示感谢！

由于编者水平有限，书中不当之处在所难免，敬请读者批评指正。

编　者

目录 Contents

项目一　财务报表分析基础

教学引导

　　财务报表是对企业财务状况、经营成果和现金流量的结构性表述，是会计核算的最终成果。随着市场经济和财务信息化的不断发展，人们对财务报表所提供信息的利用将越来越普遍，要求也将越来越高。对财务报表进行分析已经成为会计人员的一项重要工作。

　　什么是财务报表分析？财务报表分析究竟能够提供哪些决策有用的信息？不同信息使用者对会计信息有哪些要求？这将是本项目所述主要内容。

任务一　认识财务报表分析

现代市场经济的迅猛发展，不仅使现代企业的组织方式发生了深刻的变革，而且也使现代企业的经营向着国际化、多元化和分权化的方向发展，市场竞争日趋激烈。企业为了立于不败之地，追求企业价值的最大化，就需要讲求管理的有效性。充分借助于财务报表分析所提供的经济资讯，对企业的经营做出正确的决策，使企业能够在激烈的竞争中生存与发展下去，或使企业保持良好的运作状态，是企业的管理者行使有效管理的必经途径。

一、财务报表分析的含义

财务报表分析是运用具体方法对财务报表中有关数据进行比较与研究，评价企业的财务状况、经营成果和现金流量情况，为会计信息使用者提供决策依据的管理活动。

我们知道，财务报表是会计核算的最终成果，其基本功能是提供有关企业财务状况、经营成果和现金流量情况的财务信息，这些信息是利益相关者评价一家企业的风险、收益及未来发展前景的重要依据。然而，"外行看热闹，内行看门道"。对一个不了解财务报表分析的人来说，看到财务报表中一排排数字，可能感觉枯燥乏味；而对于一个熟悉财务报表分析的人来说，只要通过各项数据的比较分析，就能看出其中的门道来。

财务报表分析，实际上就是充分发挥财务报表上各项数据资料的作用，对数据资料做进一步加工而得出综合信息的过程，是企业利益相关者评估企业现在和预测企业未来的基本做法。

二、财务报表分析的内容

财务报表分析的内容，概括地说就是企业的财务状况、经营成果和现金流量情况。由于财务报表使用者与企业的利害关系不同，因而在进行财务报表分析时有各自的侧重点，但综合起来，财务报表分析主要有以下内容：

（一）资本与资产结构分析

企业在生产经营过程中使用的资金，其来源应该稳定可靠，这是企业得以长期生存和发展的根本保证。企业资金来源渠道从资产负债表上概括起来有三大部分：短期负债、长期负债和所有者（股东）权益。企业所取得的全部资金就是企业经营的资本，所谓资本结构就是各类资本与总资本之间，以及各类资本内部之间的比例关系。资本结构体现了企业的经济实力是否充实、经济基础是否稳定，进而决定企业承担各种风险的能力，是企业的重大财务决策问题。

资产是企业的经济资源，是资本的体现形态。资源要能最大限度地发挥其功能，就必须有一个合理的配置，而资源配置的合理与否，主要是通过资产负债表中各类资产与总资产之间，以及各类资产内部之间的比例关系，即资产结构来反映的。合理的资产结构，是企业有效经营和不断提高盈利能力的基础，是应对财务风险的基本保证。

（二）偿债能力分析

偿债能力是企业对到期债务清偿的能力或现金保证程度。企业在生产经营过程中，为了弥补自身资金不足就要对外举债。举债经营的前提必须是能够按时偿还本金和利息，否则就会使企业陷入困境甚至危及企业的生存。导致企业破产的最根本、最直接的原因就是企业不能偿还到期债务。通过偿债能力分析，使债权人和债务人双方都认识到风险的存在和风险的大小，债权人可以此做出是否贷款的决策，债务人也可以了解自己的财务状况和偿债能力的大小，进而为下一步资金安排或资金筹措做出决策。

（三）盈利能力分析

盈利能力是企业利用各种经济资源赚取利润的能力。盈利是企业生产经营的根本目的，也是衡量企业经营成功与否的重要标志。它不仅是企业所有者（股东）关心的重点，还是企业经营管理者和债权人极其关注的问题。盈利能力分析是财务报表分析的重点，具有丰富的分析内容。盈利能力分析不仅包含一个时期盈利能力大小的分析，而且包括企业在较长一段时期内稳定地获取利润能力大小的分析。

（四）营运能力分析

营运能力是企业运用资产进行生产经营的能力。企业的生产经营过程，其实质是资产运用并实现资本增值的过程。资产运用状况如何，直接关系到资本增值的程度和企业的偿债能力。企业各种资产是否得到充分有效利用，能否为企业带来更多收入，体现在资产周转速度的快慢上，这就是营运能力分析的内容。

（五）发展能力分析

企业的发展能力是企业在生存的基础上，扩大生产经营规模，壮大经济实力的潜在能力。企业要生存，就必须发展，发展是企业的生存之本，也是企业的获利之源。企业可持续发展的能力，不仅是现实投资者关心的重点，也是潜在投资者和企业员工关注的问题。通过对企业的营业收入增长能力、资产增长能力和资本扩张能力的计算分析，可以衡量和评价企业持续稳定发展的能力。

（六）现金流量分析

现金流量分析主要通过对企业现金的流入、流出及净流量的分析，了解企业在一定时期内现金流入的主要来源、现金流出的主要去向、现金净增减的变化和现金紧缺状况，评价企业现金流入、流出和净流量结构是否合理、经营质量是否良好，预测企业未来现金流量的变动趋势，衡量企业防范和化解财务风险的能力。

三、财务报表分析的目的

财务报表分析所提供的信息，是企业经营过程各个环节运行状况的重要"信号"。透过这些信息，企业的投资人、债权人、管理者就可以捕捉到具有参考价值的资讯，进而对自身的经营行为做出必要的反应与调整，使其达成正确的经营决策。

（一）财务报表分析的基本目的

1. 衡量企业的财务状况

一个企业的财务状况如何，是通过财务报表的分析加以衡量的。企业的静态财务状况隐含于资产负债表之中，动态财务状况隐含于现金流量表之中，这就需要通过相关财务报表的分析加以揭示。诸如企业的资本、资产结构、偿债能力、财务弹性等财务指标，都要通过财务报表分析加以解释。企业利益相关者可以通过这些分析结果对企业的财务状况做出评价，在了解企业现实财务状况的同时，对企业发展的潜在能力做出判断。

2. 评价企业的经营业绩

一个企业的经营业绩的评价体系是由一系列财务指标所组成的，如营业净利的多少、资产报酬率的高低、资产运用效率的高低等财务指标。企业经营业绩的好与坏，必须通过财务指标的分析才能加以评价。企业利益相关者可以通过这些分析结果对企业的经营水平做出客观的评价，了解企业现实的经营业绩，对企业的发展前景做出预测。

3. 预测企业的发展趋势

一个企业未来的发展趋势可以在连续几期分析了解企业现在财务状况和经营业绩的基础上做出推断与预测。财务报表分析具有预测未来发展趋势的功能，如通过企业营业收入增长能力、资产增长能力和资本扩张能力等财务指标的分析，对企业财务状况与经营成果的未来发展的可能趋势做出推断与预测。企业利益相关者可以根据分析结果做出决策。

（二）财务报表分析的特定目的

财务报表是会计信息的主要表达形式，其使用者包括企业的投资人、债权人、经营管理者、政府机构等。不同的报表使用者有着不同的报表分析目的。

1. 投资人分析财务报表的目的

投资人是向企业提供权益性资本的经济组织或个人，股份制企业的投资人就是企业的股东。投资人既是企业收益的获取者，也是企业风险的最终承担者。因此，投资人对财务报表分析的重视程度超过其他任何会计信息使用者，其分析财务报表的目的主要有：

（1）分析评价企业的盈利能力，预测未来收益水平，正确进行投资决策。企业的盈利能力是投资人在财务报表分析中关注的核心内容。就一般投资人而言，投资的目的是为了获取较高的收益，如果企业没有足够的盈利能力，就不能给投资人带来所期望的收益。

（2）分析企业的经营业绩，评价受托经营者的管理水平，合理进行薪酬与人事决策。在现代企业制度下，所有者与经营者是分离的，经营者在所有者受托下对企业进行经营管理，其职位、薪酬与所受托的责任及履行情况直接挂钩。

（3）分析企业的资本结构及偿债能力，评价企业的理财环境与财务风险，正确进行筹资决策。企业的资本结构决定了企业财务风险类型，企业的偿债能力决定了企业的财务环境，企业生产经营所需资金从何而来，取决于企业所面临的财务风险程度。

2. 债权人分析财务报表的目的

债权人是向企业提供债务资金的经济组织或个人。债权人向企业提供资金的方式尽管有所不同，但这些债权因为契约签订而具有法律约束力。因此，债权人在决定是否授予企业信用之前，必须对债务人的财务报表进行分析，评价其偿债能力。债权人进行财务报表分析的目的主要有：

（1）分析流动资产的构成及其变现速度，评价企业短期偿债能力。企业短期偿债能力的大小，主要是由企业流动资产与流动负债的比率，以及流动资产的变现速度决定的。流动比率越大，变现速度越快，短期债权人越放心。

（2）分析资本结构，评价企业的长期偿债能力。企业的资本结构反映了企业负债资本与总资本、权益资本与总资本、实收资本与总资本、流动负债与总负债、股东权益与固定资产、附加资本与实收资本之间的比例关系，揭示了企业的财务状况，表明了企业的长期偿债能力。合理的资本结构是长期债权人的定心丸。

（3）分析企业的盈利能力，评价企业还本付息的保障程度。企业只要保持盈利，就表明利息支付没有问题；能保障利息支付，就可能以新债还旧债。企业较强的盈利能力是长期债权人的"保护伞"。

3. 经营管理者分析财务报表的目的

经营管理者就是对企业负有直接管理权的厂长或经理。经营管理者负有达到企业经营目标的责任，也直接掌握着企业的经营运作。企业管理者需要通过财务报表的分析，及时获得对经营决策有用的会计信息，以便对经营行为做出必要的调整，并针对企业的具体财务状况和经营成果采取必要的措施和管理方法。经营管理者分析财务报表的目的主要有：

（1）考核企业经营计划和财务计划的完成情况，评价经营责任的履行效果。将财务报表有关数据的实际与计划指标进行对比分析，可以考核企业的生产、销售、成本费用和利润等计划的完成情况，评价经营者自身履行经营责任和其他管理责任的效果，从中总结经验，为改善经营管理、提高经营质量提供依据。

（2）分析评价企业的财务状况，提高财务管理水平。良好的财务状况是生产经营顺利进行的基础，财务管理是企业经营管理的核心。通过对财务报表有关数据资料的分析、研究，并与计划指标、行业水平等进行比较，评价企业的财务状况，找出存在的问题，为改善和提高财务管理水平提供依据。

（3）分析评价企业资源利用效率，增强企业的市场竞争力。经营管理者对财务报表进行分析，除了考核企业各项计划的完成情况和评价企业的财务状况外，更重要的是进行资源利用效率的分析，包括企业资金周转水平、成本费用与收益实现水平的分析等。通过分析，及时发现企业资源配置与利用中存在的问题，不断提高经营管理水平。企业的市场竞争，实质是资源利用效率的竞争，竞争的关键是企业的经营管理水平。

4. 政府机构分析财务报表的目的

这里的政府机构主要是指政府的税务机关、工商行政管理部门和国有资产管理部门等。这些政府机构分析财务报表的目的取决于各政府机构的职能，国家税务机关主要对企业的纳税进行确认与鉴定，也就是以财务报表分析作为查验纳税人报税流转额、增值额和所得额是否准确的依据；工商行政管理部门主要是通过财务报表分析了解企业的经营范围和注册资本投入的情况，作为工商年检登记的依据；国有资产管理部门主要是通过企业财务报表的分析，掌握国有资产的运用效率与投资报酬率，从投资者的角度研究、分析企业的财务状况与经营成果。

除上述直接的投资人、债权人和经营者外，还有潜在的投资人和债权人，以及准备应聘的经营者阶层，他们对财务报表的分析则多从企业盈利的可持续性和企业未来发展潜能等方面着眼，也就是对企业发展能力的强弱更为关心。

同步训练

（一）填空题

1. 财务报表分析的内容，概括起来就是企业的_____、_____和_____。

2. 资本结构就是各类_____，以及各类_____的比例关系。

3. 资本结构体现了企业的_____是否充实、_____是否稳定，进而决定企业_____的能力，是企业的_____问题。

4. 合理的资产结构，是企业_____和_____的基础，是应对_____的基本保证。

5. 偿债能力是企业对_____的能力或_____。

6. 营运能力是_____的能力。

7. 发展能力是企业在生存的基础上，_____，_____的潜在能力。

8. 企业的_____隐含于资产负债表之中，_____隐含于现金流量表之中，这就需要通过相关财务报表的分析加以揭示。

（二）单项选择题

1. 下列观点中，表述准确的是（　　）。

   A. 财务报表分析仅仅是会计核算方法之一

   B. 财务报表分析是财务会计报告的组成部分

   C. 财务报表分析是一种专门的经济管理方法

   D. 财务报表分析的目的是为决策提供依据

2. 企业投资者最关心的是（　　）。

   A. 偿债能力　　　　B. 营运能力　　　　C. 盈利能力　　　　D. 支付能力

3. 企业债权人最关心的是（　　）。

   A. 偿债能力　　　　B. 营运能力　　　　C. 盈利能力　　　　D. 发展能力

（三）多项选择题

1. 财务报表分析的内容包括（　　）。

   A. 偿债能力分析　　　　　　　　B. 资产与资本结构分析

   C. 营运能力分析　　　　　　　　D. 盈利能力分析

   E. 发展能力分析　　　　　　　　F. 现金流量分析

2. 财务报表分析的基本目的是（　　）。

   A. 衡量企业的财务状况　　　　　B. 评价企业的经营业绩

   C. 评价企业发展潜力　　　　　　D. 评价企业资源配置状况

3. 对财务报表进行分析，主要是对企业的（　　）进行分析。

   A. 投资情况　　　　　　　　　　B. 筹资情况

   C. 财务状况　　　　　　　　　　D. 经营成果

   E. 现金流量

4. 企业财务报表的分析主体有（　　）。

   A. 企业投资者及潜在投资者　　　B. 企业债权人和客户

   C. 企业管理者　　　　　　　　　D. 注册会计师

（四）判断题

（　　）1. 财务报表分析就是找企业的毛病。
（　　）2. 资本结构就是权益资本之间的比例关系。
（　　）3. 资产结构是各类资产与总资产之间的比例关系。
（　　）4. 资产负债表全面、完整地反映了企业的财务状况。
（　　）5. 财务报表分析既具有评价功能，又具有预测功能。
（　　）6. 财务报表分析不仅拓展了会计核算功能，同时又是企业财务管理的基本内容。

任务二　明确财务报表分析的前提、依据和原则

财务报表分析是为了获取对决策有用的会计信息，所以必须讲求分析的科学性和准确性。因此，进行财务报表分析是有前提的，分析的资料必须是真实的，评价的标准必须是科学可靠的，要获得正确的分析结论必须遵循一定的原则。

一、财务报表分析的前提

财务报表分析的前提就是假定分析评价所依据的资料、标准是可靠的，只有这样，分析才会有结果，分析的结论才具有说服力。这就要求企业的财务报告必须是依据企业会计准则、通过会计核算形成的，并通过鉴证；分析评价所采用的标准必须具有权威性、统一性。对不真实、不可靠的财务报告进行分析本身没有意义，根本就是徒劳的。因此，本书所进行的财务报表分析，对分析依据的真实性和分析标准的科学性不做讨论。

二、财务报表分析的依据

（一）财务报表分析的资料依据

1. 会计数据资料

会计数据是财务报表分析的主要依据，是分析的基础。会计数据主要来源于财务报告。财务报告的数据有表内数据和表外数据。表外数据主要是财务报表附注和财务状况说明书中所列示的数据，对这些数据应与表内数据同样的重视。例如，会计政策和会计处理方法的变更，变更的原因和改变后的影响金额是列在报表附注中的，这样的数据对分析工作极为有用。

2. 非会计数据资料

在进行财务报表分析时，分析人员还需要掌握企业经营业务数据资料和其他相关数据资料，包括各类商品的货源、采购、销售、储存、运输以及经济合同、客户变化等业务经营方面的数据资料，统计、物价、劳动工资、预算、计划等数据资料。

3. 其他相关资料

其他相关资料主要是指除了财务报告之外的企业报告。企业报告是一个比财务报告更广泛

的概念，它不仅包括财务报告，还包括其他报告。其他报告主要有企业的招股说明书、审计报告、管理当局的预测或计划、新闻发布稿等，其他报告也是财务报表分析者、使用者不可忽视的内容。

除以上资料外，财务报表分析还要以企业的一些经营绩效评价资料为依据，如企业的市场占有率、产品的质量与服务、客户满意度、交货效率、技术研究和产品开发水平、员工的积极性以及创新能力和管理者的素质等。同时，需要收集企业外部的，如行业、竞争对手的有关数据，以便正确地分析和评价企业的财务状况和经营成果。

（二）财务报表分析的标准依据

财务报表分析的标准是财务报表分析过程中据以评价分析对象的尺度，通过这一尺度，才能对企业的财务状况、经营状况等进行比较，才能鉴别出"好"与"坏"、"强"与"弱"。财务报表分析的过程其实质是采用特定的分析方法进行比较的过程，比较的尺度就是财务报表分析的标准，是对企业财务状况和经营成果做出恰当判断、对财务报表分析做出结论的重要依据。根据我国企业的实际情况，财务报表分析的标准依据有以下几种：

1. 行业标准

行业标准是指同行业的其他企业在相同时期内的平均水平，可以根据同行业的有关资料通过统计方法测算出来。行业标准是最为常用的财务报表分析标准，通过企业实际数据与同行业标准的比较，能够直接做出企业财务状况和经营成果是"好"是"坏"的判断。因为行业标准代表的是行业平均水平，如某企业的利润率为20%，而该企业所在行业的标准为18%，则说明该企业利润率在行业平均水平之上，经营效果较好。

2. 历史标准

历史标准是以本企业历史上的最佳状况或具有可比性某一期的状况作为比较的尺度。由于各企业间的实际情况千差万别，企业财务状况和经营成果必然受到各种因素的影响，在对企业财务状况和经营成果做出判断的过程中，要剔除外部特殊因素的影响。进行这一工作的可行方法是以企业历史数据为比较标准，将企业间的环境差别因素剔除出去。例如，在进行盈利水平分析时，同为家电企业，一家在上海，一家在成都，其人工成本、面对的消费市场等因素的不同，对两家企业的盈利水平会产生不同的影响。

3. 预算标准

预算标准是指企业内部或行业按有关背景资料所预计的最佳或理想标准。以实际数据与预算标准相比较，可以对企业完成预算、计划或目标实现情况进行分析评价。企业的财务收支、成本费用、目标利润等多是以预算标准为尺度进行比较分析的，通过分析对预算执行及其经营管理的效率效果做出评价。

以上标准要根据分析的目的和所分析企业的实际状况选择。若分析的目的是对企业进行评价，可以使用行业标准；若分析的目的是对企业的发展趋势进行预测，可以使用历史标准；若分析的目的是考察企业预算的完成情况，可以使用预算标准。但是，进行全面分析时，应将多种标准综合使用。

三、财务报表分析的原则

财务报表分析必须全面反映企业的财务状况、经营成果和现金流量情况，能够准确地从财务报表分析中发现可能存在的问题和风险，并分析查找产生问题和风险的原因，有针对性地提出解决问题和防范风险的办法。在财务报表分析过程中应遵循以下原则：

（一）经营成果分析和财务状况分析相结合的原则

经营成果分析主要是通过观察企业的获利能力来评价企业的经营水平。财务状况分析主要是通过分析企业资金的来源和运用情况来观察企业的经营活动是否健康、顺利，是否存在企业经营的安全隐患。良好的财务状况是企业继续生存、发展和获取利润的根本保证，而较强的获利能力又会使企业的财务状况得以改善。因此，不能将经营成果分析与财务状况分析孤立开来，而应将两者有机地结合在一起。

（二）绝对数额分析和相对数额分析相结合的原则

绝对数额分析和相对数额分析都是非常重要的。例如，利润表中净利润为100万元，资产负债表中股东权益为1 000万元，这两个数字都是绝对数额，它表明企业的净利润和股东权益各为多少。而净利润/股东权益为10%（100/1 000）是一个相对的比值，它表明股东用其权益资金每投资100元获取的税后利润为10元，这一百分比称为净资产收益率。这两种分析都是必不可少的，净资产收益率表明净资产投资的收益率，税后利润表示净利润的多少。这好比一个是银行存款利率，另一个是所得利息总数。因此，在财务报表分析中，既要重视绝对数额分析，也要重视相对数额分析，并将两者很好地结合起来。

（三）静态分析和动态分析相结合的原则

财务报表所反映的数据是企业某一时点或某一时期的，而企业的财务状况和经营成果是随着时间的变化而变化的。例如，某企业2019年12月31日的资产负债表和2019年12月的利润表，分别只反映了该企业12月31日的财务状况及其当年的经营成果。为了对企业的财务状况和经营成果变化有一个较全面、较完整的了解，必须考察不同时期的报表，分析其变化特征，从变化中寻找存在的问题和产生问题的原因，从本企业历史的变化中研究当前所处的状况。

（四）纵向分析与横向分析相结合的原则

进行财务报表分析时不仅需要了解与掌握企业自身不同时期的财务状况和经营成果的纵向变化情况，还需了解与掌握相关企业同一时期的情况，分析研究本行业各项指标的先进水平和平均水平，同时分析研究合作伙伴和竞争对手的有关指标和财务状况，把本企业放在周围相关环境中进行考察，知己知彼，认清本企业所处的位置，明确进一步发展的方向。

（五）分析过去和预测未来相结合的原则

对过去的财务报表进行分析、比较和研究，目的在于规划现在，预测未来。例如，选取已有的历史资料，运用科学方法对尚未发生的不确定事件做出预测，才能更好地规划现在，制定适合企业发展的最佳决策和企业政策。

同步训练

(一) 填空题

1. 财务报表分析的前提就是假定财务报表分析所依据的_____、_____是可靠的,只有这样,分析才会有结果,分析的结论才会具有说服力。

2. _____是财务报表分析的主要依据,是分析的基础。

3. 财务报告的数据有_____和_____。

4. _____是指企业内部或行业按有关背景资料所预计的最佳或理想的标准。

(二) 单项选择题

1. 下列表述正确的是 (   )。

    A. 财务报表分析是会计核算的组成部分

    B. 财务报表分析的前提是所依据的资料、标准是可靠的

    C. 财务报表分析的数据就是报表中的数据

    D. 财务报表分析就是对财务报告的分析

2. 在财务报表分析中,不同企业比较的标准是 (   )。

    A. 行业标准   B. 预算标准   C. 历史标准   D. 国家标准

3. 以下属于表外数据的是 (   )。

    A. 企业总资产   B. 会计政策变更影响额

    C. 企业注册资本   D. 汇率变动影响额

(三) 多项选择题

1. 财务报表分析的依据包括 (   )。

    A. 企业招股说明书   B. 会计数据资料

    C. 非会计数据资料   D. 盈利能力分析

    E. 企业审计报告

2. 下列项目中,属于财务报表分析标准的有 (   )。

    A. 行业标准   B. 国家标准   C. 预算标准   D. 历史标准

3. 财务报表分析的原则有 (   )。

    A. 静态分析与动态分析相结合   B. 经营成果分析与财务状况分析相结合

    C. 纵向分析与横向分析相结合   D. 分析过去与预测未来相结合

    E. 绝对数额分析与相对数额分析相结合

(四) 判断题

(   ) 1. 财务报表分析前必须对财务报告进行鉴证。

(   ) 2. 行业标准是横向分析时使用的,历史标准是纵向分析时使用的。

(   ) 3. 经营成果分析与财务状况分析是两种不同性质的分析,它们之间没有关系。

(   ) 4. 动态分析是连续几年的财务报表分析。

任务三　熟悉财务报表分析的步骤和应考虑的基本因素

一、财务报表分析的基本步骤

财务报表分析的基本功能在于收集与企业利益相关者有关的各项会计信息，分析、研究和解释这些会计信息之间的相互关系，借以揭示与评价企业的财务状况、经营成果和现金流量情况。财务报表分析的基本步骤包括：

（一）明确分析目的

明确分析目的是进行财务报表分析的起点和关键。只有确定了分析目的，才能设计具体的财务报表分析程序、拟定具体的分析内容；进而才能决定采用何种分析工具与分析方法。

（二）拟订分析提纲

分析目的明确以后，就要拟订分析提纲，以便做到心中有数，有利于分析工作的安排。

（三）搜集整理资料

资料的搜集整理是财务报表分析的重要阶段。资料准备不充分，分析就不能深入，就会影响分析的质量。搜集整理的资料包括会计数据资料、非会计数据资料和其他资料。会计数据资料至少应覆盖若干期，以便于趋势分析。除本企业相关资料外，还应搜集同行业及竞争对手的先进水平、平均水平等资料，以便进行比较。

（四）进行具体分析

根据分析的内容和要求，运用相应的分析工具和方法进行具体分析。进行具体分析是财务报表分析的核心阶段。分析时，除了找差距、查原因外，更重要的是要分清问题的主次，以便做出正确的评价。

（五）做出分析结论

报表使用者经过具体分析以后，应该得出分析结论，肯定取得的成绩，指出存在的问题，提出相应的建议。

（六）撰写分析报告

撰写分析报告是财务报表分析的最后一个阶段。分析报告是对财务报表分析的概括和总结，是进行决策的重要依据。

二、财务报表分析应考虑的基本因素

财务报表分析除了分析资料和分析标准外，还必须考虑对企业生产经营产生影响的各种内部和外部因素。

(一) 内部因素

1. 企业财务报告的编报水平

企业财务报告是财务报表分析的客体，离开了财务报告，财务报表分析就成为无源之水、无本之木。因此，财务报告资料的齐全与否，披露信息的广度、深度如何，编报的质量等，都会直接影响到财务报表分析的结果和分析质量的高低。

2. 企业的管理理念和管理风格

企业的管理理念是企业发展一贯坚持的一种核心思想，是企业全体员工坚守的基本信条，也是企业制定和实施战略目标的前提条件和基本依据。管理理念是形成企业管理风格和行为的前提，也是形成企业管理能力、影响企业管理水平的重要因素。企业的管理风格和理念一般可分为稳健型和创新型。企业管理理念的不同，决定了企业高层对待风险的态度和控制风险的方法也不同。例如，对于规模相近、经营业绩相当的两个企业，由于管理层在经营理念、领导风格等方面的不同，可能会导致两个企业的资产减值比例相差悬殊，最终对财务报表分析的结果产生影响。

3. 企业的生产经营规模

一定规模的生产经营活动从客观上要求企业有适当规模的存量资产与之相适应。经营规模大的企业，往往实力雄厚，抵御风险的能力较强，与经营规模较小的企业在资本资产结构上的不同，会直接影响企业的财务状况，并会对财务报表分析产生影响。

4. 企业产品的市场地位

企业要想在市场上占据有利地位，最重要的是要拥有受消费者欢迎的产品。企业采取什么样的产品价格策略、如何进行产品定位、产品更新换代的速度和新产品的开发策略等，都会影响企业产品在市场中的表现，影响企业资金的筹集和使用，进而影响企业的获利能力，从而对财务报表分析结果产生影响。

5. 企业的技术水平与研发能力

企业发展能力如何，在很大程度上取决于企业所采用的技术是否处于行业领先地位，是否具有较强的科研开发能力。一个具有较强科研开发能力的企业，往往有很强的发展潜力，会在竞争中占据优势地位，从而会吸引更多的投资者，壮大企业实力，对增强企业的盈利能力等方面带来影响，并最终从财务报表中反映出来。

此外，对于公司制企业还要考虑公司治理环境。公司治理环境是公司制的核心，分为宏观和微观两个层面。宏观层面主要指股东、董事会、监事会和经理层之间相互负责、相互制衡的一种制度安排；微观层面主要指公司的内部控制制度。不同的公司治理环境，也会对财务报表分析产生影响。

(二) 外部因素

1. 企业所在行业的情况

一个企业是否具有长期发展的前景，首先同它所处行业本身的性质有关，身处高速发展的行业，对任何企业来说都是一笔财富；当一个企业处于弱势发展行业中，即使本身财务数据优良，也会因大环境的下降趋势而影响其未来的发展。在财务报表分析中，了解企业在行业中所处位置，有助于对财务报表分析做出更符合客观实际的结论。

2. 企业竞争对手的情况

企业之间的竞争，涉及设备、技术、人才、推销、管理等各个方面。在财务报表分析的过程中，分析人员应结合竞争对手的情况，如其采取的发展战略、经营策略，对员工的激励机制等，做出更加具有针对性的结论。

3. 企业所面临的宏观经济环境

国民经济发展的速度对企业有重大影响。企业为了跟上国民经济发展的速度，并在其行业中维持它的地位，至少要有同样的增长速度。企业要相应地增加厂房、设备、存货、具备熟练操作技能的工人、专业技术开发人员等，这种增长需要大规模地筹集资金。同时，物价、利率的变化等会导致企业成本发生变化。因此，在进行财务报表分析时要给予关注。

4. 企业所处的法律环境

企业无论是筹资、投资还是利润分配，都要和企业外部发生经济关系，在处理这些经济关系时，应当遵守有关的法律规范。例如，企业必须遵守税收法律、会计准则、财务通则等，这些法律法规一旦发生变化，必然对企业财务状况和经营成果带来一定的影响。

5. 政府的经济政策

在我国，政府具有较强的宏观经济调控职能，其制定的经济发展规划、产业政策、对某些地区或行业以及某些经济行为的优惠、鼓励或限制政策，都会对企业的发展产生重要影响。因此，在对企业报表进行分析时，不能只局限于企业内部环境，更要将企业置于全国乃至全球经济发展的大环境中进行观察，才能得出更加客观、更加准确的结论。

同步训练

（一）填空题

1. 企业的管理理念是企业发展一贯坚持的一种_____，是企业全体员工坚守的_____，也是企业制定和实施战略目标的_____和_____。

2. 企业管理理念的不同，决定了企业高层_____的态度和_____的方法也不同。

3. 经营规模大的企业，往往实力雄厚，抵御风险的能力较强，与经营规模较小的企业在_____上的不同，会直接影响企业的_____，并会对财务报表分析产生影响。

（二）单项选择题

1. 下列表述中正确的是（　　）。
   A. 搜集整理资料就是把近三年的财务报表找齐了
   B. 搜集整理资料是财务报表分析的重要步骤
   C. 搜集整理资料是财务报表分析的方法之一
   D. 搜集整理资料的目的是为决策提供依据

2. 企业的技术水平与研发能力对财务报表分析的影响主要体现在对企业（　　）的评价。
   A. 偿债能力　　　　B. 营运能力　　　　C. 增收能力　　　　D. 发展潜力

3. 企业所在行业的情况对财务报表分析的影响主要体现在对企业（　　）的评价。
   A. 营运能力　　　　B. 盈利能力　　　　C. 发展趋势　　　　D. 发展能力

4. 以下属于企业外部因素的是（　　　）。

　　A. 产品的市场地位　　　　　　　　B. 政府的经济政策

　　C. 生产经营规模　　　　　　　　　D. 科研水平

（三）多项选择题

1. 财务报表分析应考虑的内部因素有（　　　）。

　　A. 企业的经营规模　　　　　　　　B. 企业的管理理念

　　C. 企业管理者的管理风格　　　　　D. 企业的科技实力

　　E. 企业产品的市场地位

2. 财务报表分析应考虑的外部因素有（　　　）。

　　A. 企业所在行业的情况　　　　　　B. 企业所处的法律环境

　　C. 政府的经济政策　　　　　　　　D. 企业竞争对手的情况

　　E. 企业所面临的宏观经济环境

3. 以下属于影响财务报表分析的内部因素有（　　　）。

　　A. 企业产品的市场地位　　　　　　B. 企业竞争对手的情况

　　C. 企业所在行业的情况　　　　　　D. 企业经营规模

（四）判断题

（　　）1. 搜集整理资料是财务报表分析的基础性工作。

（　　）2. 影响财务报表分析的因素中外部因素没有内部因素重要。

（　　）3. 经营规模的大小与财务状况分析无关。

（　　）4. 企业科技实力的强弱主要影响企业的发展能力。

任务四　掌握财务报表分析的基本方法

　　财务报表分析常用的方法包括比较分析法、比率分析法、趋势百分比分析法和因素分析法等。

一、比较分析法

　　比较分析就是将财务报表中的某些项目或财务指标通过纵向或横向比较，以说明、评价企业的财务状况、经营业绩，是一种常用的财务报表分析方法。

（一）财务报表比较分析的内容与目的

　　财务报表比较分析主要有以下四个方面：

　　（1）本期的数据与以前时期的数据比较，分析未来的发展趋势。

　　（2）本企业的数据与同行业其他企业或行业的平均水平、先进水平比较，分析企业的生存能力、竞争能力。

（3）本期实际数与计划数、预算数比较，分析计划或预算的完成程度。

（4）期末数与期初数比较，分析这些项目的增减变化与得失。

（二）财务报表比较分析的方式

财务报表比较分析的方式主要有下列四种：

1. 绝对数字比较

绝对数字比较就是将财务报表中所呈报的绝对数字直接加以比较，观察各个项目在不同年度之间的数额大小。

2. 绝对数字增减变动比较

绝对数字增减变动比较是在绝对数字比较的基础上，分别算出各个项目在不同年度之间的增减变动额，以便获得更为明确的财务状况与经营成果的增减变动情况。

3. 增减百分比变动比较

增减百分比变动比较是在绝对数字增减变动额的基础上算出增减变动百分比，以便显示不同年度各项目的增减变动幅度，使财务报表的阅读者更加清楚每个项目的具体增减变化程度。这种分析也是通过比较财务报表的形式进行的。

4. 比率变动比较

比率是两个不同时期的绝对数字比较之后算出的，用以说明资产负债表、利润表和现金流量表各项目的整体变化情况，通过连续几期比率变动比较可以了解项目数量的变动趋势。

各项目的变动比率计算公式为

$$某个项目的变动比率 = 某个项目比较期数额 / 基期数额$$

以上四种比较分析方式可以通过比较性财务报表来进行。下面以 A 公司比较性资产表为例，说明绝对数字比较、绝对数字增减变动比较、增减百分比变动比较和比率变动比较方式的运用。

例 1-1　A 公司 2018 年度与 2017 年度部分项目比较性资产表见表 1-1。

表 1-1　A 公司比较性资产表（部分资产项目比较）

（金额单位：万元）

项　　目	2017 年年末	2018 年年末	增减金额	增减百分比	变动比率
货币资金	256 003	128 991	− 127 012	− 49.61%	0.50
应收账款	51 372	88 251	36 879	71.79%	1.72
预付账款	12 917	10 590	− 2 327	− 18.02%	0.82
存货	27 382	35 905	8 523	31.13%	1.31
其他流动资产	1 158	43 420	42 262	3 649.57%	37.50
流动资产合计	368 099	322 617	− 45 482	− 12.36%	0.88
固定资产净额	113 140	146 528	33 388	29.51%	1.30
其他非流动资产	11 779	8 175	− 3 604	− 30.60%	0.69
非流动资产合计	563 184	640 041	76 857	13.65%	1.14
资产总额	931 283	962 658	− 31 375	3.37%	1.03

二、比率分析法

比率分析法是利用企业同一时期的财务报表中两个或两个以上指标之间的某种关联关系，计算出一系列财务比率，据以考察、分析和评价企业财务状况和经营业绩的分析方法。

计算财务比率并不是分析的最终目的，比率仅仅是一种分析的手段与工具。在进行财务比率分析时，为了深刻了解各项比率所隐含的种种信息与意义，还需要在分析中配合其他有关分析资料进行分析研究。为使财务比率具有更广泛的用途，在进行财务比率分析时还应该进行各种比较。财务比率可与企业过去的比率进行比较，也可以与预定的标准财务比率进行比较，还可以与同行业的财务比率进行比较。从以上意义上讲，比率分析法其实是比较分析法的一种形式，也是财务报表分析最常用的方法。

（一）比率分析法的比率类型

比率是相对数，采用比率分析法，能够把某些条件下的不可比指标变为可比指标，以利于进行分析。比率指标主要有以下三种：

1. 相关比率

相关比率是以某个项目总额与相互关联但性质不同的项目总额加以对比所得的比率，反映有关经济活动的相互关系。利用相关比率指标，可以考察有联系的相关业务安排是否合理，以保障企业经济活动能够顺利进行。如将流动资产与流动负债加以对比，计算出流动比率，据以评价企业的短期偿债能力。

2. 结构比率

结构比率是某项经济指标的各个组成部分与总体的比率，反映部分与总体的关系。常用的结构比率有资本结构、资产结构和盈利结构。利用结构比率，可以考察总体中某个部分的形成和安排是否合理，以便协调各项财务活动。

3. 效率比率

效率比率是反映经济活动中投入与产出关系的比率，如净资产收益率、主营业务利润率等。利用效率比率可以考察企业经营管理活动的经济效益，揭示企业的获利能力。

（二）企业财务评价指标体系

1. 我国企业财务指标体系

2007年1月1日开始执行的《企业财务通则》第六十七条规定："主管财政机关应当建立健全企业财务评价体系，主要评估企业内部财务控制的有效性，评价企业的偿债能力、盈利能力、资产营运能力、发展能力和社会贡献。评估和评价的结果可以通过适当方式向社会发布。"表1-2是2006年国务院国有资产监督管理委员会颁布的《中央企业综合绩效评价实施细则》（国资发评价〔2006〕157号）中确定的企业综合绩效评价指标体系与权数。体系共30项指标，包括财务绩效指标22项，管理绩效指标8项；并根据各项指标在评价中的重要程度分别赋予了相应的权数，以供具体评价时遵照执行。

表 1-2　企业综合绩效评价指标体系与权数表

评价内容与权数	财务绩效（权重70%）		管理绩效（权重30%）
	基本指标（100）	修正指标（100）	评议指标（100）
一、盈利能力状况（34）	净资产收益率（20） 总资产报酬率（14）	销售（营业）利润率（10） 盈余现金保障倍数（9） 成本费用利润率（8） 资本收益率（7）	1. 战略管理（18） 2. 发展创新（15） 3. 经营决策（16） 4. 风险控制（13） 5. 基础管理（14） 6. 人力资源（8） 7. 行业影响（8） 8. 社会贡献（8）
二、资产质量状况（22）	总资产周转率（10） 应收账款周转率（12）	不良资产比率（9） 流动资产周转率（7） 资产现金回收率（6）	
三、债务风险状况（22）	资产负债率（12） 已获利息倍数（10）	速动比率（6） 现金流动负债比率（6） 带息负债比率（5） 或有负债比率（5）	
四、经营增长状况（22）	销售（营业）增长率（12） 资本保值增值率（10）	销售（营业）利润增长率（10） 总资产增长率（7） 技术投入比率（5）	

资料来源：国务院国有资产监督管理委员会（注：括号内数字为指标或项目权数）。

2. 国际上的一般财务比率

分析企业的财务报表仅靠我国《企业财务通则》所规定的财务评价分析指标是远远不够的，国际上一般通行的财务分析比率指标大约有 29 个，这些财务比率可以分为 6 大类，见表 1-3。

表 1-3　国际上的一般财务比率

财务比率类型、名称		计算公式
短期偿债的 基本财务比率	流动比率	流动资产/流动负债
	速动比率	速动资产/流动负债
	现金对流动负债比率	（现金＋等值现金）/流动负债
	应收账款周转率	赊销净额/平均应收款项
	账款收回平均日数	360/应收账款周转率
	存货周转率	主营业务成本/存货平均余额
	存货平均周转日数	360/存货周转率
资产运用效率 财务比率	销货对现金比率	销货/现金
	销货对应收款项比率	销货/应收账款
	销货对存货比率	销货/存货
	销货对营运资金比率	销货/营运资金
	销货对固定资产比率	销货/固定资产
	销货对其他资产比率	销货/其他资产
	销货对总资产比率	销货/资产总额

（续）

财务比率类型、名称		计算公式
资本结构与长期偿债能力财务比率	负债对总资产比率	负债总额/资产总额
	股东权益对总资产比率	股东权益总额/资产总额
	负债对股东权益比率	负债总额/股东权益总额
	股东权益对固定资产比率	股东权益总额/固定资产
	长期资金对固定资产比率	长期资金/固定资产
	利息保障倍数	（税前净利＋利息）/利息费用
获利能力财务比率	毛利率	销货毛利/销货
	税前净利对销货比率	税前净利/销货
	营业净利对销货比率	营业净利/销货
	税后净利对销货比率	税后净利/销货
投资报酬率财务比率	总资产报酬率	［税后净利＋利息费用(1－税率)］/平均总资产
	长期负债加股东权益报酬率	［税后净利＋长期负债利息费用(1－税率)］/（平均长期负债＋平均股东权益）
	股东权益报酬率	税后净利/平均股东权益
资金流量财务比率	资金流量比率	营运资金来源总数/（资本支出＋存货增加数＋现金股利）
	资金再投资比率	（来自营业的资金－股利）/（固定资产原价＋投资＋其他资产资金＋营运资金）

我国的企业财务通则没有规定资金流量财务比率，投资报酬率这个指标也与国际上的指标相差很大，国际上的投资报酬率是依据不同观念加以计算的。

（三）采用比率分析法应注意的问题

比率分析法的优点是计算简便，计算结果容易判断，而且能使某些指标在不同规模企业间进行比较，甚至也能在一定程度上超越行业之间的差别进行比较。但采用比率分析法时，应注意以下几点：

1. 对比项目的相关性

计算比率的分子与分母之间必须具有相关性，否则对比是没有意义的。在结构比率指标中，部分指标必须是总体指标这个大系统中的一个小系统；在效率比率指标中，投入与产出必须有因果关系；在相关比率指标中，两个对比指标也要有内在联系，才能评价有关经济活动之间是否协调均衡，安排是否合理。

2. 对比口径的一致性

计算比率的分子与分母之间必须在计算时间和范围等方面保持口径一致。

3. 衡量标准的科学性

运用比率分析，需要选用一定的标准进行对比，以便对企业的财务状况和经营业绩做出评价。一般而言，科学合理的评价标准有以下几种：

（1）历史标准：如上期实际、上年同期实际、历史先进水平等。

（2）预定目标：如预算指标、计划指标、定额指标和理论指标等。

（3）行业标准：如行业协会颁布的标准、国内外同类企业的先进水平或平均水平等。

（4）公认标准：包括国内和国际公认标准。

三、趋势百分比分析法

趋势百分比分析法是将连续数期的财务报表中某些项目或指标进行比较，计算前后期的增减方向和幅度，并形成一系列具有比较性的百分比（趋势百分比），以预测企业财务状况或经营成果的变动趋势的一种分析方法。这种分析方法不但能够为财务报表使用者提供财务报表中某些项目或指标的明显变动趋势，还可以通过对过去财务报表中某些项目或指标的发展变动规律的研究，揭示未来财务状况与经营成果的发展趋势。

（一）趋势百分比分析法的种类

趋势百分比（也称趋势比率或者指数）由于基期不同分为定比和环比两种。

1. 定比

所谓定比，就是在计算趋势百分比时以某一期间的数或以一定期间的平均数固定为基期数，即为100%，再将同一项目其他各期的数分别与固定基期的数相比较，计算出趋势百分比，即定比百分比。其计算公式为

$$定比百分比 = 分析期数额/基期数额 \times 100\%$$

2. 环比

所谓环比，是在计算趋势百分比时所运用的基期是不固定的，是各期数均与前一期的数进行比较，计算出趋势百分比，即环比百分比。其计算公式为

$$环比百分比 = 本期数额/上期数额 \times 100\%$$

（二）趋势百分比的计算

下面以 A 公司现金数据为例，说明在不同基期下的趋势百分比的计算方法。

例 1-2　A 公司连续三年年末的货币资金按照各种基期计算的趋势百分比见表1-4。

表1-4 A公司趋势百分比计算表

项　目	第一年（2016）	第二年（2017）	第三年（2018）
现金余额	77 594	256 003	128 991
以第一年为固定基期（定比）	100%	329.93%	166.24%
均以前一年为基期（环比）		329.93%	50.39%
以三年平均数（154 196）为基数（定比）	50.32%	166.02%	83.65%

表 1-4 中分别以三种不同的基期计算了 A 公司在三年内货币资金的趋势百分比，可从不同的角度说明货币资金的基本变动趋势。在实际工作中也可以用比率表示变动趋势，如在环比的条件下，趋势百分比如果用比率表示，第二年的趋势比率为 3.30，第三年的趋势比率为 0.50。

（三）采用趋势百分比分析法进行计算与分析中应该注意的问题

（1）采用定比方法计算趋势百分比时，应注意基期的选择要有代表性，如果选择不当，容易导致误解。

（2）当基期的某个项目为零或者为负数时，不应该计算趋势百分比，否则会造成错误的计算结果与分析结论。

（3）在分析中应该研究各相关项目趋势增减的程度。例如，企业的流动资产如果逐年减少，一般为不利的趋势，但是，流动负债的减少较流动资产的减少更多可能就是有利的趋势。

（4）在分析中如果前后期企业的会计政策不一致，趋势分析将失去意义，可将有关数字做必要的调整后再进行分析。

（5）在分析中物价水平的变动将直接影响趋势分析。在进行趋势分析时，如果不同时期的物价水平发生了变动，对于企业存货、收入与费用等方面将产生重大影响，这将使得不同时期的财务资料失去可比性。

（6）在进行趋势分析时还应该与绝对数字一起进行观察，因为仅仅观察相对数字是不够的。基期金额过高或者过低将被认为趋势非常理想或者非常不理想，但事实并非如此。例如，企业的某个资产项目由 10 元增加到 20 元与 500 000 元增加到 1 000 000 元，虽然从相对数来看同样增加 100%，但是，对于分析者而言，这两个数据的重要性显然是有所不同的。

四、因素分析法

因素分析法是通过分析影响财务指标的各项因素并计算其对指标的影响程度，来说明本期实际与计划或基期相比财务指标变动或差异的主要原因的一种分析方法。运用这一方法的出发点在于，当有若干因素对综合指标发生作用时，假定其他各个因素都无变化，顺序确定每一个因素单独变化所产生的影响。此法又有连环替代法和差额计算法两种具体方法。

（一）连环替代法

连环替代法是将一项综合性的指标分解为各项构成因素，顺序用各项因素的实际数替换基数或计划数，分析各项因素影响综合指标的程度的一种方法。

1. 连环替代法的分析程序

（1）分解某项综合指标的各项构成因素。

（2）确定各个因素与某项综合指标的关系，如加减关系、乘除关系等。

（3）确定各项因素的排列顺序，按一定的顺序将各个因素加以替代，来具体测算各个因素对指标变动的影响方向和程度。

（4）计算各个因素影响数值的代数和，检查是否与分析对象相符。

2. 分析的主要指标

产品直接材料成本 = 产品产量 × 产品材料单耗 × 材料单价

产品直接人工成本 = 产品产量 × 产品工时单耗 × 小时工资率

产品变动性制造费用 = 产品产量 × 产品工时单耗 × 小时变动制造费用分配率

产品固定性制造费用 = 产品产量 × 产品工时单耗 × 小时固定制造费用分配率

资产利润率 = 资产周转次数 × 主营业务成本率 × 成本费用利润率

3. 分析的基本原理

以产品直接材料成本的分析为例，阐述连环替代法的基本原理和技巧如下：

计划数：计划产品直接材料成本 = 计划产品产量 × 计划材料单耗 × 材料计划单价

实际数：实际产品直接材料成本 = 实际产品产量 × 实际材料单耗 × 材料实际单价

分析对象：总差异 = 实际产品直接材料成本 - 计划产品直接材料成本

（1）求产品产量变动对产品直接材料成本的影响。

第一次替代：用实际产量替代计划产量。

第一次替代结果：实际产品产量 × 计划材料单耗 × 材料计划单价

产量变动的影响差额：实际产品产量 × 计划材料单耗 × 材料计划单价 - 计划产品产量 × 计划材料单耗 × 材料计划单价

（2）求材料单耗变动对产品直接材料成本的影响。

第二次替代：用实际单耗替代计划单耗。

第二次替代结果：实际产品产量 × 实际材料单耗 × 材料计划单价

单耗变动的影响差额：实际产品产量 × 实际材料单耗 × 材料计划单价 - 实际产品产量 × 计划材料单耗 × 材料计划单价

（3）求材料单价变动对产品直接材料成本的影响。

第三次替代：用实际单价替代计划单价。

第三次替代结果：实际产品产量 × 实际材料单耗 × 材料实际单价

单价变动的影响差额：实际产品产量 × 实际材料单耗 × 材料实际单价 - 实际产品产量 × 实际材料单耗 × 材料计划单价

（4）计算各项因素影响数值的代数和，其和应与总差额相等。

产量变动的影响差额 + 单耗变动的影响差额 + 单价变动的影响差额 = 总差额

4. 连环替代法应注意的问题

（1）因素分解的关联性。确定构成经济指标的因素，必须是客观上存在因果关系，要能够反映形成该项指标差异的内在构成原因，否则就失去了分析的价值。

（2）因素替代的顺序性。替代因素时，必须按照各因素的依存关系，排列成一定的顺序并依次替代，不可随意加以颠倒，否则就会得出不同的计算结果。

（3）顺序替代的连环性。在计算每一个因素变动的影响时，都是在前一次计算的基础上进行，并采用连环比较的方法确定因素变化的影响结果。因为只有保持计算程序上的连环性，才能使各个因素影响之和等于分析指标变动的差异，以全面说明分析指标变动的原因。

（二）差额计算法

此法是连环替代法的简化形式，基本原理与连环替代法相同，其计算公式如下：

1. 产品产量因素变动对产品直接材料成本的影响

产量变动的影响差额 =（实际产品产量 - 计划产品产量）× 计划材料单耗 × 材料计划单价

2. 材料单耗变动对产品直接材料成本的影响

单耗变动的影响差额 = 实际产品产量 ×（实际材料单耗 - 计划材料单耗）× 材料计划单价

3. 材料单价变动对产品直接材料成本的影响

单价变动的影响差额 = 实际产品产量 × 实际材料单耗 × (材料实际单价 − 材料计划单价)

例 1-3 C 公司 2019 年 11 月丙产品材料的消耗见表 1-5，采用差额计算法进行分析。

表 1-5　C 公司 2019 年 11 月丙产品材料的消耗表

项　　目	产量（件）		单耗（千克/件）		单价（元/千克）		总成本（元）	
	计　划	实　际	计　划	实　际	计　划	实　际	计　划	实　际
某材料	50	49	5	4.8	10	9	2 500	2 116.8
成本差异							−383.2	

材料成本 = 产量 × 单耗 × 单价

材料计划成本 = 50 × 5 × 10 = 2 500（元）

材料实际成本 = 49 × 4.8 × 9 = 2 116.8（元）

材料成本差异 = 2 116.8 − 2 500 = −383.2（元）

产量变化对成本差异的影响：(49 − 50) × 5 × 10 = −50（元）

单耗变化对成本差异的影响：49 × (4.8 − 5) × 10 = −98（元）

单价变化对成本差异的影响：49 × 4.8 × (9 − 10) = −235.2（元）

由此可知，上述三个因素的变化对成本差异的总影响：(−50) + (−98) + (−235.2) = −383.2（元）

同步训练

（一）填空题

1. 比率分析法是利用企业同一时期财务报表中两个或两个以上指标之间的某种关联关系，计算出一系列_____，据以考察、分析和评价企业财务状况和经营业绩的分析方法。

2. _____是以某个项目总额与相互关联但性质不同的项目总额加以对比所得的比率，反映有关经济活动的相互关系。

3. _____是某项经济指标的各个组成部分与总体的比率，反映部分与总体的关系。

4. _____是反映经济活动中投入与产出关系的比率。

5. 趋势百分比由于基期不同分为_____和_____两种。

6. 通过分析影响财务指标的各项因素并计算其对指标的影响程度，来说明本期实际与计划或基期相比财务指标变动或差异的主要原因的分析方法叫_____。

7. 将一项综合性指标分解为各项构成因素，顺序用各项因素的实际数替代基数或计划数，分析各项因素影响综合指标的程度的分析方法叫_____。

（二）单项选择题

1. 在财务报表分析方法中，最常用的方法是（　　）。

　A. 比较分析法　　　　　　　B. 比率分析法

　C. 趋势百分比分析法　　　　D. 因素分析法

2. 下列比率中能够较好地分析评价企业经营状况和经济效益水平的是（　　　）。

    A. 结构比率   B. 效率比率

    C. 相关比率   D. 定基比率

3. 趋势百分比分析法中环比分析是各期数均与（　　　）比较，计算出趋势百分比。

    A. 前一期的数   B. 第一年数

    C. 各年平均数   D. 同行业先进数

4. 结构分析法是将财务报表中的某一关键项目作为（　　　），再将其余有关项目换算为对关键项目的百分比，以揭示各个项目的相对地位和总体结构关系。

    A. 基数   B. 100%

    C. 分子   D. 分母

（三）多项选择题

1. 财务报表分析的基本方法有（　　　）。

    A. 比率分析法   B. 比较分析法

    C. 趋势百分比分析法   D. 因素分析法

2. 比率分析法的比率类型包括（　　　）。

    A. 结构比率   B. 相关比率

    C. 比率变动比较   D. 效率比率

3. 我国企业财务指标体系中评价的内容包括（　　　）。

    A. 盈利能力状况   B. 资产质量状况

    C. 债务风险状况   D. 经营增长状况

4. 下列表述中，正确的有（　　　）。

    A. 各种财务报表分析方法是不能够混合使用的

    B. 各种财务报表分析方法是能够混合使用的

    C. 各种财务报表分析方法是相互补充的

    D. 使用不同分析方法可以得出满足不同需要的分析结果

（四）判断题

（　　　）1. 在进行趋势百分比分析时不需要计算各种财务比率。

（　　　）2. 对结构比率可以进行趋势分析。

（　　　）3. 各种分析方法全部使用到一家企业的财务分析中就可以发现企业财务状况的所有问题。

（　　　）4. 分析企业财务状况的每一个问题都可以使用因素分析法。

（五）计算分析题

    某公司的本年实际主营业务收入与预算主营业务收入的比较数据如下：

    实际主营业务收入：40万元（8万件×5元/件）

    预算主营业务收入：43.2万元（9万件×4.8元/件）

    差异：3.2万元（不利）

    要求：分别用差额计算法和连环替代法分析差异额，并进行简要分析。

项目实训　公司基础资料与数据采集

实训目标与能力要求

本实训目标是培养学生为进行财务报表分析采集基础资料和数据的能力。其能力要求是：

（1）能正确理解企业财务报表分析依据与分析内容之间的内在联系，并能查找相关资料。

（2）能够对所收集资料进行整理、归类和建档。

实训方式与内容

分行业、分小组，以3～4人为一组，在指定的财经网站采集各自公司基础资料、近三年年度财务报告、近三年财务指标、近四年年报报表，采集同行业近三年财务指标；对采集的资料进行整理归类，分别建立相关文档。

实训步骤

（1）根据学生对行业及相关公司的兴趣，由学生自己在创业板选择一个公司（应尽量选择经营业务比较单一、经营环节比较简单的公司）作为实训对象，并以行业为基础组成3～4人的实训小组。

（2）在指定财经网站，采集所选公司的基础资料、年度财务报告及相关资料。

（3）学生对所采集的资料进行整理归类，并按要求形成相应文档（Word文档，将文档页面设置为A4，页边距上2.8cm，下2.5cm，左右各2.5cm，行距1.5倍，页码格式为阿拉伯数字，居中；总标题小三号、黑体，居中，空一行；一级标题小四号、宋体、加粗；二级标题和其他正文小四号、宋体；图表内文字小五号、宋体。下同）。

（4）实训小组组长将小组成员的实训成果打包上传学委，学委集中打包上传指导老师，由老师组织互评。

（5）指导老师根据学生实训成果的质量和互评结果确定实训成绩。

实训考核

根据学生采集资料的正确性、时效性和整理归类、建档的有效性、及时性和规范情况进行评分。

本项目框架结构图

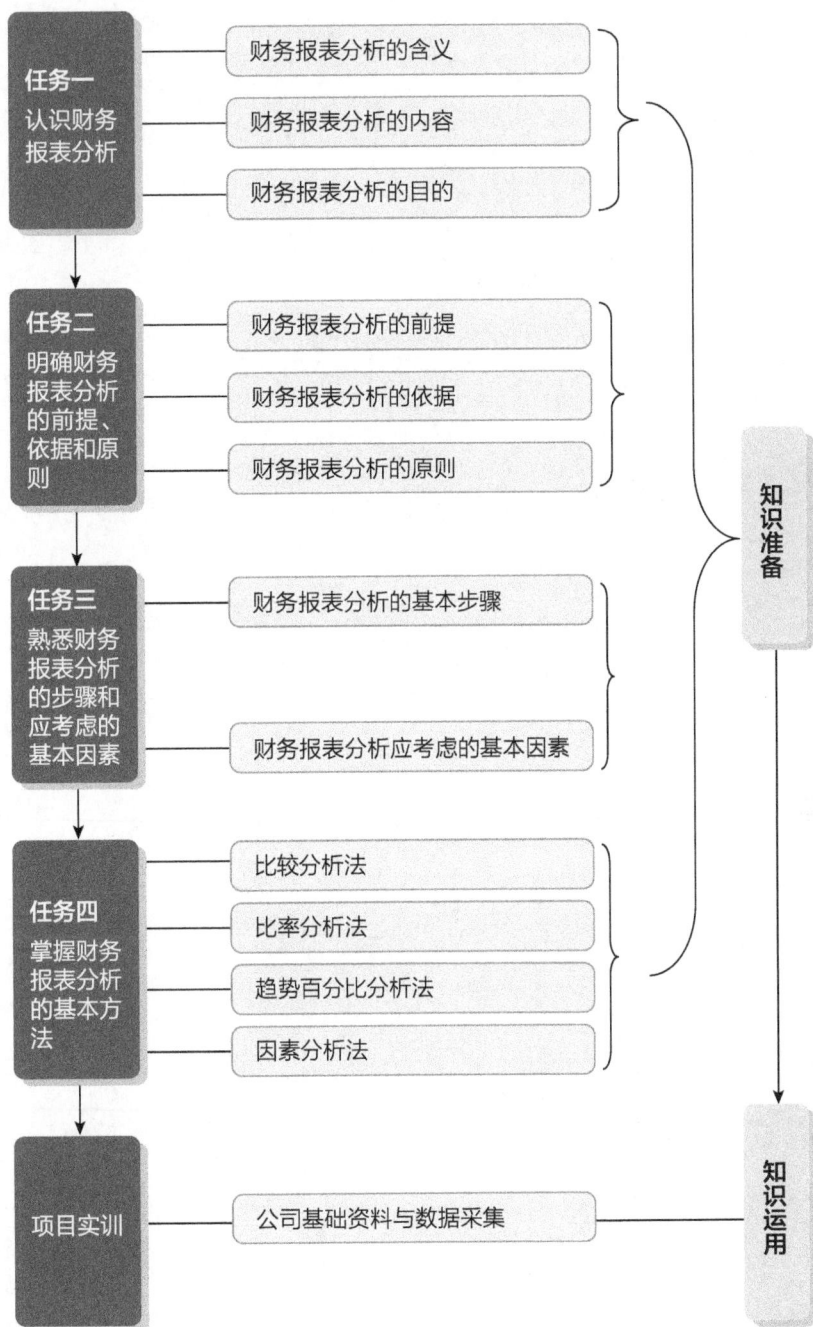

任务一 认识财务报表分析	财务报表分析的含义 财务报表分析的内容 财务报表分析的目的	
任务二 明确财务报表分析的前提、依据和原则	财务报表分析的前提 财务报表分析的依据 财务报表分析的原则	知识准备
任务三 熟悉财务报表分析的步骤和应考虑的基本因素	财务报表分析的基本步骤 财务报表分析应考虑的基本因素	
任务四 掌握财务报表分析的基本方法	比较分析法 比率分析法 趋势百分比分析法 因素分析法	
项目实训	公司基础资料与数据采集	知识运用

项目二　资产负债表分析

学习目标

1. 熟悉企业资本结构、资产结构、偿债能力的主要分析评价指标
2. 明确各指标分析评价的内容和要求
3. 掌握各指标的计算与分析评价方法

知 识 点

1. 资本结构指标的计算、分析与评价
2. 资产结构指标的计算、分析与评价
3. 偿债能力指标的计算、分析与评价

技 能 点

1. 能正确计算和使用相关指标
2. 能结合具体公司资产负债表及相关资料，对公司资本结构、资产结构的合理性和偿债能力的强弱做出分析评价

教学引导　　资产负债表是以"资产 = 负债 + 所有者权益"这一等式为理论基础，反映企业在特定日期财务状况的静态报表。它揭示了企业拥有或控制的能以货币表现的经济资源的规模及分布形态，同时也反映了企业全部资金的来源及其构成，是企业对外编报的主要报表之一。企业的资金来源结构是否合理、资源是否得到有效配置、债务是否能得到及时清偿等，都可以通过资产负债表分析来获取答案。企业财会人员要善于利用资产负债表所揭示的信息，通过分析为企业理财提供决策依据。

　　资产负债表究竟能够提供哪些信息？如何处理和利用这些信息？这些将是本项目所述主要内容。

任务一 资本结构分析

一、资本结构分析基本知识

（一）资本结构的含义与分析目标

资本结构有广义和狭义之分。广义的资本结构是指企业全部资本的构成及其比例关系；狭义的资本结构是指长期资本的构成及其比例关系。

企业的资本结构是由企业采用各种筹资方式筹资而形成的。各种筹资方式的不同组合类型决定着企业的资本结构及其变化。通常情况下，企业都采用债务筹资和权益筹资的组合。因此，资本结构问题，实质上就是债务资本比率问题，也就是债务资本在整个资本中占多大比例。

资本结构决定了企业的财务结构、财务杠杆的运用和融资决策的制定。资本结构分析的目标是资本结构的合理性，分析的实质是评价企业的筹资能力及其所面临的风险。

（二）资本结构的类型

不同企业或同一企业的不同时期，其资本结构是不同的，具体来说有以下三种类型：

1. 谨慎型资本结构

谨慎型资本结构是指企业的资金来源主要由权益资本和长期负债构成，即企业的长期资产和部分流动资产全部由主权资本和长期负债提供，流动负债只是满足于部分临时性流动资产占用所需资金。这种资本结构下，企业融资风险相对较小，而融资成本较高。出现这种情况通常是企业的收益水平不高，抗风险的能力比较弱。

2. 风险型资本结构

风险型资本结构是指企业的资金来源主要是由负债融资，特别是流动负债融资组成，即流动负债融资除满足全部临时性流动资产占用需要，还用于大部分非速动流动资产，甚至被用于长期资产，而主权资本和长期负债只是满足于长期资产或部分非速动流动资产。在这种资本结构下，企业融资风险较大，但融资成本相对较低，因此企业的收益水平也较高。

3. 适中型资本结构

适中型资本结构是介于上述两种资本结构之间的一种形式。它是指企业的资金来源主要根据资金使用的用途来确定，用于长期资产和非速动流动资产的资金由主权资本和长期负债来提供，而临时性流动资产所需资金由流动负债来满足。在这种资本结构下，企业的融资风险、融资成本和收益水平都处于中等水平。

不同企业或同一企业的不同时期，由于对风险和收益的态度不同，故可以采取不同的融资结构，凡期望获得较高收益的企业，可以冒风险而采取风险型资本结构；凡期望获得较低而稳定收益的企业，可以不冒风险而采取谨慎型资本结构；凡期望获得平均收益的企业，可在冒一点风险的情况下，采取适中型资本结构。

（三）债务资本的作用

资本结构直接揭示了企业不同资金来源的构成状况。企业之所以通过负债融资获取生产经营活动所需资金，是因为债务资本相对权益资本具有优势。

1. 负债融资具有成本低、方便灵活、满足急需等优势

通常情况下，负债融资的成本相对较低，可以随借随还，能满足企业临时的、短期资金周转的需要；而权益资本融资的成本相对较高，融资渠道比较单一、时间长、灵活性差，但不存在偿还，可供企业永久或持续使用。企业既采取负债融资也采取权益资本融资，可以取长补短，从而形成企业最优的资本结构。

2. 保持适度的负债是调剂资金余缺及提高所有者投资报酬率的前提

企业的生产经营活动直接受市场环境波动的影响，为保证企业生产经营活动的资金需要，一方面要求所有者投入部分稳定、可供持续使用的资金，另一方面则要根据资金实际需要，采取负债方式借入部分资金来加以补充。负债融资既方便又具有灵活性，当资金量过剩时，可偿还负债以减少资金；当资金量不足时，又可借入资金。同时，负债也可起到财务杠杆效应，从而提高所有者投资的报酬率。

3. 负债融资有利于优化企业的资产结构

通常情况下，企业流动负债提供的资金是与流动资产中临时性占用部分相对应的，而流动资产中稳定而长久占用部分（如必要的原材料储备等）所需资金则应由长期资金提供，所有者权益提供的资金一般是满足于企业长期及固定资产投资的需要。因此，不同的资本结构对资产结构有着直接影响。通过负债这一灵活的融资方式，来改变企业的资本结构类型，优化企业资产结构，是现代企业的通常做法。

（四）影响资本结构的因素

企业的资金实力雄厚与否，一般应视资本结构而定。若资本结构健全合理，则资金实力定然充实，财力基础稳定，易于抵抗外界冲击和回避经营及财务风险，显示出强劲的长期偿债能力。因此，任何企业都在寻求最佳的资本结构，但客观地说，最佳资本结构是相对不同条件而言的，现实中根本没有绝对的最佳资本结构。这是因为，资本结构受许多因素制约和影响。

1. 企业的经营风险

企业的经营风险是指经营收益能否抵偿固定费用所面临的风险。企业所面临的经营风险大小，对筹资方式有直接的影响。经营风险大的企业，采用吸收投资的方式筹资比较理想。这是因为这种方式不用定期支付利息，不用按时偿还本金，便于采用较为稳固的财务基础来抵消部分经营风险。因此，经营风险大的企业，负债比例一般都比较小。

2. 企业的财务状况和经营状况

企业的财务状况和经营状况对筹资方式有决定性的影响。一般而言，获利能力越大、财务状况越好、变现能力越强的企业，就越有能力负担财务上的风险，而财务风险背后带来的将是成倍的财务杠杆利益。因此，随着企业变现能力和获利能力的增强，举债筹资就越有吸引力。

3. 销售的稳定性

销售是否稳定对企业的资本结构也有重要影响。如果一个企业的销售和盈余很稳定且呈增长趋势，则可较多地利用债务筹集资金；如果销售和盈余有周期性或波动性比较激烈，则负担固定债务费用将冒很大的风险，举债不能太多。

4. 税收政策

按照税法规定，企业债务的利息可以抵税，而股票的股利不能抵税。一般而言，企业所得税税率越高，借款举债的好处越大。由此可见，税收政策实际上会对企业债权资本的安排产生一定的刺激作用。

5. 资本市场状况

资本市场状况对企业的融资渠道、融资方式、融资手段会产生直接影响。简单地说，不论通过银行借贷还是发行股票进行融资，所形成的企业资本结构是不同的。当市场银根宽松，利率较低时，企业会考虑从金融机构取得所需要的资金；相反则企业会考虑通过其他融资渠道或方式取得所需资金。

6. 企业所有者和管理人员的态度

企业所有者对企业控制权的态度，可能影响企业资本结构。如果企业的所有者不愿使企业的控制权旁落，则可能不愿增发新股票，而尽量采用债务筹资。

管理人员对待风险的态度，也是影响资本结构的一个因素。如果企业的主要领导人比较稳健，厌恶风险，则会减少债务资金的使用。

（五）资本结构分析指标的计算与指标意义

进行资本结构分析的常用指标、计算公式及其指标意义见表 2-1。

表 2-1　资本结构主要财务指标

财务指标名称	计算公式	指标意义
负债与所有者权益比率（产权比率）	负债总额÷所有者权益总额×100%	反映企业债权人的资本受到所有者权益的保障程度。该比率越低，债权保障程度越高。该比率一般控制在 100% 以下
流动负债对总负债比率	流动负债÷负债总额×100%	反映企业依赖短期债权人融资的程度。该比率控制在 30%～60% 范围内比较合理
股东权益比率	股东权益总额÷资本总额×100%	反映企业基本财务结构是否稳定。该比率不宜过低，一般控制在 50% 以上
股东权益与固定资产比率	股东权益÷固定资产×100%	反映企业财务结构稳定性。该比率不宜过低，为 2/3 时较为理想
资本化比率	长期负债合计÷（长期负债合计＋所有者权益合计）×100%	反映企业长期资本结构。该比率越小，资本化程度越低，长期偿债压力越小；反之，则资本化程度高，长期偿债压力越大。该比率不宜过高，一般应在 20% 以下

除上表所列分析指标，还有其他一些指标可以选用，如负债与所有者权益比率、长期负债比率等。不管选用哪些指标，一定要结合企业的经营性质、经营规模、经营状况和企业所处的金融环境，同时还应与同行业的平均水平或行业先进水平进行比较，必要时还应进行趋势分析，以便做出准确的评价。

二、资本结构分析实例

(一) A 公司近三年资本增减变动情况与重大筹资事项说明

1. A 公司 2016～2018 年年末资本增减变动情况

A 公司 2016～2018 年年末资本增减变动情况见表 2-2。

表 2-2　A 公司 2016～2018 年年末资本增减变动表

(单位：万元)

项　目	年　份				
	2016 年	2017 年	2018 年	2017 年增减变化	2018 年增减变化
总资本	406 593	931 283	962 658	524 690	31 375
负债资本	112 890	384 078	365 603	271 188	− 18 475
短期借款	—	—	28 000	0	28 000
一年内到期的非流动负债	109	28 035	11 566	27 926	− 16 469
长期借款	18 606	146 712	131 998	128 106	− 14 714
权益资本	293 703	547 205	597 055	253 502	49 850
实收资本（股本）	101 032	158 598	238 338	57 566	79 740
资本公积	52 944	225 223	133 669	172 279	− 91 554

2. A 公司 2017、2018 年资本增减变动重大事项说明

(1) 短期借款 2018 年增加 28 000 万元，主要系本期补充流动资金增加借款所致。

(2) 长期借款 2017 年增加 688.52%，主要系本期收购美国、欧洲项目增加长期借款所致。2018 年下降 10.03%，主要系本期归还部分并购欧洲项目的长期借款所致。

(3) 预计非流动负债，在 2017 和 2018 两年报告期内，有超过 90% 是为了获得土地使用权而形成的预计负债，其他为或有事项有关的境外少数员工保险费用以及医疗纠纷事项产生的未决诉讼。

(4) 一年内到期的非流动负债，在 2017 年报告期内，超过 99% 为一年内到期的长期借款，其余部分为融资租赁费用。在 2018 年报告期内，主要系与延期购买相关的债务。

(5) 资本公积，2017 年增加 325.40%，主要系公司激励对象行权并缴纳增资款使得资本公积——股本溢价增加。2018 年下降 40.65%，主要系公司董事会同意回购注销原激励对象已获授但未解锁的全部限制性股票，同时将部分资本公积——股本溢价转增股本。

(二) A 公司 2018 年年末资本结构分析

根据表 2-3、表 2-4 所示的 A 公司的资产负债表，可计算公司资本结构相关指标，见表 2-5。

表 2-3 资产负债表（简表）

会企 01 表

编制单位：A 公司   2018 年 12 月 31 日   单位：万元

资　　产	期末余额	年初余额	负债及所有者权益（或股东权益）	期末余额	年初余额
流动资产：			流动负债：		
货币资金	128 991	256 003	短期借款	28 000	
交易性金融资产			交易性金融负债		
衍生金融资产			应付票据		
应收票据			应付账款	94 261	71 062
应收账款	88 251	51 372	预收款项	9 285	8 493
预付款项	10 590	12 917	应付职工薪酬	28 068	21 684
应收利息	770	936	应交税费	10 979	10 688
应收股利			应付利息	466	746
其他应收款	14 690	18 331	其他应付款	21 526	71 305
存货	35 905	27 382			
一年内到期的非流动资产			一年内到期的非流动负债	11 566	28 035
其他流动资产：	43 420	1 158	其他流动负债：		
流动资产合计	322 617	368 099	流动负债合计	204 151	212 013
非流动资产：			非流动负债：		
可供出售金融资产	152 218	116 083	长期借款	131 998	146 712
持有至到期投资			长期应付款		
长期应收款			预计非流动负债	8 214	8 284
长期股权投资			递延所得税负债	4 758	4 439
投资性房地产			其他非流动负债	16 482	12 630
固定资产净值	146 528	113 140	非流动负债合计	161 452	172 065
在建工程	20 285	12 560	负债合计	365 603	384 078
无形资产	51 019	51 966	所有者权益：		
开发支出	213	341	实收资本（或股本）	238 338	158 598
商誉	206 165	212 204	资本公积	133 669	225 223
长期待摊费用	50 139	40 859	减：库存股	13 271	20 919
递延所得税资产	5 299	4 252	其他综合收益	26 054	25 257
其他非流动资产	8 175	11 779	盈余公积	31 679	24 182
非流动资产合计	640 041	563 184	未分配利润	180 586	134 864
			所有者权益（或股东权益）合计	597 055	547 205
资产总计	962 658	931 283	负债和所有者权益（或股东权益）总计	962 658	931 283

表 2-4　资产负债表（简表）

会企 01 表

编制单位：A 公司　　　　　　　　　　2017 年 12 月 31 日　　　　　　　　　　单位：万元

资　　产	期末余额	年初余额	负债及所有者权益（或股东权益）	期末余额	年初余额
流动资产：			流动负债：		
货币资金	256 003	77 594	短期借款		
交易性金融资产			交易性金融负债		
衍生金融资产			应付票据		
应收票据			应付账款	71 062	42 041
应收账款	51 372	28 387	预收款项	8 493	4 180
预付款项	12 917	9 106	应付职工薪酬	21 684	12 555
应收利息	936	387	应交税费	10 688	3 485
应收股利			应付利息	746	71
其他应收款	18 331	18 164	应付股利		
存货	27 382	20 677	其他应付款	71 305	31 705
一年内到期的非流动资产			一年内到期的非流动负债	28 035	109
其他流动资产	1 158	5 879	其他流动负债		
流动资产合计	368 099	160 194	流动负债合计	212 013	94 146
非流动资产：			非流动负债：		
可供出售金融资产	116 083	80 339	长期借款	146 712	18 606
持有至到期投资			长期应付款		
长期应收款			预计非流动负债	8 284	
长期股权投资			递延所得税负债	4 439	138
投资性房地产			其他非流动负债	12 630	
固定资产净值	113 140	76 909	非流动负债合计	172 065	18 744
在建工程	12 560	1 377	负债合计	384 078	112 890
无形资产	51 966	2 363	所有者权益：		
开发支出	341	979	实收资本（或股本）	158 598	101 032
商誉	212 204	44 775	资本公积	225 223	52 944
长期待摊费用	40 859	32 575	减：库存股	20 919	28 604
递延所得税资产	4 252	4 767	其他综合收益	25 257	14 616
其他非流动资产	11 779	2 315	盈余公积	24 182	18 523
非流动资产合计	563 184	246 399	未分配利润	134 864	135 192
			所有者权益（或股东权益）合计	547 205	293 703
资产总计	931 283	406 593	负债和所有者权益（或股东权益）总计	931 283	406 593

表 2-5　A 公司资本结构相关指标计算表

项　　目		2016 年	2017 年	2018 年	2018 年行业均值
相关数据	负债总额	112 890	384 078	365 603	
	流动负债	94 146	212 013	204 151	
	长期负债	18 744	172 065	161 452	
	股东权益总额	293 703	547 205	597 055	
	固定资产净值	76 909	113 140	146 528	
	资本总额	406 593	931 283	962 658	
财务指标	负债与所有者权益比率（%）	38.44	70.19	61.23	56.6
	流动负债对总负债比率（%）	83.40	55.20	55.84	60.8
	股东权益比率（%）	72.24	58.76	62.02	64.5
	股东权益与固定资产比率（%）	381.89	483.65	407.47	410
	资本化比率（%）	6.00	23.92	21.29	15.8

表 2-5 显示，该公司 2016~2018 年总体资本结构变动幅度较大，特别是负债与所有者权益比率 2017 年与 2016 年相比变动幅度大，而 2018 年又有较大幅度下降，表明公司在 2017 年有重大负债融资活动，从表 2-2 和 A 公司 2017、2018 年资本增减变动重大事项说明中可以看出，仅长期借款较 2016 年增加 128 106 万元，增长 688.52%。从各项指标数据看，2017 年与 2016 年相比都呈大幅度变化，但到 2018 年均有所回落，说明 2018 年对 2017 年激进的资本变动进行降温，让公司资本结构回到稳定、合理状态。

表 2-5 还显示，该公司流动负债对总负债的比率由 2016 年的 83.40% 下降至 2018 年的 55.84%，股东权益与固定资产比率由 2017 年的 483.65% 下调到 407.47%，表明公司对不合理资本结构的调整，有利于减轻短期偿债压力、提高财务结构稳定性。

另外，从表 2-5 还可以看出，该公司 2018 年各项资本结构指标与行业均值比较接近，表明符合行业资本结构状况，是比较合理的资本结构。

同步训练

（一）填空题

1. 企业资本结构类型有_____、_____和_____。

2. 狭义的资本结构是指_____的构成及其比例关系。

3. 股东权益比率是指股东权益与_____的比率。

4. 负债与所有者权益比率是指_____与_____的比率，亦称_____。

（二）单项选择题

1. 以下表述正确的是（　　　）。

A. 企业资本就是指的所有者权益

B. 企业资本分权益资本和负债资本

C. 资本结构就是各项所有者权益与权益总额的比例关系

D. 资本结构决定资产结构

2. 狭义的资本结构是指企业的（　　　）的构成和比例关系。

A. 权益资本与长期负债 　　　　　B. 长期债权投资与流动负债

C. 长期应付款与固定资产 　　　　D. 递延资产与应付账款

3. 以下表述不正确的是（　　　）。

A. 资本结构决定企业财务结构

B. 资本结构分析的目标是评价资本结构的合理性

C. 资本结构分析与财务杠杆的运用和融资决策的制定无关

D. 资本结构分析的实质是评价企业的筹资能力及其所面临的风险

（三）多项选择题

1. 影响企业资本结构的因素包括（　　　）。

A. 资本市场状况 　　　　　　　　B. 税收政策

C. 企业的财务状况和经营状况 　　D. 销售的稳定性

E. 企业的经营风险

2. 下列项目中，属于长期资本的有（　　　）。

A. 应付债券 　　　　　　　　　　B. 实收资本

C. 盈余公积 　　　　　　　　　　D. 未分配利润

3. 资本结构分析常用的指标有（　　　）。

A. 资本化比率 　　　　　　　　　B. 股东权益比率

C. 债务资本与权益资本比率 　　　D. 股东权益与固定资产比率

（四）判断题

（　　）1. 保持适度的负债是调剂资金余缺及提高所有者投资报酬率的前提。

（　　）2. 负债融资具有成本低、方便灵活、满足急需等优势。

（　　）3. 负债融资不利于优化企业的资产结构。

（　　）4. 企业的经营风险对盈利有影响，对资本结构不会有影响。

（　　）5. 企业的财务状况好，其资本结构一定是合理的。

（　　）6. 资本市场状况决定了企业的资本结构状况。

任务二　资产结构分析

　　资产是企业的经济资源，资源要能最大限度地发挥其功能，就必须有一个合理的配置，而资源配置的合理与否，主要是通过资产负债表的各类资产占总资产的比重以及各类资产之间的比例关系即资产结构分析来反映的。企业合理的资产结构，是有效经营和不断提高盈利能力的基础，是应对财务风险的基本保证。

一、资产结构分析基本知识

（一）资产结构的含义和分析目标

资产结构就是指各种资产占企业总资产的比重，以及各类资产之间的比例关系，以揭示企业资产及其分布情况。

资产结构与资本结构一样，也决定着企业的财务风险类型。资产结构分析的目标是资产结构的合理性，分析的实质是评价企业资产的流动性及其所面临的风险。

（二）资产结构的类型

进行资产结构分析主要是关注企业资产的流动性，特别是流动资产占总资产的比重。根据这个比重的大小，可以将企业的资产结构分为以下三种类型：

1. 保守型资产结构

保守型资产结构是指流动资产占总资产的比重偏大。在这种资产结构下，企业资产流动性较好，从而降低了企业的风险，但因为收益水平较高的非流动资产比重较小，企业的盈利水平同时也较低。因此，企业的风险和收益水平都较低。

2. 风险型资产结构

风险型资产结构是指流动资产占总资产的比重偏小。在这种资产结构下，企业资产流动性和变现能力较弱，从而提高了企业的风险，但因为收益水平较高的非流动资产比重较大，企业的盈利水平同时也较高。因此，企业的风险和收益水平都较高。

3. 适中型资产结构

适中型资产结构是指介于保守型和风险型之间的资产结构。

（三）影响企业资产结构的主要因素

企业的资产按其价值转移形式及其变现速度（流动性）分为流动资产和非流动资产两类。非流动资产的主要内容是企业的固定资产，它反映企业的生产规模。在一定时期内，企业固定资产一般变动不大，所以，在进行资产结构分析时，通常假定固定资产规模不发生重大变化。基于上述假定，流动资产在总资产中所占的比例大小通常受以下因素影响：

1. 企业的经营性质

企业的经营性质对资产结构有着极其重要的影响。不同经营性质的企业，其资产结构有着明显的区别。例如：生产企业较流通企业需要更多的固定资产，在生产企业的资产结构中，固定资产占总资产的比重要远远大于流通企业。同样，生产企业中以机器设备作为主要加工手段的企业较以手工工作为主要加工手段的企业需要更多的固定资产；流通领域中批发企业较零售企业需要更多的固定资产。另外，不同生产企业其生产经营周期的长短，也会影响资产结构。

2. 企业的经营特点

企业的经营特点对资产结构也有重要影响。有的企业是大批量稳定型生产企业，有的企业属于小批量波动型生产企业，还有的企业生产具有季节性。通常情况下，大批量稳定型生产企业流动资产占总资产的比例具有相对稳定性，流动资产内部各项目之间也具有相对稳定的比例关系。而小批量波动型生产企业流动资产占总资产的比例稳定性较差，特别是流动资产内部各项目的比例关系具有较大的波动性。就一般生产企业而言，生产初期，原材料所占比例较大，而在产品和产成品所占比例较小；随着生产过程的不断进行，原材料比重减少，在产品比重随之增加；生产完工后产品随之发出，相应货币资金和应收账款所占比例会逐步增加。

3. 企业的经营状况

企业的经营状况对资产结构也会产生一定影响。通常表现为：企业经营状况好、销售顺畅时，货币资金比重会相对提高，应收账款和存货比重会相对下降；相反，当企业经营不景气、销路不畅时，货币资金比重会相对减少，应收账款和存货比重会呈上升趋势。同时，当企业经营状况好、销售上升时，相应的生产规模必然扩大，从而使得企业固定资产所占比例也会增大。通常情况下，企业经营状况好，资金周转速度加快，流动资产所占比例会相对下降。这是因为，企业固定资产比重是与其生产规模和销售规模相联系的，而流动资产比重则受应收账款和存货的周转速度影响。

4. 企业的风险偏好

企业的风险偏好对资产结构也会产生影响。通常情况下，同一企业在其经营规模稳定时，与固定资产相配合的流动资产有一定的比例，但在同行业中，各企业在配置自身流动资产时与行业平均流动资产比例有一定差异，这种差异的形成在于企业管理者对风险的态度。偏好高风险的企业流动资产的比重相对较小，企业使用的资金相对较少，因此资金报酬率相对较高；反之亦然。从企业自身流动资产需要量看，如果企业的流动资产除正常生产经营需要外保持正常的保险储备，说明企业的风险与报酬处于一般水平；如果企业的流动资产中保险储备高于正常水平，则说明企业管理者更偏好回避风险；如果企业的流动资产中保险储备低于正常水平，则说明企业的管理者更偏好高收益高风险。

5. 企业的市场环境

上述各因素对企业的影响都是由企业自身的性质和特点决定的，是一种企业内部的、微观的影响因素。与此同时，企业外部的、宏观的因素也会对企业生产经营活动产生巨大的影响。

当宏观的经济环境处于低潮时，市场萎缩、企业销售锐减、生产也不断下降，企业原材料、在产品都会减少，较低的产成品足以维持较低的销售量，存货资产比重降低；同时，销售的下降也会产生较少的应收账款。企业生产和销售的降低，会使企业生产经营支出减少，加之对应收账款的清理，会使企业产生较大的货币资金；如果宏观经济萎缩时间延长，企业也会取消或推迟新增固定资产计划，从而减少货币资金支出，使得货币资金比重逐渐上升。

当宏观经济环境变好或处于繁荣时期，企业销售日益剧增、生产不断扩大，企业积存的货币资金不断耗尽，存货资产逐渐增加；随着销售的不断增长，应收账款也会不断增加，新的固定资产投资也会加大，从而使得企业资产结构中货币资金比重下降，应收账款、存货、固定资产比重上升。

(四) 资产结构分析指标的计算与指标意义

与资本结构分析类似，资产结构分析也有相应的分析指标，比较常用的指标、计算公式及其指标意义见表2-6。

表2-6　资产结构主要财务指标

财务指标名称	计算公式	指标意义
流动资产与总资产比率	流动资产总额÷资产总额×100%	反映企业资产的流动性。该比率越高，表明企业资产的流动性和变现能力越强，偿债能力越强，承担风险的能力也越强
速动资产与流动资产比率	速动资产总额÷流动资产总额×100%（速动资产＝流动资产－存货）	反映企业资产即时变现的程度。该比率越高，表明企业资产即时变现能力越强，偿债能力越强，承担风险的能力也越强
固定资产净值率	固定资产净值÷固定资产原值×100%	反映企业全部固定资产平均新旧程度。该比率越大，表明企业的经营条件相对较好；反之，则表明企业固定资产较旧，经营条件相对较差，须投资进行维护和更新
固定资产比重	固定资产总额÷资产总额×100%	反映企业资金运用状况。该比率越高，表明企业越没有闲置资金

　　资产结构分析的目标是资产配置的合理性，运用上述指标进行资产结构分析时，一定要结合企业的经营性质、经营规模、技术水平、经营状况和企业所处的市场环境，同时还应与同行业的平均水平或先进水平进行比较，必要时还应进行趋势分析，以便做出准确的评价。除表2-6所列分析指标，还有其他一些指标可以选用，如对外投资比率、无形资产比率、流动资产与固定资产比率等。

二、资产结构分析实例

（一）A公司近三年资产增减变动情况与重大投资事项说明

1. A公司2016～2018年资产增减变动情况

A公司2016～2018年资产增减变动情况见表2-7。

表2-7　A公司2016～2018年资产增减变动表

（单位：万元）

项　目	年　份				
	2016年	2017年	2018年	2017年增减变化	2018年增减变化
总资产	406 593	931 283	962 658	524 690	31 375
流动资产	160 194	368 099	322 617	207 905	－45 482
货币资金	77 594	256 003	128 991	178 409	－127 013
应收账款	28 387	51 372	88 251	22 985	36 879

（续）

项　目	年　份				
	2016 年	2017 年	2018 年	2017 年增减变化	2018 年增减变化
存货	20 677	27 382	35 905	6 705	8 523
非流动资产	246 399	563 184	640 041	316 785	76 857
可供出售金融资产	80 339	116 083	152 218	35 744	36 135
固定资产净值	76 909	113 140	146 528	36 231	33 388
在建工程	1 377	12 560	20 285	11 183	7 725

2. A 公司 2017、2018 年重大资产变动事项说明

（1）货币资金 2017 年增加 229.93%，主要系公司本期非公发行募集资金到位及经营规模不断扩大，医疗及相关服务的营业收入上升导致货币资金总额增加。2018 年下降 49.61%，主要系公司报告期募集资金投资项目投入增加，余额减少所致。

（2）应收账款 2017 年和 2018 年分别增加 80.97% 和 71.79%，主要系公司报告期收购子公司医院数量增加及经营规模扩大，以及医疗保险方式结算营业收入所致，另外与对外销售材料等的结算款增加也有关。

（3）存货 2017 年和 2018 年分别增加 32.43% 和 31.13%，主要系公司报告期收购子公司医院数量增加、经营规模扩大、备货量增加所致。

（4）可供出售金融资产 2017 年和 2018 年分别增加 44.49% 和 31.13%，主要系报告期新增基金投资所致。

（5）固定资产净值 2017 年和 2018 年分别增加 47.11% 和 29.51%，2017 年主要系公司报告期收购子公司、医院数量增加，以及经营规模扩大医院加大投入而购入固定资产所致；2018 年主要系公司报告期医院设备投入固定资产以及经营租赁业务采购固定资产增加所致。

（6）在建工程 2017 年和 2018 年分别增加 812.13% 和 61.50%，2017 年主要系本期收购医院增加及总部大楼建设项目等医院工程项目的增加所致；2018 年主要系本期总部大楼建设及新设医院工程项目增加所致。

（二）A 公司 2018 年年末资产结构分析

根据表 2-3、表 2-4 所示的 A 公司资产负债表，可计算相关指标见表 2-8。

表 2-8　A 公司资产结构相关指标计算表

项　目		2016 年	2017 年	2018 年	2018 年行业均值
相关数据	流动资产	160 194	368 099	322 617	
	速动资产	139 517	340 717	286 712	
	固定资产净值	76 909	113 140	146 528	
	资产总额	406 593	931 283	962 658	

（续）

项　目		2016 年	2017 年	2018 年	2018 年行业均值
财务指标	流动资产与总资产比率（%）	39.40	39.53	33.51	35.60
	速动资产与流动资产比率（%）	87.09	92.56	88.87	49.50
	固定资产比重（%）	18.92	12.15	15.22	12.80

　　表2-8 显示，该公司三年资产结构指标比率变动不大，且相关指标间呈此增彼长正相关，表明公司资产结构总体比较稳定、变动合理。

　　表2-8 显示，该公司流动资产与总资产比率由 2017 年的 39.53% 下降到 2018 年的 33.51%，降幅比较大，与前述重大资产变动事项说明中 2018 年固定资产和在建工程增加有关，且与公司固定资产比重由 2017 年的 12.15% 上升到 2018 年的 15.22% 负相关，表明公司资产总体结构变动是正常的。同时，公司速动资产与流动资产比率由 2017 年的 92.56% 下降到 2018 年的 88.87%，与表2-7 货币资金由 2017 年的 256 003 万元下降到 2018 年 128 991 万元有关，也就是与前述重大资产变动事项中 2017 年非公发行募集资金在 2018 年得到削减有关，是正常的结构变化。

　　另外，从表2-8 还可以看到，该公司 2018 年各项资产结构指标除速动资产与流动资产比率外，与行业均值比较接近，表明与行业资产结构状况基本相符，是比较合理的资产结构。

同步训练

（一）填空题

1. 资产结构就是指_____ 占_____的比重，以及_____的比例关系。

2. 企业合理的资产结构，是_____和_____的基础，是应对_____的基本保证。

3. 资产结构分析的目标是资产结构的_____，分析的实质是评价企业资产的_____及其所面临的风险。

（二）单项选择题

1. 将资产分为流动资产和非流动资产两大类的分类标志是资产的价值转移形式及其（　　）。
　　A. 占用期限　　　　　　　B. 变现速度
　　C. 占用形式　　　　　　　D. 获利能力

2. 以下表述不正确的是（　　）。
　　A. 资产按流动性分为流动资产和非流动资产两大类
　　B. 交易性金融资产属于流动资产
　　C. 资产按变现速度分为流动资产和非流动资产两大类
　　D. 递延所得税资产属于流动资产

3. 以下表述不正确的是（　　　）。
    A. 生产企业较之流通企业需要更多的固定资产
    B. 不同经营性质的企业，其资产结构有着明显的区别
    C. 流通领域中批发企业较之零售企业需要更多的固定资产
    D. 服务类企业不需要固定资产

（三）多项选择题
1. 下列项目中，属于速动资产的有（　　　）。
    A. 现金　　　　　　　　　　　　B. 应收账款
    C. 其他应收款　　　　　　　　　D. 存货
2. 影响企业资产结构的因素包括（　　　）。
    A. 企业的经营特点　　　　　　　B. 企业的经营风险偏好
    C. 企业的市场环境　　　　　　　D. 企业的经营规模
    E. 企业的经营性质
3. 资产结构分析常用的指标有（　　　）。
    A. 固定资产净值率　　　　　　　B. 固定资产比重
    C. 流动资产与总资产比率　　　　D. 速动资产与流动资产比率

（四）判断题
（　　）1. 企业可以没有固定资产，但必须有流动资产。
（　　）2. 流动负债应该形成流动资产。
（　　）3. 负债融资有利于优化企业的资产结构。
（　　）4. 企业的经营风险对盈利有影响，对资产结构不会有影响。
（　　）5. 企业的财务状况好，其资产结构一定是合理的。

任务三　偿债能力分析

一、企业偿债能力分析基本知识

（一）偿债能力的含义与分析目标

企业的偿债能力是指在一定期间内清偿各种到期债务的能力。对于多数企业来说，资金来源除了所有者权益外，还有相当一部分来自负债。由于任何一笔债务都负有支付利息和到期偿还本金的责任，因此企业支付利息和到期偿还本金的能力就是其偿债能力。

企业偿债能力分析的目标是评价企业偿债能力的强弱。偿债能力的强弱是衡量企业经营绩效的重要指标，不仅关系到企业本身的生存和发展，同时也与债权人、投资者的利益密切相关。对企业内部而言，通过测定自身的偿债能力，有利于科学合理地进行筹资决策和投资决策；从

企业外部来看，债权人将根据企业偿债能力的强弱确定贷款决策。

（二）偿债能力的类型

企业的偿债能力按其债务到期时间的长短分为短期偿债能力和长期偿债能力。

1. 短期偿债能力

短期偿债能力是指企业以其流动资产支付流动负债的能力，又称企业的支付能力。决定企业短期偿债能力强弱的主要因素，一是企业营运资金的多少，二是企业流动资产变现速度的快慢。如果企业的营运资金较多、流动资产变现速度快，企业的短期偿债能力就强；反之，则企业的短期偿债能力就弱。因此，企业的短期偿债能力分析通常又称为营运资金分析。

2. 长期偿债能力

长期偿债能力是指企业偿还长期债务的能力。衡量企业长期偿债能力主要看企业资金结构是否合理、稳定，以及企业长期盈利能力的大小。长期偿债能力分析是企业债权人、投资者、经营者和与企业有关联的各方面等都十分关注的重要问题。站在不同的角度，分析的目的也有所区别，但归纳起来主要有两点：①评价企业的偿债能力，揭示企业所承担的财务风险程度；②发现影响长期偿债能力的因素，进而采取相应对策以避免由于企业长期偿债能力不足所带来的风险。

（三）影响企业偿债能力的主要因素

1. 影响短期偿债能力的主要因素

（1）应收账款的变现速度。从流动性角度来看，应收账款周转率高，表明收款迅速，而且能减少收账费用和坏账损失，同时也表明企业的资金流动性高、偿付能力强；相反，如果应收账款周转率低，表明应收账款变现很慢，进而会增加收账费用和坏账损失。如果应收账款占流动资产比重很大，即使流动比率和速动比率指标都很高，但其短期偿债能力仍值得怀疑，还要进一步分析原因，及时采取改进措施。

（2）存货的变现速度。就一般企业而言，存货在流动资产中占有相当比重。尽管存货不能直接用于偿还流动负债，但是如果企业的存货变现速度较快，意味着资产的流动性良好，在未来会有较大的现金注入企业。存货对企业经营活动的变化非常敏感，这就要求企业将存货控制在一定水平上，使其与经营活动基本上保持一致。分析企业短期偿债能力时，必须考虑存货变现速度。反映存货变现速度的重要指标就是存货的周转率。存货的周转率越高，表明存货变现速度越快；反之，存货变现速度越慢。

（3）其他因素。上述应收账款和存货的变现速度属于表内因素，可以从财务报表资料中取得。但还有一些表外因素也会影响企业的短期偿债能力，甚至影响力相当大，包括可动用的银行贷款指标、准备很快变现的长期资产、承担的担保责任、偿债能力的声誉、未做记录的或有负债等。

2. 影响长期偿债能力的主要因素

（1）企业的资本结构。资本结构决定了企业偿债压力的大小，改变资本结构，是减轻或加重企业偿债压力的关键。如增加权益资本，相对减少负债资本，就能够从根本上提高企业的偿债能力。

（2）企业的资产结构。企业的负债最终是要由企业的资产来清偿的。合理的资产结构，能够最大限度地发挥资产的效用，增加企业收益，是提高企业长期偿债能力的根本保证。

（3）其他因素。除资产、资本结构等表内因素外，长期租赁、对外长期担保等表外因素对企业长期偿债能力的影响也不能忽视。如企业的经营租赁量比较大、期限比较长或具有经常性时，则构成了一种长期性筹资，这种长期性筹资虽然不包括在长期负债之内，但到期时必须支付租金，会对企业的偿债能力产生影响。

（四）企业偿债能力分析指标的计算与指标意义

进行企业偿债能力分析的常用指标、计算公式及其指标意义见表2-9。

表2-9　偿债能力主要财务指标

财务指标类型、名称		计算公式	指标意义
短期偿债能力	流动比率	流动资产÷流动负债	反映企业以流动资产抵偿其流动负债的程度。该比率越高，企业短期偿债能力越强。一般企业控制在2:1为宜
	速动比率	速动资产÷流动负债	反映企业近期偿债能力。该比率越高，企业近期偿债能力越强。一般企业控制在1:1为宜
	现金比率	（货币资金＋短期证券）÷流动负债	反映企业随时偿付流动负债的能力。该比率越高，企业即期偿债能力越强。一般企业控制在0.3:1为宜
长期偿债能力	资产负债率	负债总额÷资产总额×100%	反映企业总体偿债能力。该比率越低，企业偿债能力越强。一般企业控制在50%左右为宜
	资本固定化比率	（资产总计－流动资产合计）÷所有者权益合计×100%	反映企业自有资本的固定化程度。该比率越低，表明企业自有资本用于长期资产的数额相对较少，长期偿债压力小
	权益乘数	资产总额÷所有者权益总额	反映资产总额与所有者权益的倍数关系。倍数越大，说明企业资产对负债的依赖程度越高，风险越大
	产权比率	负债总额÷股东权益×100%	反映企业负债经营的程度。该比率越低，企业长期偿债能力越强

除上表所列分析指标，还有其他一些指标可以选用，如营运资金比率、有形资产债务比率、带息负债比率、或有负债比率等，具体选用时可根据分析主体和分析对象的实际确定。

（五）企业偿债能力分析应注意的问题

1. 短期偿债能力分析应注意的问题

进行短期偿债能力分析时，除了正确计算与运用相关分析指标外，还应注意以下几点：

（1）数据资料的时点性。我们知道，计算流动比率所需数据资料取自资产负债表，流动比率仅能表示一个企业在特定时点的短期偿债能力。例如，A公司2018年的流动负债对总负债比率为55.84%，这一比率仅仅反映2018年12月31日流动负债与总负债的比例关系，这种静止状态的比率与未来的资金流动量之间并没有必然的因果联系。

（2）流动资产与流动负债在时间上的配合。流动比率仅仅反映流动资产与流动负债在数量上的比例关系，没有考虑两者之间在时间上的配合问题。尽管企业的流动资产有很多种，但立即可以用于偿还企业流动负债的资产并不多。如A公司尽管2018年的流动资产为322 619万元，但其中仅有货币资金 128 991 万元可以立即用于偿还流动负债，其余的流动资产都需要变现后才能用于偿还企业的债务。

（3）流动资产的内部结构。流动比率高，并不意味着企业有足够的现金或存款可用来还债。因为流动资产中还有变现能力相对不强的应收账款、预付款和存货等。流动比率高，也许是存货积压、应收账款或预付款增多，而现金和存款可能并不充足；速动比率虽然高，但应收账款所占比重大且回款率不高，仍然会严重影响企业近期偿债能力。

（4）不能片面地追求高比率。速动比率高表明近期偿还流动负债的能力强，但过高的速动比率也会造成资金的闲置；特别是过高的现金比率，实际上意味着企业已经失去或正在失去若干有利的流转机会或投资机会，从而丧失相应的周转利益和投资利益，即带来较高的机会成本。对一般企业而言，维持流动比率为 2、速动比率为 1 是比较合适的短期偿债状况。

2. 长期偿债能力分析时应注意的问题

（1）分析主体的关注点。各利益主体（如债权人、所有者、经营者）因不同的利益驱动而从不同角度评价企业的长期偿债能力。

首先，对企业债权人而言，他们最为关心的就是所提供的信贷资金的安全性，期望能于约定时间收回本息。这必然决定了债权人总是要求资产负债比率、产权比率越低越好，希望企业的每一元债务有更多的资产做后盾。如果企业的权益资本较少，表明投资者投入的份额不足，经营过程中创造和留存收益的部分较少，债权人就会感到其债权风险较大，因此做出提前收回贷款、转移债权或不再提供信贷的决策。

其次，对企业所有者来说，负债比率高，有以下好处：①当总资产净利率高于负债利率时，由于财务杠杆的作用，可以提高股东的实际报酬率；②可用较少的资本取得企业的控制权，且将企业的一部分风险转嫁给债权人，对企业来说还可获得资金成本低的好处。但债务同时也会给投资者带来风险，因为债务的成本是固定的，如果企业经营不善或遭受意外打击而出现经营风险时，由于收益大幅度滑坡，贷款利息还需照常支付，损失必然由所有者负担，由此增加了投资风险。

最后，从企业经营者角度来看，负债比率的高低在很大程度上取决于经营者对企业前景的信心和对风险所持的态度。如果企业经营者经营风格较为激进，认为企业未来的总资产净利率将高于负债利率，就会大幅提高负债率，以获取更多的杠杆收益；反之，经营者经营风格较为保守，必然倾向于尽量使用自有资本，避免因负债过多而冒较大的风险，此时负债比率会比较低。因此，经营者利用债务时，既要考虑其收益性，又要考虑由此而产生的风险，审时度势，做出最优决策。

（2）最佳标准的确定。最佳资产负债比率的确定要结合企业的具体实际。企业资产负债比率多少为佳，并没有一个公认的标准。在分析和评价时，通常要结合国情、同行业的平均水平、本企业的前期水平及其预算水平来进行。

就行业而言，一般来讲，第一产业为 20%、第二产业为 50%、第三产业为 70% 较为合理。

就企业而言，将长期偿债能力指标与其他企业或行业平均水平进行对比分析时，要注意把握用于计算的各个数字的实际内涵，剔除差异因素后，再做评价。

（3）各长期偿债能力指标之间的内在联系。资本固定化比率、权益乘数、产权比率与资产负债率都是用于衡量长期偿债能力的，具有共同的经济意义，可以互相补充。在资产负债率分析中应当注意的问题，在资本固定化比率、权益乘数和产权比率分析中也应引起注意。

二、企业偿债能力分析实例

（一）A公司近三年静态财务状况

1. A公司近三年（2016～2018）资产、负债和所有者权益及其变动情况

A公司近三年年末资产、负债和所有者权益及变动情况见表2-10。

表2-10　A公司近三年年末资产、负债和所有者权益及变动表

（单位：万元）

项　目	年　份				
	2016年	2017年	2018年	2017年增减变化	2018年增减变化
资产	406 593	931 283	962 658	524 690	31 375
流动资产	160 194	368 099	322 617	207 905	-45 482
非流动资产	246 399	563 184	640 041	316 785	76 857
负债	112 890	384 078	365 603	271 188	-18 475
流动负债	94 146	212 013	204 151	117 867	-7 862
非流动负债	18 744	172 065	161 452	153 321	-10 613
所有者权益	293 703	547 205	597 055	253 502	49 850
股本	101 032	158 598	238 338	57 566	79 740
资本公积	52 944	225 223	133 669	172 279	-91 554
盈余公积	18 523	24 182	31 679	5 659	7 497
未分配利润	135 192	134 864	180 586	-328	45 722

2. A公司2018年重大资产、负债和所有者权益变动事项说明

从表2-10可以看出，2016～2018年A公司资产连续增加，公司规模不断扩大，至于原因在前述资产结构分析时已有叙述，在分析偿债能力等财务状况时可以参考。需要注意的是，2016～2018年A公司资产连续增加，是流动资产和非流动资产都在增加，资产结构并没有大的改变，也就是并没给公司财务状况带来负面影响。

在表2-10中，2016～2018年A公司负债总额有升有降，特别是2017年负债增幅很大，仅增加额就是2016年2.4倍。在2017年负债大幅增加中，非流动负债的增长又格外显眼，增加额达153 321万元，是2016年的8.18倍，由此可见其增长之剧烈。在2017年负债大幅增长后，2018年负债有所下降，较2017年下降了18 475万元。再看所有者权益，2016～2018年A公司所有者权益持续增加，但仍以2017年增长为巨，仅股本和资本公积合计增长额就达229 845万元，是2016年的近1.5倍，资本扩张非常明显。到2018年所有者权益仅增长49 850万元，都是由留存收益增长所致。至于2016～2018年A公司负债、所有者权益变动原因，在前述资本结构分析中已有叙述，在分析偿债能力等财务状况时可以参考。

（二）A公司2018年年末偿债能力分析

根据表2-3、表2-4 A公司的资产负债表，A公司2016～2018年三年主要偿债能力指标计算结果见表2-11。

表 2-11　A 公司偿债能力相关指标计算表

项　目		2016 年	2017 年	2018 年	2018 年行业均值
相关数据	流动资产	160 194	368 099	322 617	
	速动资产	139 517	340 717	286 712	
	现金资产	77 594	256 003	128 991	
	长期资产	246 339	563 184	640 041	
	流动负债	94 146	212 013	204 151	
	负债总额	112 890	384 078	365 603	
	所有者权益总额	293 703	547 205	597 055	
	资产总额	406 593	931 283	962 658	
财务指标	流动比率	1.70	1.74	1.58	1.5
	速动比率	1.48	1.61	1.40	1.0
	现金比率	0.82	1.21	0.63	0.07
	资产负债率（%）	27.76	41.24	37.98	64.5
	资本固定化比率（%）	83.89	102.92	107.20	125.8
	权益乘数	1.38	1.70	1.61	1.55
	产权比率（%）	38.44	70.19	61.23	81.6

表 2-11 显示，A 公司从 2016 年到 2018 年每年的流动比率均大于 1、速动比率在 1 以上，现金比率虽然波动较大但最低也在 0.6 以上，表明公司短期偿债能力一直很强。再看长期偿债能力指标，资产负债率最高的 2017 年为 41.24%，资本固定化比率最高的 2018 年为 107.20%，权益乘数在 1.5 倍左右，产权比率最高的 2017 年为 70.19%，这些指标综合起来均反映公司长期偿债能力较强。

从表 2-11 可以看出，A 公司 2018 年短期偿债指标值均较高，特别是速动比率达 1.4、现金比率达 0.63，表明即期偿债能力很强，流动负债随时清偿都不存在问题。再看 2018 年长期偿债能力指标，资产负债率 37.98%、资本固定化比率 107.20%、权益乘数为 1.61 倍、产权比率为61.23%，指标值均不高，说明公司长期偿债能力也很强。

从表 2-11 还可以看出，A 公司 2018 年短期偿债指标值均高于行业平均值，特别是速动比率和现金比率远超行业平均值，表明该公司短期偿债能力超强。再看 A 公司 2018 年长期偿债能力指标，除权益乘数指标值略高于行业平均值外，其他指标值均低于行业平均值，表明该公司长期偿债能力强于一般同行企业。

A 公司偿债能力如此之强的原因，一是公司整体负债水平较低，2018 年资产负债率为37.98%，远低于行业平均水平；二是公司流动资产占比较大，且流动性特强；三是公司持续盈利，并保持较高留存率。当然，该公司资产负债率较低，且货币资金历年保有量较高，也可以反映出公司业务扩展不够，或公司经营过于保守，会造成大量的资金闲置，从而失去了增加更多收益的机会。从这一角度来说，该公司需要在发展战略、经营策略上大做文章，充分发挥现有资金的作用，为公司带来更多利益。

同步训练

（一）填空题

1. 流动比率是指_____与_____的比率。

2. 速动比率是指_____与_____的比率。

3. 现金比率是指_____与_____的比率。

4. 权益乘数是指_____与_____的比例关系，是_____的倒数。

5. 资本固定化比率是指_____与_____的比率。

6. 产权比率是指_____与_____的比率。

（二）单项选择题

1. 某公司在营运资金大于零的情况下，若把超过一定期限的应收账款注销，将（　　）。

  A. 降低速动比率   B. 增大速动比率

  C. 增加营运资本   D. 增大流动比率

2. 某公司现在的流动比率为2，下列经济业务会引起该比率降低的是（　　）。

  A. 用银行存款偿还应付账款   B. 发行股票收到银行存款

  C. 收回应收账款   D. 购货开出商业汇票

3. 如果流动比率大于1，则下列结论成立的是（　　）。

  A. 速动比率大于1   B. 现金比率大于1

  C. 营运资金大于0   D. 短期偿债能力绝对有保障

4. 在企业速动比率是0.8的情况下，会引起该比率提高的经济业务是（　　）。

  A. 从银行提取现金   B. 赊销商品

  C. 收回应收账款   D. 购货开出商业汇票

5. 影响企业短期偿债能力的最根本的原因是（　　）。

  A. 企业的资产结构   B. 企业的融资能力

  C. 企业的权益结构   D. 企业的经营业绩

6. 如果某公司流动比率很高，而速动比率很低，原因可能是（　　）。

  A. 有大量的应收账款   B. 有大量的存货

  C. 有大量的流动负债   D. 现金比率太高

7. 下列不影响现金比率的业务是（　　）。

  A. 将还有两个月到期的应收票据贴现   B. 将赊销比率降低

  C. 压缩采购存货量   D. 出售固定资产

8. 企业（　　）时，可以增强短期偿债的实际能力。

  A. 取得应收票据贴现款   B. 为其他单位提供债务担保

  C. 拥有较多的长期资产   D. 有可随时动用的银行贷款指标

9. 下列各项中，可能导致资产负债率变化的经济业务是（　　）。

  A. 收回应收账款   B. 用现金购买债券

  C. 接受投资者投入的固定资产   D. 以固定资产对外投资（按账面价值作价）

10. 企业的长期偿债能力主要取决于（　　）。

    A. 资产的流动性　　B. 盈利能力　　　　C. 资产的多少　　　　D. 债务的多少

11. 某公司的流动资产为230 000元，非流动资产为4 300 000元，流动负债为105 000元，非流动负债为830 000元，则资产负债率为（　　）。

    A. 19%　　　　　　B. 18%　　　　　　C. 45%　　　　　　D. 21%

12. 某公司2014年年末资产总额为9 800 000元，负债总额为5 256 000元，则该公司产权比率为（　　）。

    A. 1.16　　　　　　B. 0.54　　　　　　C. 0.46　　　　　　D. 0.86

（三）多项选择题

1. 下列各项指标中，反映短期偿债能力的指标有（　　）。

    A. 流动比率　　　　　　　　　　　B. 资产负债率

    C. 速动比率　　　　　　　　　　　D. 有形净值债务比率

2. 计算速动资产时，把存货从流动资产中扣除的原因有（　　）。

    A. 存货的变现速度慢　　　　　　　B. 存货的周转速度慢

    C. 存货的成本与市价不一致　　　　D. 有些存货可能已经报废

    E. 有些存货可能已经被抵押

3. 某公司流动比率为2，以下业务会使该比率下降的有（　　）。

    A. 收回应收账款　　　　　　　　　B. 赊购商品与材料

    C. 偿还应付账款　　　　　　　　　D. 从银行取得短期借款并已入账

    E. 赊销商品

4. 造成流动比率不能正确反映偿债能力的原因有（　　）。

    A. 季节性经营的企业销售不均衡　　B. 大量使用分期付款结算方式

    C. 年末销售大幅度上升或下降　　　D. 大量的销售为现销

    E. 存货计价方式发生改变

5. 若流动比率大于1，则下列结论不一定成立的有（　　）。

    A. 速动比率大于1　　　　　　　　B. 营运资金大于零

    C. 资产负债率大于50%　　　　　　D. 短期偿债能力绝对有保障

6. 流动比率为1.2，则赊购材料一批（不考虑增值税），将会导致（　　）。

    A. 流动比率提高　　　　　　　　　B. 流动比率不变

    C. 流动比率降低　　　　　　　　　D. 速动比率降低

7. 关于资产负债率，评价正确的有（　　）。

    A. 从债权人的角度看，负债比率越大越好

    B. 从债权人的角度看，负债比率越小越好

    C. 从股东角度看，负债比率越高越好

    D. 从股东角度看，当资产利润率高于债务利息率时，资产负债率越高越好

8. 只是改变企业的资产负债比例，不会改变原有股权结构的筹资方式是（　　）。

    A. 短期借款　　B. 发行债券　　C. 吸收投资　　D. 接受捐赠　　E. 赊购原材料

（四）判断题

（　　）1. 对债权人而言，企业的资产负债率越高越好。

（   ）2. 对任何企业，速动比率大于 1 才是正常的。

（   ）3. 流动比率越高，表明企业资金运用效果越好。

（   ）4. 获利能力强的企业，其偿债能力也强。

（   ）5. 从稳健角度出发，现金比率用于衡量企业偿债能力最为保险。

（   ）6. 速动比率降低，营运资本一定减少。

（   ）7. 在速动比率提高的情况下，流动比率也一定提高。

（   ）8. 流动比率、速动比率、营运资本、现金比率都可以反映企业的短期偿债能力。

（五）计算分析题

1. 资料：D 公司是一家金属加工机械制造企业，目前处于成熟发展阶段，经济效益较好。2019 年 12 月 31 日资产负债表见表 2-12。

表 2-12 D 公司 2019 年度资产负债表

会企 01 表

编制单位：D 公司　　　　　　　　　　2019 年 12 月 31 日　　　　　　　　　　单位：元

资　产	期末余额	年初余额	负债及所有者权益（或股东权益）	期末余额	年初余额
流动资产：			流动负债：		
货币资金	486 072	232 000	短期借款	100 000	
交易性金融资产	250 000	150 000	应付票据	250 000	100 000
应收票据	270 000	132 000	应付账款	129 800	150 000
应收账款	411 660	181 000	预收账款	40 000	
应收股利	580 000	500 000	应付职工薪酬	67 000	50 000
其他应收款	18 000	15 000	应交税费	111 000	100 068
存货	520 000	630 000	应付股利	600 000	800 000
一年内到期的非流动资产			其他流动负债	24 000	20 000
流动资产合计	2 535 732	1 840 000	流动负债合计	1 321 800	1 220 068
非流动资产：			非流动负债：		
可供出售金融资产			长期借款	1 900 000	480 000
持有至到期投资			递延所得税负债		
长期股权投资	1 190 000	1 300 000	非流动负债合计	1 190 000	480 000
投资性房地产			负债合计	2 511 800	1 700 068
固定资产	2 180 000	2 100 000	股东权益：		
在建工程	342 000		股本	2 000 000	2 000 000
无形资产	580 000	350 000	资本公积	1 000 000	700 000
长期待摊费用	120 000	150 000	减：库存股		
递延所得税资产			盈余公积	1 200 632	989 732
其他非流动资产			未分配利润	945 300	350 200
非流动资产合计	5 122 000	3 900 000	股东权益合计	5 145 932	4 039 932
资产总计	7 657 732	5 740 000	负债和股东权益总计	7 657 732	5 740 000

2. 要求：

（1）计算表 2-13 中 D 公司的有关财务比率。

（2）对 2019 年 D 公司的偿债能力进行综合评价。

（3）与年初相比，D 公司财务状况变动情况如何？

（4）填写表 2-13 中的财务比率，并与行业平均水平相比，说明 2019 年年末 D 公司可能存在的问题。

表 2-13　D 公司 2019 年度相关财务比率

财务比率	D 公司 2019 年年末	D 公司 2019 年年初	行业平均水平
1. 流动比率			2.00
2. 速动比率			0.80
3. 资产负债率（%）			50
4. 产权比率（%）			100

项目实训　企业偿债能力分析

实训目标与能力要求

本实训目标是培养学生对企业偿债能力进行分析和评价的能力。其能力要求是：

（1）掌握企业偿债能力分析指标及其变动的计算。

（2）能够灵活运用企业偿债能力分析方法对所选公司的偿债能力进行分析评价。

实训方式与内容

在项目一实训分行业、分小组和取得的各自公司基础资料和数据资料的基础上，计算和分析公司的偿债能力，撰写专题分析报告（文档格式要求同前），参加讨论与讲评。

实训步骤

（1）根据各自公司近三年资产负债表，编制公司偿债能力计算分析表，将公司近三年偿债能力各项指标计算所需数据和计算结果填入表中。

（2）查找同行业偿债能力平均值，填入计算分析表中。

（3）根据公司偿债能力计算分析表，并结合公司资产负债表和公司相关资料，对公司偿债能力进行分析评价，分析时同组同学应在一起进行交流、讨论，形成各自分析评价结论，并按要求形成分析报告。

（4）实训小组组长将小组成员的实训成果（分析报告）打包上传给学委，学委集中打包上传给老师，由老师组织互评。

（5）指导老师根据学生实训成果的质量和互评结果确定实训成绩。

实训考核

　　根据学生选择计算分析方法的正确性、指标计算结果的准确性、分析报告写作和参与讨论情况进行评分。

本项目框架结构图

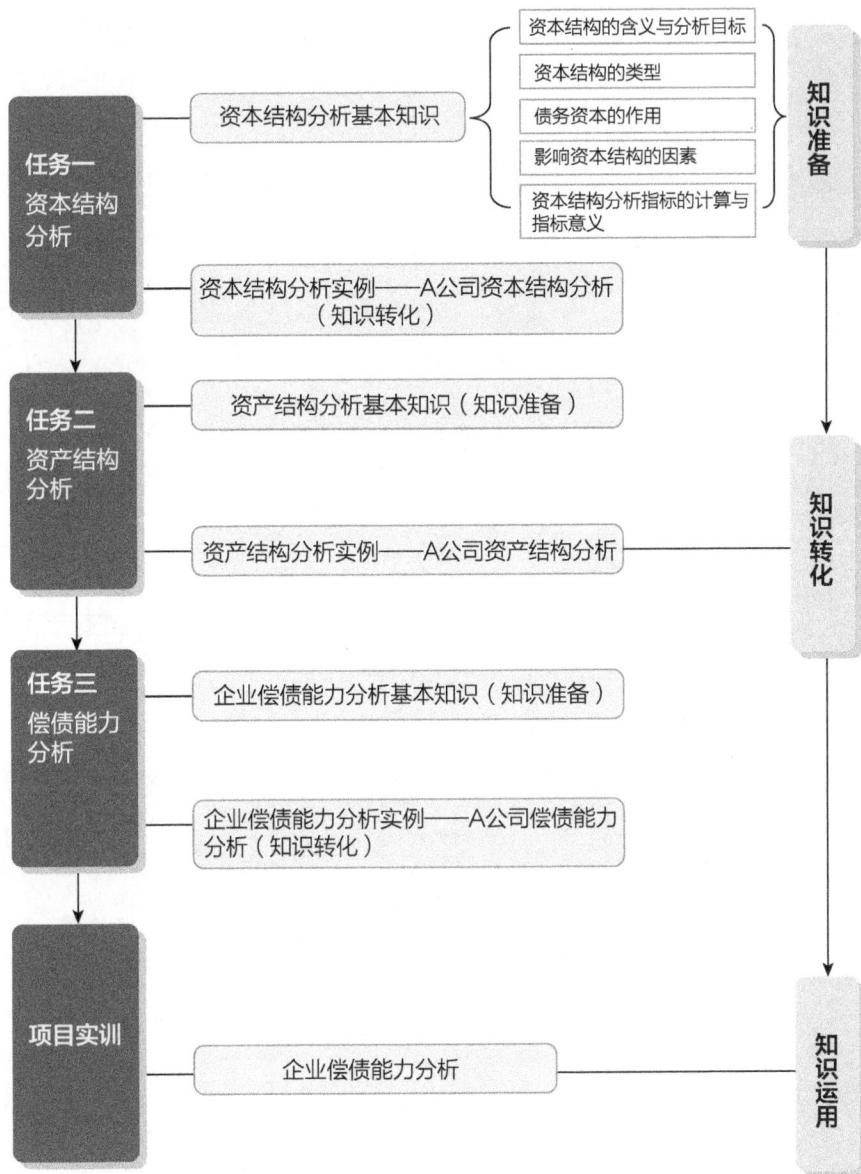

```
                                      ┌─ 资本结构的含义与分析目标 ─┐
                                      │                           │
                      ┌─ 资本结构分析基本知识 ─┤ 资本结构的类型            │
任务一                │                      │ 债务资本的作用            ├─ 知识
资本结构     ─────────┤                      │ 影响资本结构的因素        │    准备
分析                  │                      │ 资本结构分析指标的计算与   │
                      │                      └─ 指标意义                ─┘
                      │
                      └─ 资本结构分析实例——A公司资本结构分析
                         （知识转化）

任务二                ┌─ 资产结构分析基本知识（知识准备）
资产结构     ─────────┤                                                        知识
分析                  │                                                        转化
                      └─ 资产结构分析实例——A公司资产结构分析

任务三                ┌─ 企业偿债能力分析基本知识（知识准备）
偿债能力     ─────────┤
分析                  │
                      └─ 企业偿债能力分析实例——A公司偿债能力
                         分析（知识转化）

项目实训     ─────────── 企业偿债能力分析                                       知识
                                                                              运用
```

项目三　利润表分析

教学引导　　　利润表是反映企业一定时期经营成果的会计报表。对利润表的分析不仅能够了解企业的盈利能力和发展趋势，而且与资产负债表结合分析还能评价企业的营运能力、发展能力以及长期偿债能力，同时利润表有关项目与现金流量表的净流量比较，还可以了解企业盈利与收现的内在联系，判断企业当期实现利润的含金量。利润表是会计报表使用者最为关心的"三大会计报表"之一，会计人员要善于利用利润表所揭示的信息，积极为企业经营决策提供分析依据。

利润表究竟能够提供哪些信息？如何处理和利用这些信息？这些将是本项目所述主要内容。

任务一　企业盈利结构分析

企业的盈利结构是指构成企业利润的各种不同性质盈利的有机搭配比例。通过对企业盈利结构的分析，可以认识不同的盈利项目对企业盈利能力影响的性质，掌握它们各自的影响程度。不同的盈利项目对企业盈利能力的评价，有其不同的作用和影响；不同的盈利比重对企业盈利能力的作用和影响程度也不相同。

一、企业盈利结构分析基本知识

（一）收支结构分析

企业利润表中的盈利通常是通过收入与支出的配比计算出来的，分析盈利结构，首先要分析收支结构。

企业的收支结构有两层含义：第一是企业的总利润是怎样通过收支来形成的，第二是企业的收入和支出是由哪些不同的收入和支出项目构成的。

1. 收支总量分析

收支结构分析的起点就是了解企业在一定时期内的总收入是多少，总支出是多少，总收入减去总支出后总利润是多少。通过收支结构分析可以判明企业盈利形成的收支成因，揭示支出占收入的比重，从整体上说明企业的收支水平。

2. 收支内部结构分析

收支结构的第二层分析就是要揭示各个具体的收入项目或支出项目占总收入或总支出的比重。我们知道，企业的收入是按取得收入的业务不同来划分的，分为营业收入、投资收益、营业外收入和其他综合收益等。由于不同的业务在企业经营中的作用不同，对企业生存和发展的影响程度也不一样，所以不同的业务取得的收入对企业盈利能力的影响不仅有量的差别，而且有质的不同。分析收入结构的目的，就是要把握这种差别。

与收入有所不同，企业的支出是按支出的性质分为营业成本、税金及附加、销售费用、管理费用、财务费用、资产减值损失、营业外支出和所得税费用等。通过对支出的分类能揭示不同的支出与收入之间的联系，从而判明支出结构的合理性和支出的有效性。同前所述，不同的业务在企业经营中有不同的作用，不同性质的支出对企业盈利能力的影响也有差别。分析支出结构的目的，是要把握这种差别，从而进一步判断支出的有效性。

（二）盈利结构分析

将不同性质的收入和支出按业务加以配比，可计算出相应业务的利润。企业利润主要由主营业务利润、其他业务利润、投资收益和营业外收支净额构成。盈利结构分析一方面是分析企业总利润中各种利润所占的比重,对企业盈利的内在做出评价;另一方面是分析主营业务利润、营业利润和利润总额的盈利(亏损)状况结构,判断企业盈利结构的类型。

1. 盈利结构对盈利内在品质的影响

一般来说,企业的利润总额只能揭示企业当期盈利的总规模,不能表明其是怎样形成的,也就是不能揭示企业盈利的内在品质。企业盈利的内在品质就是盈利的可靠性、稳定性和持久性,是投资者与经营者都必须关心和重视的问题。

(1)盈利结构对盈利水平的影响。盈利水平可用利润总额来反映,也可用利润率来反映,它与盈利结构存在着内在联系。企业不同的业务有着不同的盈利水平,一般情况下主营业务是形成企业利润的主要因素,对企业盈利水平的高低起决定性的作用。企业一定时期内主营业务越扩展,主营业务利润占总利润比重越高,企业盈利水平也会越高。

通过对盈利结构的分析,不仅能够认识其对盈利水平的现实影响,而且可以预计其对未来盈利水平变动趋势的影响。

(2)盈利结构对盈利稳定性的影响。盈利稳定性是指企业盈利水平变动的基本态势。盈利水平可以说是企业的收益率,盈利稳定性则表明企业盈利的风险程度。如果企业盈利水平很高,但缺乏稳定性,这也是一种不好的经营状况。一个企业在一定盈利水平的基础上,盈利水平不断上扬应是企业盈利稳定的现实表现。

盈利的稳定性首先取决于收支结构的稳定性。当收入和支出同方向变动时,只有收入增长不低于支出增长,或者收入下降不超过支出下降,盈利才具备稳定性;当收入和支出反方向变动时,收入增长而支出下降,盈利稳定;反之,不稳定。除此之外,收入和支出各项目所占比重不同,也会对盈利稳定性产生影响。一般来说,如果主营业务的收支较为稳定,包括两者的关系和增长的势头较为稳定,则企业盈利的稳定性就有了根本保障。

盈利结构及其变化也会影响盈利的稳定性。由于一般企业都会力求保持主营业务利润稳定,所以企业主营业务利润的变动性相对非主营业务来说要小。企业主营业务利润所占的比重大小,可以反映出企业盈利的稳定性的强弱。

(3)盈利结构对盈利持续性的影响。盈利持续性是指企业目前盈利水平可持续的发展态势。盈利持续性与稳定性的主要区别是,盈利持续性体现的是盈利水平能较长时间地保持下去的发展趋势,而盈利稳定性体现的则是发展趋势中的波动性。

企业盈利结构对盈利的持续性有很大的影响。企业的业务除按主次分为主营业务和非主营业务外,还可分为长久性部分和临时性部分。长久性的业务是企业设立、存在和发展的基础。临时性的业务是由于市场或企业经营的突然变动或突发事件所引起的,由此产生的利润一般是不会持久的。企业只有靠长久性业务才能保持盈利水平持久。一般来讲,企业的主营业务大多属于长久性业务,所以企业主营业务利润比重越大,企业盈利水平持续下去的可能性就越大。

(4)盈利结构对盈利增长趋势的影响。盈利增长趋势是指在保持现有盈利水平的同时所体现出的一种上升态势,是盈利持续性的一种特殊表现。企业盈利的持续性和盈利水平保持不断增长的趋势,是每个企业都希望的一种长期趋势。

盈利能否保持不断增长的趋势与企业产品所处的产品市场生命周期有关。一个产品一般都要经历启动期、成长期、成熟期和衰退期这四个阶段。处于启动期和成长期的产品,尤其是处于成长期的产品,会带来不断增加的收益;处于成熟期的产品,给企业带来的收益较为稳定;而处于衰退期的产品,给企业带来的收益有下降的趋势。

盈利结构对盈利水平保持不断增长的趋势有不可忽视的影响。企业的利润如果主要来自于启动期或成长期的产品，盈利一般具有不断增长的趋势；如果主要来自于成熟期甚至衰退期的产品，企业盈利非但不能保持不断增长的趋势，甚至现有水平也难以持续下去。因此，企业经营上要密切关注企业产品所处的生命周期，在产品进入衰退期之前就要努力开发新产品，做好经营上的调整准备。

2. 盈利结构状态分析

盈利结构分析另一方面的内容就是按利润表所揭示的利润类型分析主营业务利润、营业利润和利润总额的盈利（亏损）状况结构。

企业利润表可能具有的盈利结构见表3-1。

表3-1 企业盈利结构类型

项　　目	类 型							
	A	B	C	D	E	F	G	H
主营业务利润	盈利	盈利	亏损	亏损	盈利	盈利	亏损	亏损
营业利润	盈利	盈利	盈利	盈利	亏损	亏损	亏损	亏损
利润总额	盈利	亏损	盈利	亏损	盈利	亏损	盈利	亏损
说明	正常状况	视亏损状况而定	及时调整经营还有希望		继续下去，将破产		接近破产	

（1）A类型。在A类型下，盈利结构的各部分都是盈利的。通常情况下，这是一种正常的状态。企业只有处在这种状态，才能保证盈利的持续性和稳定性。当然，要确切判断企业盈利的持续性和稳定性，还要分析主营业务利润、其他业务利润、投资收益和营业外收支差额占企业利润的比重。

（2）B类型。在B类型下，企业从总体看是亏损的，这意味着企业当期营业外损失过大，企业的营业利润不足以抵补而出现亏损。但是，从B类型下的盈利结构看，不仅作为企业生存和发展基础的主营业务有盈利，企业的经常性业务也是盈利的，而营业外业务一般具有暂时性和不稳定性，它形成的损失不会持久。如果企业营业利润保持不变甚至提高，当营业外损失不大或损失低于营业利润时，企业又会恢复到盈利状态。

（3）C类型。在C类型下，总的来看企业仍有利润，但这种状态是极不正常的。因为作为企业利润主要来源的主营业务出现了亏损，而企业通过其他业务利润抵补了亏损，表明目前的亏损状态还不严重，只要企业及时做出经营上的调整，是能够避免危机的爆发的。

（4）D类型。在D类型下，企业出现亏损。虽然有营业利润，但不足抵补营业外损失。D类型与C类型有相近之处，都是主营业务出现亏损，但有营业利润。D类型只是由于营业利润太少不足抵补营业外损失而形成亏损。一般情况下，如果主营业务有利润，是足以抵补营业外损失的。因此，在D类型下，企业更有必要调整经营业务的布局，否则，企业出现的亏损会将企业的净资产慢慢蚕食，甚至出现资不抵债的状况。

（5）E类型。在E类型下，虽然企业从总体看仍然盈利，但已潜伏着危机。企业主营业务虽然有盈利，但营业利润是亏损的，即主营业务利润和其他业务利润不足以抵补期间费用。企业最后有盈利是因为有营业外收益，营业外收益弥补了经常性业务的亏损。但是，企业的营业外收益很难持久。一旦营业外收益减少，企业就会陷入破产的危机之中。

（6）F类型。在F类型下，企业的危机已显露出来，企业出现了总体的亏损。F类型企业比 E 类型企业的处境更危险，因为企业此时虽然主营业务有利润，但经常性业务总的来说是亏损的。问题的原因可能出在主营业务上，主营业务利润率太低；或出在期间费用上，期间费用失去控制，费用太高。当处于 F 类型时，企业必须将亏损的实质性原因找出来。否则，这种状态持续下去，企业就会陷入困境。

（7）G 类型。在 G 类型下，企业表面上还保持盈利，但已处在了"火山爆发"的边缘。企业的经常性业务全面亏损，仅靠营业外收益维持暂不亏损。稍做分析，就可看出，企业继续经营下去，营业外收益一旦减少，企业就会亏损。在 G 类型下，企业实质上已接近破产状态。

（8）H 类型。在 H 类型下，企业不仅总的来说是亏损的，而且从盈利结构看，各类项目都是亏损的，企业此时已进入破产状态。

二、企业盈利结构分析实例

（一）A 公司近三年经营状况

1. A 公司近三年经营收支及利润情况

A 公司近三年经营收支及利润情况见表 3-2。

表 3-2　A 公司近三年经营收支及利润情况表

（单位：万元）

项　目	年　份				
	2016 年	2017 年	2018 年	2017 年增长额（增长率）	2018 年增长额（增长率）
营业收入	400 040	596 285	800 857	196 245（49%）	204 572（34%）
营业成本	215 581	320 307	424 481	104 726（49%）	104 174（33%）
投资收益	2 119	3 997	4 622	1 878（89%）	625（16%）
营业利润	70 050	111 126	155 774	41 076（59%）	44 648（40%）
营业外收支净额	-1 628	-8 417	-17 752	-6 789（417%）	-9 335（111%）
利润总额	68 422	102 709	138022	34 287（50%）	35 313（34%）
企业所得税	11 711	23 433	31 437	11 722（100%）	8 004（34%）
净利润	56 711	79 276	106 585	22 565（40%）	27 309（34%）

2. A 公司近三年重大经营变动事项

A 公司是一家从事眼科医疗技术的研究，远程医疗软件的研发、生产、销售；眼科、内科、麻醉科、检验科、影视像科、验光配镜等业务的民营医疗服务企业。近三年，随着国家对服务业的重视、鼓励，该公司发展强劲。2017 年该公司通过兼并收购、发行股票等方式，进行了大规模增资扩股，经营规模不断扩大，营业收入及利润大幅提高。

从表 3-2 可以看到，2017 年营业收入同比增长 49%，营业利润同比增长 59%，利润总额同比增长 50%，净利润同比增长 40%；再看看 2018 年，营业收入同比增长 34%，营业利润同比增长 40%，净利润同比增长 34%。

从表 3-2 还可以看到，在收入、利润强劲增长的同时，成本费用增长也没有示弱，2017 年总成本同比增长 49%，2018 年总成本同比增长 33%。只是总成本的增长几乎都低于收入和营业利润的增长幅度，表明该公司当初大规模增资扩股、扩大规模是成功的，实现了规模效益。

（二）A公司2018年度盈利结构分析

1. A公司2018年度收支结构分析

根据表3-3、表3-4所示的A公司2018年度和2017年度利润表，A公司收支结构计算见表3-5。

表3-3　利润表（简表）

会企02表

编制单位：A公司　　　　　　　　2018年12月　　　　　　　　单位：万元

项　　目	本期金额	上期金额
一、营业收入	800 857	596 285
减：营业成本	424 481	320 307
税金及附加	1 292	1 345
销售费用	82 555	77 403
管理费用	107 192	84 594
研发费用	7 280	
财务费用	4 506	4 266
加：投资收益（损失以"－"号填列）	4 622	3 997
公允价值变动收益（损失以"－"号填列）	－3 843	2 858
资产减值损失（损失以"－"号填列）	－18 556	－4 099
二、营业利润（亏损以"－"号填列）	155 774	111 126
加：营业外收入	578	477
减：营业外支出	18 330	8 894
三、利润总额（亏损总额以"－"号填列）	138 022	102 709
减：所得税费用	31 437	23 433
四、净利润（净亏损以"－"号填列）	106 585	79 276
五、每股收益：		
（一）基本每股收益	0.43	0.50
（二）稀释每股收益	0.42	0.49

表3-4　利润表（简表）

会企02表

编制单位：A公司　　　　　　　　2017年12月　　　　　　　　单位：万元

项　　目	本期金额	上期金额
一、营业收入	596 285	400 040
减：营业成本	320 307	215 581
税金及附加	1 345	655
销售费用	77 403	51 224

（续）

项　目	本期金额	上期金额
管理费用	84 594	62 725
研发费用		
财务费用	4 266	540
加：投资收益（损失以"－"号填列）	3 997	2 119
公允价值变动收益（损失以"－"号填列）	2 858	
资产减值损失（损失以"－"号填列）	－4 099	－1 384
二、营业利润（亏损以"－"号填列）	111 126	70 050
加：营业外收入	477	2 931
减：营业外支出	8 894	4 559
三、利润总额（亏损总额以"－"号填列）	102 709	68 422
减：所得税费用	23 433	11 711
四、净利润（净亏损以"－"号填列）	79 276	56 711
五、每股收益：		
（一）基本每股收益	0.50	0.56
（二）稀释每股收益	0.49	0.56

表 3-5　A 公司收支结构计算分析表

（单位：万元）

分　类		2018 年		2017 年		2016 年	
		金额	占比（%）	金额	占比（%）	金额	占比（%）
收入结构	总收入	806 057	100.00	600 759	100.00	405 090	100.00
	营业收入	800 857	99.35	596 285	99.26	400 040	98.75
	投资收益	4 622	0.57	3 997	0.67	2 119	0.52
	营业外收入	578	0.07	477	0.08	2 931	0.72
支出结构	支出总额	664 192	100.00	500 908	100.00	336 668	100.00
	营业成本	424 481	63.91	320 307	63.95	215 581	64.03
	税金及附加	1 292	0.19	1 345	0.27	655	0.19
	销售费用	82 555	12.43	77 403	15.45	51 224	15.21
	管理费用	107 192	16.14	84 594	16.89	62 725	18.63
	研发费用	7 280	1.10				
	财务费用	4 506	0.68	4 266	0.85	540	0.16
	资产减值损失	18 556	2.79	4 099	0.82	1 384	0.41
	营业外支出	18 330	2.76	8 894	1.78	4 559	1.35

表3-5显示，A公司总体收支结构基本保持稳定，没有出现较大的结构性变化。在收入结构中，2017年和2018年营业收入占比接近100%，2016年也高达98.75%，表明该公司收入基本依靠营业收入。在支出结构中，营业成本占比均在64%左右，是支出的主体，且保持稳定。值得注意的是，在整个支出中虽然营业外支出占比不大，但其占总支出的比重呈不断上升趋势，应加以控制。

2. A公司2018年度盈利结构分析

根据表3-3、表3-4所示的A公司2018年度和2017年度利润表，A公司盈利结构见表3-6。

表3-6 A公司企业盈利结构

（单位：万元）

项　目	年　份		
	2018年	2017年	2016年
主营业务利润	375 085	274 632	183 804
营业利润	155 774	111 126	70 050
利润总额	138 022	102 709	68 422

从表3-6可以看出，A公司三年中利润来源基本依靠营业利润，属于正常状况。

同步训练

（一）填空题

1. 盈利结构是指构成企业利润的各种＿＿＿＿＿＿的有机搭配比例。

2. 通过收支结构分析可以判明企业＿＿＿＿＿＿的收支成因，揭示＿＿＿＿＿＿的比重，从整体上说明企业的收支水平。

3. 分析＿＿＿＿＿＿、＿＿＿＿＿＿和＿＿＿＿＿＿的盈利（亏损）状况结构，可以判断企业盈利结构的类型。

4. 企业盈利的内在品质就是盈利的＿＿＿＿＿＿、＿＿＿＿＿＿和＿＿＿＿＿＿，是投资者与经营者都必须关心和重视的问题。

（二）单项选择题

1. 利润表的盈利结构分析主要是揭示（　　　），以便于提出解决对策。
   A. 盈利水平　　　　B. 亏损原因　　　　C. 盈利类型　　　　D. 利润形成过程

2. 以下表述正确的是（　　　）。
   A. 不同的盈利项目不影响对企业盈利能力的评价
   B. 各种不同性质盈利的有机搭配比例，就是盈利结构
   C. 盈利结构分析与收支结构没有关系
   D. 收支结构决定盈利结构

3. 以下表述不正确的是（　　　）。
   A. 不同性质的支出对企业盈利水平的影响是有差别的

    B. 不同性质的收入对企业盈利能力的影响是有差别的

    C. 分析收入结构的目的是确定收入的合理性

    D. 分析支出结构的目的是找出不同支出对盈利能力影响的差别

4. 以下表述不正确的是（   ）。

    A. 盈利水平可用利润总额来反映，也可用利润率来反映

    B. 盈利稳定性是指企业盈利水平变动的基本态势

    C. 盈利稳定性与收支结构的稳定性无关

    D. 盈利结构及其变化也会影响盈利的稳定性

5. 以下表述不正确的是（   ）。

    A. 盈利持续性是指企业目前盈利水平可持续的发展态势

    B. 盈利结构对盈利的持续性有很大影响

    C. 盈利结构对盈利增长趋势不会产生影响

    D. 盈利结构的各部分都是盈利的是最理想的状态

（三）多项选择题

1. 盈利结构分析包括（   ）。

    A. 收入结构分析

    B. 支出结构分析

    C. 盈利结构对盈利内在品质的影响分析

    D. 盈利结构状态分析

2. 盈利结构对盈利内在品质的影响分析包括（   ）。

    A. 盈利结构对盈利水平的影响

    B. 盈利结构对盈利稳定性的影响

    C. 盈利结构对盈利持续性的影响

    D. 盈利结构对盈利增长趋势的影响

3. 比较理想的盈利结构状态包括（   ）。

    A. 盈利结构的各部分都是盈利的

    B. 盈利结构中主营业务利润和营业利润都为正，但利润总额为小亏

    C. 盈利结构中主营业务利润为负、营业利润为正，利润总额为负

    D. 盈利结构中主营业务利润和营业利润都为负，但利润总额为正

4. 及时调整经营还有希望的盈利结构状态包括（   ）。

    A. 盈利结构中主营业务利润和营业利润都为正，但利润总额为负

    B. 盈利结构中主营业务利润为负、营业利润和利润总额都为正

    C. 盈利结构中主营业务利润为负、营业利润为正，利润总额为负

    D. 盈利结构中主营业务利润为负、营业利润也为负，但利润总额为正

（四）判断题

（   ）1. 不同的盈利项目对企业盈利能力会产生不同的影响。

（   ）2. 不同性质的收支对企业盈利水平的影响是有差别的。

（   ）3. 盈利结构中主营业务利润和利润总额都为正，但营业利润为负，这种状况经过调整
       是有希望的。

任务二　企业盈利能力分析

一、企业盈利能力基本知识

(一) 企业盈利能力的概念与分析意义

1. 盈利能力的概念

盈利能力是指企业获取利润的能力。企业的盈利能力越强，给投资者带来的回报越高，企业价值越大。同时，企业盈利能力越强，带来的现金流量越多，企业的偿债能力就会得到加强。企业盈利能力分析包含两个层次的内容：①企业在一个会计期间内从事生产经营活动的盈利能力的分析；②企业在一个较长期间内稳定地获得较高利润能力的分析。也就是说，盈利能力涉及盈利水平的高低、盈利的稳定性和持久性。

2. 盈利能力分析的意义

企业经营的主要目的在于使投资人获得较高的利润并维持适度的增长。只有盈利，才能使其经营与规模得到更好的发展。因此，盈利能力是企业的投资人、债权人、经营者及政府管理部门共同关心的问题。

(1) 对投资人来说，企业盈利能力的强弱直接影响他们的权益。企业的盈利能力越强，企业的税后利润也就越多。这样，在提取企业法定公积金之后向投资者分配的利润也就必然越多。投资者的投资取向，基本上是由投资报酬的多少所决定的。对于上市公司，公司的盈利能力与其股票价格之间具有密切关系，企业的盈利能力提高，企业价值就会提高，其股票在股市上的价格也就会提高，公司股东在股票交易中就会获得资本收益。

(2) 对债权人来说，企业盈利能力的强弱也会影响他们的权益。因为，企业的偿债能力大小最终取决于企业获利水平的高低，一个具有良好盈利能力的企业在偿还短期债务与长期债务以及支付利息方面一般不会存在问题，企业债权人的权益将会得到充分保障。如果企业利润枯竭，偿还各种债务的能力也就不复存在，企业债权人的权益保障也自然成为问题。

(3) 对经营者来说，盈利能力是企业财务结构和经营绩效的综合体现。经营者通过分析盈利能力，可以评价、判断企业的经营成果，分析其变化原因，研究改进措施，不断提高盈利能力。如果企业经营良好，企业就应该具有较高的利润水平，并且具有较强的盈利能力；如果企业经营较差，企业利润会很低甚至出现亏损，在这种情况下企业的盈利能力必然较弱。

(二) 一般企业的盈利能力指标计算与指标意义

由于一般企业资本来源与构成同股份上市公司有明显区别，报表数据、评价参数和评价要求也有所不同，因而除一般企业的盈利能力评价指标外，上市公司的盈利能力评价还有一些特定指标。

(**注**：本书所述一般企业是相对于股份上市公司而言的，通常指的是非上市的中小企业。)

企业盈利能力一般可从收入、支出和资产 (或投资) 三个角度进行评价，即从收入与利润、支出（费用）与利润和资产与利润之间的相对关系来评价企业的盈利能力。表 3-7 是一般企业盈利能力主要评价指标的计算公式与指标意义一览表。

表 3-7 一般企业盈利能力主要评价指标的计算公式与指标意义一览表

财务指标名称	计算公式	指标意义
净资产收益率	净利润÷净资产平均值×100%	反映股东权益的收益水平，用以衡量公司运用自有资本的效率。该指标值越高，表明自有资本获得净收益的能力越强
资产报酬率	息税前利润÷资产平均总值×100%	反映企业资产综合利用效果。该指标值越高，盈利能力越强，资产利用的效益越好
总资产利润率	利润总额÷资产平均总额×100%	反映企业资产的总体利用效果。该比率越高，企业运用其全部资产获取利润的能力越强
营业利润率	营业利润÷营业收入×100%	反映企业经营业务的盈利能力。该比率越高，盈利能力越强
主营业务利润率（销售利润率）	主营业务利润÷主营业务收入净额×100%	反映企业主营业务的获利能力。该指标值越高，表明企业产品或商品定价越科学，产品附加值越高，营销策略越得当，主营业务市场竞争力越强，发展潜力越大，获利水平越高
成本费用利润率	利润总额÷成本费用×100% 公式中成本费用包括营业成本、税金及附加、期间费用、研发费用、资产减值损失、营业外支出和所得税费用	反映经营耗费所带来的经营成果。该指标值越高，获利能力越强
已获利息倍数（利息保障倍数）	息税前利润÷利息费用	反映企业获利能力对偿还到期债务的保证程度。该倍数越大，保障程度越高

表 3-7 中相关资产平均额均以资产负债表"（期末余额 + 上年年末余额）÷2"计算；表 3-7 中所列已获利息倍数既是反映企业获利水平的指标，也是反映长期偿债能力的重要指标。

除表 3-7 所列分析指标，还有其他一些指标可以选用，如总资产净利润率、销售净利润率、资本收益率等，分析时可根据具体情况和分析要求选择。

（三）上市公司盈利能力特殊分析指标计算与指标意义

对于股份上市公司，除了应用上述有关指标分析评价企业盈利能力外，还要采用与股本有关的盈利能力分析指标，来说明公司的盈利能力，评价股东投资回报水平的高低。与股本有关的盈利能力指标有每股收益、每股股利、股利支付率、每股净资产和市盈率等。表 3-8 是上市公司盈利能力特殊评价指标的计算公式与指标意义一览表。

表 3-8　上市公司盈利能力特殊评价指标的计算公式与指标意义一览表

财务指标名称	计算公式	指标意义
每股收益	归属于普通股股东的当期净利润÷当期发行在外普通股的加权平均数	反映公司普通股的盈利水平，每股收益越高，盈利能力越强。每股收益的高低，对于公司股票市价、股利支付能力等均有重要影响
每股股利	（现金股利总额－优先股股利）÷发行在外普通股股数	反映普通股每股获得现金股利的多少。该指标的数值越大，不仅能够体现公司具有较强的盈利能力，而且能够体现公司的股利政策和现金是否正确、充足
每股净资产	股东权益总额÷发行在外的普通股股数	反映公司发行在外的每股股票所代表的净资产的账面价值，在理论上提供了股票的最低价值，可以用来估计其上市股票或拟上市股票的合理市价，判断投资价值及投资风险的大小
市盈率	每股市价÷每股收益	反映投资人为获取公司每1元收益所愿意付出的代价。市盈率越高，表明市场对公司的未来发展前景越看好 在市场价格确定的情况下，市盈率越高，每股收益越低，投资风险越大；在每股收益确定的情况下，市价越高，市盈率越高，风险越大；反之亦然

（四）企业盈利能力分析应注意的问题

1. 相关指标的内在联系

在企业利润的形成中，营业利润是主要的来源，而营业利润高低的关键取决于主营业务利润的增长幅度，同时与营业成本和费用的控制密切相关。因此，将营业利润率与主营业务利润率和成本费用利润率结合起来进行分析，能够充分揭示企业在业务推广、成本控制、费用管理以及经营策略等方面的成绩与不足。

2. 类似指标的区别

净资产收益率与总资产报酬率，虽然都是反映资产的收益水平，但净资产收益率不能全面反映一个企业的资金运用效果，只有总资产报酬率才能全面反映一个企业资金运作的整体效果。净资产收益率与企业的负债比重有直接关系，在总资产报酬率一定的情况下，负债比重越高的企业，净资产收益率也越高，但同时财务风险也会越高。

3. 收支结构和盈利结构对企业盈利能力的影响

同一企业不同时期由于收支结构或盈利结构的变化，其盈利水平肯定会有明显差别，在这种情况下进行企业盈利能力纵向比较就会受到影响；同样，本企业与同业企业由于收支结构或盈利结构的不同，也会影响盈利能力的比较。因此，在进行企业盈利能力分析时，必须关注收支结构和盈利结构的变化。

4. 资本结构对企业盈利能力的影响

当企业的资产报酬率高于企业借款利息率时，由于财务杠杆的作用，企业负债经营可以提高企业的获利能力。同一企业不同时期由于资本结构的变化会对企业的盈利水平产生重大影响，在进行企业盈利能力纵向比较时，应注意考虑资本结构变动对企业盈利能力的影响。

5. 资产运用效率对企业盈利能力的影响

资产运用效率的高低不仅关系着企业营运能力的好坏，也直接影响企业盈利能力的高低。通常情况下，资产的运用效率越高，企业的营运能力就越好，而企业的盈利能力也就越强。因此，在同一企业不同时期或在与同行业进行盈利能力比较分析时，一定要关注企业资产运用效率的变化。

6. 正确理解和使用每股收益指标

对投资者而言，每股收益的高低比公司财务状况的好坏或其他收益率指标更重要，也更为直观。但是在使用每股收益分析公司盈利能力时要注意以下三个问题：

（1）每股收益并不反映股票所含的风险。对于不同的上市公司，仅从每股收益去衡量盈利水平是不够的，还应注意每股股价的高低。例如，有两个上市公司，它们同期的每股收益都是0.5元，但两个公司的股价一个是10元，一个是5元，显然投资两家公司的风险与报酬是不一样的。

（2）每股收益并不决定实际得到的收益。尽管每股收益可以直观地反映股份公司的经营成果以及股东的报酬，但它是一个绝对指标，每股收益高并不等于分红就多。因此，在分析时，应结合流通在外的股数和分配政策。如果公司采用股本扩张的政策，大量配股或以股票股利的形式分配股利，未来的每股收益可能会受到"稀释"。

（3）每股收益的高低不能直接衡量公司盈利水平和资金利用效果。上市公司通过生产经营活动所获税后利润，并非只动用了股本，而是使用了所筹集的全部资金。不同股票的每一股在经济上不等量，它们所含的净资产和市价不同，这就限制了每股收益的公司间的比较。

7. 每股股利指标的使用必须联系公司的利润分配政策

每股股利的多少与公司的利润分配与股利发放政策密切相关。如果公司为扩大再生产、增强企业后劲而多留利，每股股利就少，反之则多。另外，计算每股股利的发行在外普通股股数不是加权平均股数，而是期末普通股总数。

8. 正确理解和使用市盈率指标

运用市盈率指标进行分析时，应注意以下问题：

（1）市盈率指标不宜用于不同行业的公司之间的比较，因为资本对新兴产业、成熟产业和夕阳产业的青睐程度是不同的。

（2）当每股收益很小时，可能会导致一个没有多少实际意义的高市盈率。

（3）市盈率也受利率水平变动的影响。当市场利率水平发生变化时，市盈率也应适当调整。在股票市场的实务操作中，利率与市盈率之间的关系通常用如下公式表示：

$$市盈率 = 1 \div 1 年期银行存款利率$$

9. 正确理解和使用每股净资产指标

值得注意的是，每股净资产是用历史成本计算的，不反映净资产的变现价值，因而也没有一个合理的标准，但投资者可以通过比较分析公司历年每股净资产变动趋势，来了解公司的发展情况和盈利能力。如果公司的股票价格低于净资产的账面价值，而账面价值又接近变现价值，则说明公司已经没有存在的价值，清算是股东最好的选择。另外，每股净资产与股票的面值、发行价格、市场价格、内在价值、清算价值等往往会有较大差异。

二、企业盈利能力分析实例

（一）A 公司 2018 年一般盈利能力指标分析

根据表 3-3、表 3-4 所示的 A 公司 2018 年度和 2017 年度利润表，其营业收入主要是主营业务收入，公司 2015 年资产总额为 325 663 万元、净资产为 249 921 万元，A 公司相关盈利能力指标计算结果见表 3-9。

表 3-9　A 公司盈利能力相关指标计算表

	项　　目	2016 年	2017 年	2018 年	2018 年行业均值
相关数据	净利润（万元）	56 711	79 276	106 585	
	利润总额（万元）	68 422	102 709	138 022	
	营业利润（万元）	70 050	111 126	155 774	
	主营业务利润（万元）	183 804	274 632	375 085	
	利息费用（万元）	540	4 266	4 506	
	净资产（万元）	293 704	547 205	597 055	
	资产总额（万元）	406 593	931 283	962 658	
	营业收入总额（万元）	400 040	596 285	800 857	
	成本费用总额（万元）	348 379	524 342	695 627	
财务指标	净资产收益率（%）	20. 86	18. 85	18. 63	4. 7
	资产报酬率（%）	18. 84	15. 99	15. 05	3. 4
	总资产利润率（%）	18. 69	15. 35	14. 58	3. 2
	营业利润率（%）	17. 51	18. 64	19. 45	7. 6
	主营业务利润率（%）	45. 95	46. 06	46. 84	25. 90
	成本费用利润率（%）	19. 64	19. 59	19. 84	6. 7
	已获利息倍数	127. 71	25. 08	31. 63	3. 3

由表 3-9 可以看出，A 公司近三年各项盈利能力指标中，净资产收益率、资产报酬率和总资产利润率呈下降趋势，但 2017 与 2018 年比较接近；营业利润率、主营业务利润率呈略微上升趋势；成本费用利润率先降后升，但幅度很小；已获利息倍数也是先降后升，但 2016 与 2017 年存在明显的不可比性，总体看，2018 年 A 公司盈利状况良好。

需要特别说明的是，2017 年各项财务指标与 2016 年相比，除营业利润率和主营业务利润率外，其他财务指标均有一定幅度下降，这主要与 2017 年大规模增资扩股，导致资产、负债增加有关。到 2018 年，尽管净资产收益率、资产报酬率和总资产利润率三项指标低于 2017 年，但降幅很小。基于资产考核的盈利能力下降并不表明 A 公司整个盈利能力在下降，因为 2018 年与收入与费用相关的指标均高于 2017 年，因此 A 公司经营状况向好。

从表 3-9 还可以看出，A 公司三年中营业利润率和主营业务利润率均保持同样的发展趋势，说明营业利润和主营业务利润呈正相关，公司的盈利主要靠主营业务。

另外，2018 年各项指标中，不管是资产效益指标，还是其他盈利指标，均远远高于行业平均值，表明该公司资产利用效益、经营管理效益在同行业都是很好的，应保持下去。

（二）A 公司盈利能力特殊指标分析

A 公司 2015、2016、2017 和 2018 年年末，发行在外的普通股股数分别为 985 560 192 股、990 260 936 股、1 501 400 731 股和 2 268 013 294 股，2016、2017 和 2018 年年末股票价格分别为 29.90 元、30.80 元、26.30 元，净利润和净资产见表 3-3、表 3-4、表 2-3 和表 2-4，则 A 公司每股收益等特殊盈利能力指标的计算结果见表 3-10。

表 3-10 A 公司特殊盈利能力指标计算表

项 目		2016 年	2017 年	2018 年	2018 年行业均值
相关数据	净利润（万元）	56 711	79 276	106 585	
	净资产（万元）	293 703	547 205	597 055	
	期末普通股股数（股）	990 260 936	1 501 400 731	2 268 013 294	
	年末股票价格（元）	29.90	30.80	26.30	
财务指标	每股收益（元）	0.57	0.64	0.57	0.32
	每股股利（元）	0.29	0.29	0.14	0.11
	市盈率	52.09	48.40	46.51	35.65
	每股净资产（元）	2.97	3.64	2.63	2.12

由表 3-10 可以看出，三年中该公司每股收益与每股净资产都是 2017 年最高，而 2018 年与 2017 年相比都是下降的，是不是公司盈利水平下降了？回答显然是否定的，因为前述一般能力分析中已经确认 2018 年公司盈利水平是最好的，原因主要是 2018 年期末普通股股数较上年大幅增加引起的。

表 3-10 还显示，公司近三年市盈率呈下降趋势，但下降幅度并不大，且都比行业平均值高很多，说明公司的股东对公司的期望仍比较高。

另外，从表 3-10 还可以看出，各项盈利指标均高于行业平均值，与前面一般盈利能力分析结论基本一致，也就是该公司经营状况好，而且得到了市场的认可。

同 步 训 练

（一）填空题

1. 净资产收益率是_____与_____的比率。

2. 资产报酬率是指企业一定时期_____与_____的比率。

3. 总资产利润率是指企业一定时期_____与_____的比率。

4. 营业利润率是指企业一定时期_____与_____的比率。

5. 利息保障倍数是指一个企业_____与_____之间的倍数关系。

6. 每股收益是指公司_____与_____的比值。

7. 每股股利是指_____与_____的比值。

8. 每股净资产是指_____与_____的比率。

9. 市盈率是指_____与_____的比率。

（二）单项选择题

1. 资产负债表与利润表的连接点是（　　）。

   A. 所有者权益　　　B. 利润　　　　　C. 偿债能力　　　　D. 未分配利润

2. 营业利润率是指（　　）。

   A. 营业利润与营业成本之比　　　　　B. 营业利润与营业收入之比

   C. 净利润与营业收入之比　　　　　　D. 营业毛利与营业收入之比

3. 计算成本费用利润率时的成本费用是指（　　）

   A. 营业成本　　　　　　　　　　　　B. 期间费用

   C. 营业成本与税金及附加之和

   D. 营业成本、税金及附加、期间费用、研发费用、资产减值损失、营业外支出和所得税之和

4. 上市公司盈利能力分析与一般企业盈利能力分析的区别在于（　　）。

   A. 股票价格　　　B. 利润水平　　　C. 股东收益　　　D. 股利发放

5. （　　）指标是评价上市公司获利能力的基本和核心指标。

   A. 每股市价　　　B. 每股净资产　　C. 每股收益　　　D. 净资产收益率

6. 理论上说，市盈率越高的股票，买进后股价下跌的可能性（　　）。

   A. 越大　　　　　B. 越小　　　　　C. 不变　　　　　D. 两者无关

7. 正常情况下，如果同期银行存款利率为4%，那么，市盈率应为（　　）。

   A. 20　　　　　　B. 25　　　　　　C. 40　　　　　　D. 50

（三）多项选择题

1. 影响营业利润率的因素主要包括两项，即（　　）。

   A. 营业利润　　　B. 资产减值准备　C. 财务费用　　　D. 营业收入

   E. 投资收益

2. 下列各项中，会使市盈率直接提高的因素有（　　）。

   A. 每股收益提高　　　　　　　　　　B. 每股市价上升

   C. 每股收益降低　　　　　　　　　　D. 每股市价下降

3. 影响每股收益的因素包括（　　）。

   A. 优先股股数　　　　　　　　　　　B. 可转换债券的数量

   C. 净利润　　　　　　　　　　　　　D. 优先股股利

   E. 普通股股数

4. 导致企业的市盈率发生变动的因素有（　　）。

   A. 企业财务状况的变动　　　　　　　B. 同期银行存款利率

   C. 上市公司的规模　　　　　　　　　D. 行业发展

   E. 股票市场的价格变动

5. 以下影响股价升降的主要因素有（　　）。

   A. 行业发展前景　　　　　　　　　　B. 政府宏观政策

   C. 经济环境　　　　　　　　　　　　D. 企业的经营成果

   E. 企业的发展前景

6. 下列各项中, 使每股收益提高的因素有 ( )。

    A. 净利润增加   B. 净资产收益率提高

    C. 每股账面价值提高   D. 每股市价提高

7. 下列各项表述中, 正确的有 ( )。

    A. 每股收益下降说明利润额下降

    B. 营业利润率下降不等于利润额下降

    C. 总资产周转率提高不等于企业盈利能力增强

    D. 资产报酬率提高可能是资产总额减少

(四) 判断题

( ) 1. 企业盈利能力的高低与利润的多少成正比。

( ) 2. 影响成本费用利润率的因素与影响营业利润率的因素是相同的。

( ) 3. 盈利的企业不一定财务状况好, 但财务状况好的企业一定盈利状况好。

( ) 4. 通常每股收益提高可以提高每股净资产。

( ) 5. 同类企业相比, 每股净资产越低, 企业股票的市场价值可能越低。

(五) 计算分析题

根据资料分析 D 公司的盈利能力。

资料:

(1) 资产负债表见表 2-12。

(2) 利润表见表 3-11。

表 3-11　利润表 (简表)

会企 02 表

编制单位: D 公司　　　　　　　　　　2019 年 12 月　　　　　　　　　　单位: 元

项　　目	本期金额	上期金额
一、营业收入	8 700 000	7 800 000
减: 营业成本	6 060 000	5 180 000
税金及附加	350 000	316 000
销售费用	245 000	340 000
管理费用	326 500	394 440
财务费用	135 000	114 000
加: 投资收益 (损失以 "-" 号填列)	580 000	500 000
公允价值变动收益 (损失以 "-" 号填列)		
资产减值损失 (损失以 "-" 号填列)	-33 500	-19 600
二、营业利润 (亏损以 "-" 号填列)	2 130 000	1 935 960
加: 营业外收入		
减: 营业外支出	130 000	120 000
三、利润总额 (亏损总额以 "-" 号填列)	2 000 000	1 815 960
减: 所得税费用	594 000	582 000

（续）

项　　目	本期金额	上期金额
四、净利润（净亏损以"－"号填列）	1 406 000	1 233 960
五、每股收益：		
（一）基本每股收益		
（二）稀释每股收益		

（3）其他相关资料：假设本年利息总支出为 350 000 元，上年为 160 000 元；上年的期初资产总额为 5 952 000 元；净资产为 3 856 000 元；资本金没有变化。

要求：

（1）计算表 3-12 D 公司 2018、2019 年有关盈利能力指标。

表 3-12　D 公司 2018、2019 年有关盈利能力指标计算表

盈利能力指标	2018 年	2019 年	行业平均水平
营业利润率（%）			20
资产报酬率（%）			15
净资产收益率（%）			8
成本费用利润率（%）			9
已获利息倍数			3.5 倍

（2）与上年相比，D 公司 2019 年盈利能力如何？

（3）通过与行业平均水平相比，对 D 公司盈利能力进行综合分析。

任务三　企业营运能力分析

资产营运是企业在生产经营过程中实现资本增值的过程，是宏观资源配置与微观经济管理的综合反映。资产营运状况如何，关系到资本增值的程度。资产营运效率越高，企业的盈利能力越强，资产变现损失风险越小，偿债能力越强；反之则相反。资产营运效果的好坏主要通过资产周转速度的快慢来体现。评价企业资产营运能力，需要通过利润表与资产负债表有关项目相结合才能进行。

一、企业营运能力分析基本知识

（一）企业营运能力的概念与分析意义

1. 营运能力的概念

营运能力是指企业运用各项资产以赚取利润的能力。企业营运能力的主要分析评价指标有：

应收账款周转率、存货周转率、流动资产周转率、固定资产周转率、总资产周转率、股东权益周转率等。

2. 营运能力分析的意义

资产营运能力反映了企业资金利用的效率，也表明了企业经营管理者配置、经营和管理内部资源的能力。企业营运能力的大小，直接影响企业的获利能力和偿债能力。因此，正确分析和评价企业的营运能力具有十分重要的意义。

（1）有助于经营者改善经营管理。进行营运能力分析对企业管理当局至关重要，通过分析可以发现企业在资产配置、使用和管理方面的问题，从而改善和优化资产结构，保持足够的资产流动性，提高资金周转速度，防止和化解经营与财务风险。

（2）有助于投资者进行投资决策。进行营运能力分析有助于投资者判断企业财务的安全性、资本的保全程度以及资产的收益能力，进而做出相应的投资决策。企业资产的变现能力强，企业的财务安全性就高；良好的资产结构和资产管理效果，是资本安全的保证；资产的周转速度越快，实现收益的能力越强。

（3）有助于债权人进行信贷决策。进行营运能力分析有助于债权人判断其债权的物资保证程度或其安全性，进而做出相应的信用决策。企业资产周转速度越快，除了表明企业具有较强的经营能力和获利能力外，通常与企业良好的资产结构密切相关，而良好的资产结构、丰厚的收益，则是债务本息偿还的根本保障。

（二）企业营运能力分析指标的计算与指标意义

企业营运能力一般从营业收入和营业成本两个角度进行评价，即从营业收入与资产、营业成本与存货资产之间的相关关系来评价企业的营运能力。表3-13是一般企业营运能力主要评价指标的计算公式与指标意义一览表。

表3-13　一般企业营运能力主要评价指标的计算公式与指标意义一览表

指标名称	计算公式	指标意义
应收账款周转率（次）	营业收入÷应收账款平均余额	反映企业应收账款变现速度和管理效率。该周转率越高，表明应收账款的收回越快，发生坏账的风险越小
存货周转率（次）	营业成本÷存货平均余额	反映企业存货的周转速度，即存货的流动性及存货资金占用量是否合理，促使企业在保证生产经营连续性的同时，提高资金的使用效率，增强企业的短期偿债能力
流动资产周转率（次）	营业收入÷流动资产平均占用额	反映企业流动资产周转速度和综合利用效率。该周转率越高，表明企业流动资产的经营利用效果越好，有助于增强企业的盈利能力和短期偿债能力
固定资产周转率（次）	营业收入÷固定资产平均占用额	反映企业固定资产周转的快慢、变现能力和有效利用程度。该周转率越高，表明企业固定资产投资越得当、结构布局越合理、使用效率越高、投资回收期越短、资产的经营风险越小

（续）

指标名称	计算公式	指标意义
总资产周转率（次）	营业收入÷资产平均总额	反映企业全部资产的周转快慢，体现企业全部资产的综合利用效率。该周转率越高，表明企业利用全部资产进行经营的效率越高，有助于增强企业的盈利能力和偿债能力
股东权益周转率（次）	营业收入÷平均净资产	反映公司运用净资产的效率。该周转率越高，表明净资产的运用效率越高，营运能力越强

表中相关资产平均额均以资产负债表"（期末余额＋上年年末余额）÷2"计算；表中各项资产周转率也可用周转天数表示，即周转天数＝360÷周转率。

（三）企业营运能力分析应注意的问题

1. 季节性经营对分析的影响

如果企业的生产经营活动具有很强的季节性，则年度内各季度的营业收入与应收账款、营业成本与存货都会有较大幅度的波动，仅用年初和年末余额简单计算应收账款和存货平均占用额，显然是不客观的。因此，为了客观反映企业的营运状况，应收账款和存货平均占用额应该按月份或季度余额来计算，先求出各月份或各季度的平均数，然后再计算全年的平均数。

2. 相关指标的配合使用

在主要流动资产项目周转率分析中，单个指标独立性较差，不能单独用以评价企业的营运能力等的高低。如应收账款和存货的多少，与企业的供、产、销各环节都有密切关系，特别是与企业的销售政策紧密相关，其周转状况都是企业供、产、销之间平衡协调的结果。另外，应收账款与存货之间往往存在你多我少或我多你少的内在联系。因此，在计算分析某项周转率时一定要同其他相关资产项目的周转分析结合起来。

3. 不能单纯降低资产数量去追求高周转率

企业的资产配置与企业的资金来源存在一定的对应关系，不能单纯地以大幅降低流动资产或固定资产为代价去追求高周转率。因为流动资产的多少反映企业短期偿债能力的强弱，同样固定资产的多少反映企业的生产能力，只能在各项资产保持较稳定数额的基础上去提高使用效率。

4. 营运能力在不同期间不同企业间的可比性

企业在进行营运能力纵向比较分析时，一定要考虑不同期间企业所处的经营环境，经营环境不同企业的经营效益肯定有所不同，其营运能力可比性较差。同样，企业在进行营运能力横向比较分析时，一定要与同行业、同规模的企业比较才有意义。

二、企业营运能力分析实例

根据表2-3、表2-4所示的A公司的资产负债表和表3-3、表3-4所示的A公司利润表，A公司营运能力计算结果见表3-14。

表 3-14 A 公司营运能力计算分析表

	项　目	2016 年	2017 年	2018 年	2018 年行业均值
相关数据	营业收入	400 040	596 285	800 857	
	营业成本	215 581	320 307	424 481	
	应收账款平均余额	24 823	39 880	69 812	
	存货平均余额	19 061	24 030	31 644	
	流动资产平均占用额	153 794	264 147	345 358	
	固定资产平均占用额	70 759	95 025	129 834	
	资产平均总额	366 128	668 938	946 971	
	净资产平均额	271 812	420 454	572 130	
财务指标	应收账款周转率（次）	16.12	14.95	11.47	5.8
	存货周转率（次）	11.31	13.33	13.41	2.1
	流动资产周转率（次）	2.60	2.26	2.32	1.4
	固定资产周转率（次）	5.65	6.28	6.17	1.8
	总资产周转率（次）	1.09	0.89	0.85	0.4
	股东权益周转率（次）	1.47	1.42	1.40	1.0

由表 3-14 可以看出，三年中该公司营运能力各项指标均优于行业均值，表明其营运能力在同行业中是比较强的。另外，应收账款周转率逐年下降，存货周转率逐年上升，趋势明显。原因很可能是这两个指标相互之间有密切联系，一般来说，存货周转率提高是因为企业销售畅通导致，销售出去的存货即以应收账款或现金的形式回流到企业，如果赊销比例较高，则会产生较多的应收账款，引起应收账款周转率下降。

流动资产周转率和固定资产周转率变化趋势有升有降，变化不太明显，但都高于行业平均值，说明 A 公司资产的流动性较强，固定资产的利用效率比较高。

从表 3-14 还可以看出，三年中该公司总资产和净资产周转速度也在逐渐降低，说明 A 公司的经营规模仍然在不断扩张，股东权益的水平也在提升。

同步训练

（一）填空题

1. 存货周转率是指_____与_____的比值。

2. 应收账款周转率是反映企业_____和_____的指标。

3. 流动资产周转率是反映企业_____和_____的指标。

4. 固定资产周转率是_____和_____的比值，是反映企业_____的指标。

5. 股东权益周转率是_____和_____的比值，是反映企业_____的指标。

(二) 单项选择题

1. 计算营运能力指标所需的资料主要由 (   ) 提供。
   A. 资产负债表
   B. 利润表
   C. 现金流量表
   D. 资产负债表和利润表

2. 下面关于企业营运能力说法正确的是 (   )。
   A. 资产周转次数越多越好
   B. 资产周转天数越多越好
   C. 销售额越大越好
   D. 营运资金越多越好

3. 在计算总资产周转率时使用的收入指标是 (   )。
   A. 补贴收入
   B. 其他业务收入
   C. 投资收入
   D. 营业收入

4. 某公司 2019 年的营业收入为 60 111 万元, 其年初资产总额为 6 810 万元, 年末资产总额为 8 600 万元, 该公司总资产周转率及周转天数分别为 (   )。
   A. 8.83 次, 40.77 天
   B. 6.99 次, 51.5 天
   C. 8.83 次, 51.5 天
   D. 7.8 次, 46.15 天

5. 某公司某年末流动负债为 80 万元, 速动比率为 1, 流动比率为 1.8, 年度营业成本为 320 万元, 公司存货均衡, 则存货周转率为 (   )。
   A. 6 次
   B. 8
   C. 9 次
   D. 10 次

6. 企业当年实现营业收入 3 800 万元, 净利润 480 万元, 资产周转率为 2, 则总资产利润率为 (   )。
   A. 12.6%
   B. 6.3%
   C. 25.3%
   D. 10%

(三) 多项选择题

1. 为提高资产营运能力, 企业应采取的措施有 (   )。
   A. 提高商品经营盈利能力
   B. 优化资本结构
   C. 优化资产结构
   D. 加快资产周转

2. 下列选项中, 影响资产周转率的指标或项目有 (   )。
   A. 营业收入
   B. 资产结构
   C. 资产规模
   D. 利润

3. 下列选项中, 影响固定资产周转率的指标或项目有 (   )。
   A. 固定资产规模
   B. 固定资产结构
   C. 营业收入
   D. 固定资产利用率

4. 下列选项中, 影响流动资产周转率的指标或项目有 (   )。
   A. 营业成本
   B. 存货周转率
   C. 实施最低存货管理制度
   D. 尽可能拖欠应付账款

5. 下列选项中, 能够提高流动资产周转率的项目有 (   )。
   A. 勤进快销
   B. 提高负债率
   C. 严格销售的信用管理, 加快应收账款的回收
   D. 在销售不畅的情况下, 加快生产产品

6. 下列选项中，能够提高总资产周转率的项目有（　　）。

A. 扩大销售，增加收入

B. 缩减长期投资规模，增加现金持有量

C. 控制现有生产规模，加大科研开发费用投入，提高生产效率

D. 提高无形资产的实际投资

7. 下列选项中，可能提高存货周转率的项目有（　　）。

A. 在保持生产成本总额不变的情况下，提高产品生产成本中间接成本比例

B. 在保持生产成本总额不变的情况下，降低产品生产成本中间接成本比例

C. 减少材料浪费损失　　　　　　　　D. 努力减少库存

8. 导致应收账款周转率下降的原因主要有（　　）。

A. 赊销的比率　　　　　　　　　　B. 客户故意拖延

C. 企业的收账政策　　　　　　　　D. 客户财务困难

E. 企业的信用政策

9. 影响企业资产周转率的因素包括（　　）。

A. 资产的管理力度　　　　　　　　B. 经营周期的长短

C. 资产构成及其质量　　　　　　　D. 企业所采用的财务政策

E. 所处行业及其经营背景

10. 下列经济业务会影响企业存货周转率的有（　　）。

A. 收回应收账款　　　　　　　　　B. 销售产成品

C. 期末购买存货　　　　　　　　　D. 偿还应付账款

E. 产品完工验收入库

（四）判断题

（　　）1. 通常情况下，企业营运能力增强，其盈利能力也会增强。

（　　）2. 资产周转次数越多越好，周转天数越少越好。

（　　）3. 现销业务越多，应收账款周转率越高。

（　　）4. 加强应收账款管理的主要目的是确保不发生坏账。

（　　）5. 在固定资产总额不变的情况下，流动资产周转率越高，固定资产周转率就越高。

（　　）6. 期末存货采用何种计价方法，对同期存货周转率、流动比率均无影响。

（　　）7. 计算存货周转率时使用销售成本指标较使用销售收入指标更为准确。

（　　）8. 存货采购次数过多，可能是因为存货周转率过低的缘故。

（五）计算分析题

根据资料计算分析公司的营运能力。

资料：

（1）资产负债表见表2-12。

（2）利润表见表3-11。

（3）其他相关资料：假设D公司2017年年末应收账款余额为472 500元，存货余额为480 000元，流动资产余额为3 687 000元，固定资产净值为1 980 000元，总资产余额为5 952 000元。

要求：

（1）计算表3-15D公司2018、2019年营运能力指标。

表 3-15　D 公司 2018、2019 年营运能力计算表

营运能力指标	2018 年	2019 年	行业平均水平
总资产周转率（天）			320
固定资产周转率（天）			210
流动资产周转率（天）			190
应收账款周转率（天）			45
存货周转率（天）			41

（2）与 2018 年相比，D 公司 2019 年营运能力如何？

（3）通过与行业平均水平相比，对 D 公司的营运能力进行综合分析。

任务四　企业自身发展能力分析

一、企业发展能力分析基本知识

（一）企业自身发展能力的含义、计算与使用

1. 企业自身发展能力的含义

企业自身发展能力是指企业通过自己的生产经营活动，用内部形成的资金而投资发展的能力。企业内部形成的发展资金，主要来源于企业的营业收入和企业降低开支而节约的资金。企业可动用的资金总额是企业实际收入和实际支出之差，是企业真正拥有的自身发展能力。

2. 企业自身发展能力的计算

企业自身发展能力的大小取决于企业可动用的资金总额的多少。由于在企业经营中，并不是所有的收入都会引起企业资金的增加，如已核销的坏账又收回、清理无法支付的应付账款等。同样，并不是所有的费用都会引起企业资金的减少，如折旧费用、固定资产盘亏等，只是在账面上计算的支出反映为利润的减少，实际这些项目扣减的资金仍是企业可自主使用的资金。因此，企业自身发展能力的计算可以采用以税后利润为基础，加上不实际减少资金的费用，减去不实际增加资金的收入，其计算公式为

企业自身发展能力 = 税后利润 + 折旧费 + 固定资产盘亏和出售净损失 + 计提坏账 –
固定资产盘盈和出售净收益 – 收回未发生坏账

3. 企业自身发展能力的使用

企业自身发展能力，主要用于技术改造、扩大生产、产品换代等各项投资活动，也可直接运用于企业当前生产经营活动之中，以改善资金结构或消除生产经营环节中的不协调因素。企业运用自身发展能力投资于简单再生产或者扩大再生产，是一种以当前确定的支出来换取企业未来预期获利的风险活动。因此企业自身发展能力的使用也就是对企业投资方案的选择。如果投资回收期短，预计投资收益大于投资所需的支出，投资方案就可行。

(二) 企业可持续发展能力的评价

企业要生存，就必须发展，发展是企业的生存之本，也是企业的获利之源。企业发展能力是企业在生存的基础上，扩大规模，壮大实力的潜在能力。企业的规模和实力，是企业价值的核心内容，表明企业未来潜在的盈利能力。然而，企业的发展在于可持续性，需要不断地注入新的血液。企业的资本实力和潜在盈利能力，是衡量和评价企业持续稳定发展的实质内容，包括企业的营业收入增长能力、资产增长能力和资本扩张能力三方面，它们的增长为企业的生存和发展注入了新的能量。

企业可持续发展，是包括面对不可预期的环境震荡而持续保持发展趋势的一种发展观。在分析企业可持续发展能力时，应立足当前发展，放眼未来发展，不能以牺牲后期的利益为代价来换取现在的发展、满足现在的利益。企业可持续发展能力的财务分析，需要建立相应的财务分析指标，通过趋势分析法或编制趋势分析表来进行。表 3-16 是企业发展能力主要评价指标一览表。

表 3-16 企业发展能力主要评价指标一览表

指标名称	计算公式	指标意义
营业收入增长率（销售增长率）	本年营业收入增长额÷上年营业收入总额×100%	反映企业短期经营状况、市场占有能力和企业业务的拓展能力。该增长率越大，表明营业收入增长速度越快，市场前景越好，企业近期盈利能力越强
三年营业收入平均增长率	$\left(\sqrt[3]{\dfrac{\text{本年营业收入总额}}{\text{三年前营业收入总额}}}-1\right)\times 100\%$	反映企业营业收入增长的长期趋势和稳定程度。该增长率越大，企业可持续盈利能力越强
总资产增长率	本年总资产增长额÷年初资产总额×100%	反映企业经营规模总量上的扩张程度。该指标值越高，表明企业一个经营周期内资产经营规模扩张的速度越快，获得规模效益的能力越强
三年总资产平均增长率	$\left(\sqrt[3]{\dfrac{\text{年末资产总额}}{\text{三年前资产总额}}}-1\right)\times 100\%$	反映企业资产增长的长期趋势和稳定程度。该指标值越大，资产增长速度越快，发展的趋势越强
固定资产成新率	平均固定资产净值÷平均固定资产原值×100%	反映企业固定资产的新旧程度。该指标值越高，表明企业固定资产较新、技术性能较好、对扩大再生产的准备较充分、发展的可能性较大
净资产增长率（资本积累率）	本年所有者权益增加额÷所有者权益年初余额×100%	反映企业所有者权益在当年的变动水平，体现了企业的资本积累情况，是企业发展强盛的标志。该指标值越高，表明企业资本积累越多，资本保全性越强，应付风险、持续发展的能力越强
三年净资产平均增长率	$\left(\sqrt[3]{\dfrac{\text{年末所有者权益总额}}{\text{三年前所有者权益总额}}}-1\right)\times 100\%$	反映企业资本增值的历史发展状况和企业稳步发展的趋势。该指标值越高，表明企业的所有者权益得到的保障程度越高，企业可以长期使用的资金越充裕，抗风险和保持连续发展的能力越强

除上表所列分析指标，还有其他一些指标可以选用，如资本保值增值率、资本积累率、营业利润增长率、技术投入比率等，分析时可根据具体情况和分析要求选择。

（三）企业可持续发展能力分析应注意的问题

1. 指标的可比性

营业收入增长率、总资产增长率、固定资产成新率和资本积累率仅仅反映近期变动状况，受基数的影响比较大，指标的可比性较差。因此，在与同行业平均水平进行比较分析时应考虑偶然性因素的影响。

2. 只有与同类企业比较才有意义

不同性质的企业资产使用效率不同，资产增长率也会不同，往往低效率的企业需要更大幅度地扩大资产规模，这并不意味着其发展性强。另外，不同类型的企业资产使用效率也不同，外向增长型（新建、扩建）的企业资产增长率较高，而内部优化型（改建）的企业资产增长率较低。

3. 三年平均增长率更能反映企业可持续发展能力

为了避免受偶然性因素的影响，使用三年平均增长率来反映企业在较长时期内收益、资产和权益资本增长情况，能够较好地体现企业发展水平和发展趋势。

4. 三类指标的内在联系

在营业收入增长率、总资产增长率和净资产增长率三类指标中，营业收入是企业发展的先锋和生力军，资产增长是企业发展的现实力量，而资本积累则是企业发展的后备力量，三力合一，为企业发展保驾护航，是企业发展的源泉和动力。因此，评价一个企业的可持续发展能力必须将三类指标结合起来，综合分析后进行评价。

二、企业发展能力分析实例

例 3-6 根据表 2-3、表 2-4 所示的 A 公司的资产负债表和表 3-3、表 3-4 所示的 A 公司利润表，A 公司 2015～2018 年各项发展能力指标计算见表 3-17。

表 3-17　A 公司 2015～2018 年各项发展能力指标计算表

项　目		2015 年	2016 年	2017 年	2018 年
数据	营业收入（万元）	316 558	400 040	596 285	800 857
	资产总额（万元）	325 663	406 593	931 283	962 658
	固定资产原值（万元）	65 490	77 790	114 021	147 409
	固定资产净值（万元）	64 609	76 909	113 140	146 528
	所有者权益（万元）	249 921	293 703	547 205	597 055
营业收入增长率	年增长率（%）	—	26.37	49.06	34.31
	三年平均增长率（%）	—	—	—	36.26
总资产增长率	年增长率（%）	—	24.85	129.05	3.37
	三年平均增长率（%）	—	—	—	43.52
净资产增长率	年增长率（%）	—	17.52	86.31	9.11
	三年平均增长率（%）	—	—	—	33.68
固定资产成新率（%）		—	98.77	99.08	99.33

从表 3-17 中可以看出，A 公司各项发展能力的指标均为正数，说明公司收入、资产和股东权益的规模都在逐渐增加。其中，营业收入的三年平均增长率为 36.26%，2017 年增长幅度最大，公司的销售业绩取得了很大的进步；总资产的三年平均增长率为 43.52%，2017 年增长幅度最大，超过了 100%，原因是公司大幅扩大经营规模，进行了多项资产并购和投资；净资产的三年平均增长率为 33.68%，仍然是 2017 年增长幅度最大。2015～2018 年固定资产成新率逐步提高，大体保持在 99%，说明 A 公司资产更新换代的速度非常快。

同步训练

(一) 填空题

1. 企业自身发展能力是指企业通过自己的生产经营活动，用_____的能力。

2. 企业可动用的资金总额是企业实际收入和实际支出之差，是企业真正拥有的_____。

3. 企业自身发展能力的大小取决于企业_____的多少。

4. 企业自身发展能力主要用于_____、_____、_____等各项投资活动。

5. 企业发展能力是企业在生存的基础上_____，_____的潜在能力。

(二) 单项选择题

1. 企业自身发展能力的大小取决于企业（　　）的多少。
   A. 实收资本　　　B. 资本总额　　　C. 可动用的资金总额　　　D. 资产总额

2. 下列各项中能够提高企业可持续发展能力的指标是（　　）。
   A. 营业利润率　　B. 营业收入增长率　C. 股利支付率　　　　　D. 资产负债率

3. 能够反映企业发展能力的指标是（　　）。
   A. 总资产周转率　B. 资本积累率　　　C. 已获利息倍数　　　　D. 资产负债率

(三) 多项选择题

1. 下列各项表述中，正确的有（　　）。
   A. 企业可以运用自身发展能力投资于简单再生产
   B. 企业不能运用自身发展能力投资于扩大再生产
   C. 企业运用自身发展能力进行投资，是一种以当前确定的支出来换取企业未来预期获利的风险活动
   D. 总资产报酬率提高可能是资产总额减少

2. 企业的资本实力和潜在盈利能力，是衡量和评价企业持续稳定发展的实质内容，包括企业的（　　）。
   A. 营业收入增长能力　　　　　　　　B. 盈利能力
   C. 资产增长能力　　　　　　　　　　D. 资本扩张能力

3. 下列各项指标中，可以与资产增长率同时增长的有（　　）。
   A. 资产利润率　　B. 营业净利率　　　C. 资产负债率　　　　　D. 股利支付率

(四) 判断题

(　　) 1. 研究与开发的资金投入水平是评价企业可持续发展的重要指标。

（　　）2. 企业自身发展能力的大小取决于企业自有资金总额的多少。

（　　）3. 企业内部形成的发展资金只能用于扩大经营规模。

（　　）4. 企业的发展在于可持续性，需要不断地注入新的血液。

（　　）5. 企业的资本实力是衡量和评价企业持续稳定发展的实质内容。

（五）计算分析题

根据资料计算分析 D 公司的发展能力。

资料：

（1）资产负债表见表 2-12。

（2）利润表见表 3-11。

（3）其他相关资料：假设 2016 年营业收入总额为 5 980 000 元，2017 年营业收入总额为 6 500 000元；2016 年年末资产总额为 5 586 000 元，2017 年年末资产总额为 5 952 000 元；2016 年年末所有者权益为 2 850 000 元，2017 年年末所有者权益总额为 3 100 000 元。

要求：

（1）计算表 3-18 中 D 公司有关发展能力指标。

表3-18　D 公司有关发展能力指标计算表

发展能力指标	2018 年	2019 年	行业平均水平
营业收入增长率（%）			25
三年营业收入平均增长率（%）			28
总资产增长率（%）			15
三年总资产平均增长率（%）			12
固定资产成新率（%）			75
净资产增长率（%）			21
三年净资产平均增长率（%）			18

（2）根据上述指标对 D 公司的发展能力做出分析和评价。

项目实训　企业盈利、营运和发展能力分析

一、企业盈利能力分析

实训目标与能力要求

本实训目标是培养学生对企业盈利能力进行分析和评价的能力。其能力要求是：

（1）掌握企业盈利能力分析指标及其变动的计算。

（2）能够灵活运用企业盈利能力分析方法对所选公司盈利能力进行分析评价。

实训方式与内容

在项目一实训分行业、分小组和取得的各自公司基础资料和数据资料的基础上，计算和分析公司的盈利能力，撰写专题分析报告（文档格式要求同前），参加讨论与讲评。

实训步骤

（1）根据各自公司近三年利润表，编制公司盈利能力计算分析表，将公司近三年盈利能力各项指标计算结果填入表中。

（2）查找同行业盈利能力平均值，填入计算分析表中。

（3）根据公司盈利能力计算分析表，并结合公司利润表及相关资料，对公司盈利能力进行分析评价，分析时同组同学应在一起进行交流、讨论，形成各自分析评价结论，并按要求形成专题分析报告。

（4）实训小组组长将小组成员的实训成果（分析报告）打包上传给学委，学委集中打包上传给老师，由老师组织互评。

（5）指导老师根据学生实训成果的质量和互评结果确定实训成绩。

实训考核

根据学生选择计算分析方法的正确性、指标计算结果的准确性、分析报告写作和参与讨论情况进行评分。

二、企业营运能力分析

实训目标与能力要求

本实训目标是培养学生对企业营运能力进行分析和评价的能力。其能力要求是：

（1）掌握企业营运能力分析指标及其变动的计算。

（2）能够灵活运用企业营运能力分析方法对所选公司营运能力进行分析评价。

实训方式与内容

在项目一实训分行业、分小组和取得的各自公司基础资料和数据资料的基础上，计算和分析公司的营运能力，撰写专题分析报告（文档格式要求同前），参加讨论与讲评。

实训步骤

（1）根据各自公司近三年利润表和资产负债表，编制公司营运能力计算分析表，将公司近三年营运能力各项指标计算结果填入表中。

（2）查找同行业营运能力平均值，填入计算分析表中。

（3）根据公司营运能力计算分析表，并结合公司利润表、资产负债表和相关资料，对公司营运能力进行分析评价；分析时同组同学应在一起进行交流、讨论，形成各自分析评价结论，并按要求形成专题分析报告。

（4）实训小组组长将小组成员的实训成果（分析报告）打包上传给学委，学委集中打包上传给老师，由老师组织互评。

（5）指导老师根据学生实训成果的质量和互评结果确定实训成绩。

实训考核

根据学生选择计算分析方法的正确性、指标计算结果的准确性、分析报告写作和参与讨论情况进行评分。

三、企业发展能力分析

实训目标与能力要求

本实训目标是培养学生对企业发展能力进行分析和评价的能力。其能力要求是：

（1）掌握企业发展能力分析指标及其变动的计算。

（2）能够灵活运用企业发展能力分析方法对所选公司的发展能力进行分析评价。

实训方式与内容

在项目一实训分行业、分小组和取得的各自公司基础资料和数据资料的基础上，计算和分析公司的发展能力，撰写专题分析报告（文档格式要求同前），参加讨论与讲评。

实训步骤

（1）根据各自公司近三年利润表和资产负债表，编制公司发展能力计算分析表，将公司近三年发展能力各项指标计算结果填入表中。

（2）查找同行业发展能力平均值，填入计算分析表中。

（3）根据公司发展能力计算分析表，并结合公司利润表、资产负债表和相关资料，对公司发展能力进行分析评价；分析时同组同学应在一起进行交流、讨论，形成各自分析评价结论，并按要求形成专题分析报告。

（4）实训小组组长将小组成员的实训成果（分析报告）打包上传给学委，学委集中打包上传给老师，由老师组织互评。

（5）指导老师根据学生实训成果的质量和互评结果确定实训成绩。

实训考核

根据学生选择计算分析方法的正确性、指标计算结果的准确性、分析报告写作和参与讨论情况进行评分。

本项目框架结构图

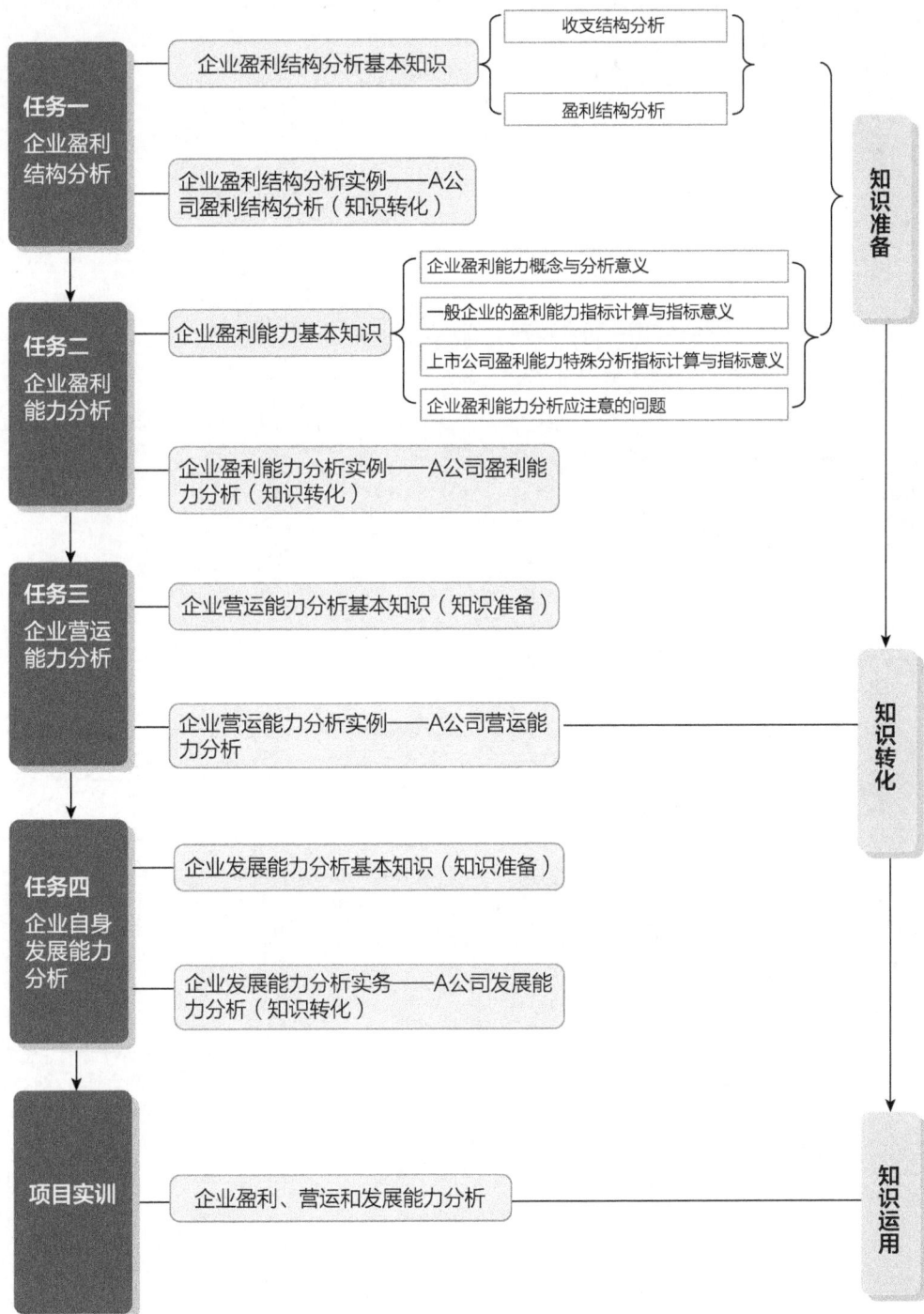

任务一
企业盈利结构分析

　　企业盈利结构分析基本知识 ── 收支结构分析
　　　　　　　　　　　　　　　　　盈利结构分析

　　企业盈利结构分析实例——A公司盈利结构分析（知识转化）

任务二
企业盈利能力分析

　　企业盈利能力基本知识 ── 企业盈利能力概念与分析意义
　　　　　　　　　　　　　　一般企业的盈利能力指标计算与指标意义
　　　　　　　　　　　　　　上市公司盈利能力特殊分析指标计算与指标意义
　　　　　　　　　　　　　　企业盈利能力分析应注意的问题

　　企业盈利能力分析实例——A公司盈利能力分析（知识转化）

任务三
企业营运能力分析

　　企业营运能力分析基本知识（知识准备）

　　企业营运能力分析实例——A公司营运能力分析

任务四
企业自身发展能力分析

　　企业发展能力分析基本知识（知识准备）

　　企业发展能力分析实务——A公司发展能力分析（知识转化）

项目实训

　　企业盈利、营运和发展能力分析

知识准备

知识转化

知识运用

项目四　现金流量表分析

教学引导　　现金流量表是反映企业一定期间内现金和现金等价物流入、流出信息的会计报表，是企业三大会计报表之一。通过揭示企业获取现金和现金等价物的能力，可以评价企业经营活动及其成果的质量；通过现金及现金等价物流入、流出结构的变化，可以评价和预测企业的财务状况。在市场经济中，现金及现金流量与一个企业的生存、发展、壮大息息相关，"现金至上"的观念名副其实。但是，要真正发挥现金流量表的作用，还需要对现金流量有深入的认识并掌握一定的分析技巧。

　　那么现金流量表如何阅读和分析，则是本项目所述主要内容。

任务一 企业现金流量质量分析

一、企业现金流量质量分析基本知识

现金流量表是反映企业现金流入和流出状况的报表。从财务角度看，企业的经营活动可视为一个现金流程，现金一方面不断流入企业，另一方面又不断流出企业，现金就是企业的"血液"。现金流量状况如何，直接反映了企业这一组织有机体的健康状况。

现金流量的质量是指企业的现金流量能够按照企业的预期目标进行运转的状态。具有较好质量的现金流量应当具有如下特征：①企业现金流量的状态体现了企业发展的战略要求；②在稳定发展阶段，企业经营活动的现金流量应当与企业经营活动产生的利润有一定的对应关系，并能为企业的扩张提供现金流量支持。现金流量质量分析是评价现金流量对企业经营状况的客观反映程度，为改善企业财务与经营状况、增强持续经营能力提供相应的信息。

（一）经营活动产生的现金流量质量分析

经营活动现金流量是企业现金流量的主体，与净利润相比，经营活动所产生的现金净流量的多少，能够更确切地反映企业的经营质量。

经营活动产生的现金流量净额的多少，反映了企业经营活动创造现金的能力。该指标与净利润指标相比较，可以了解企业净利润的现金含量，而净利润的现金含量则是企业市场竞争力的根本体现。如果企业的净利润大大高于"经营活动产生的现金流量净额"，则说明企业利润的含金量不高，存在大量的赊销行为及未来的应收账款收账风险，同时某种程度上存在着利润操纵之嫌。在了解该指标的过程中，我们还可以了解到企业相关税费的缴纳情况。对于经营活动产生的现金流量质量，可通过以下表现形式进行分析。

1. 经营活动产生的现金流量净额小于零

经营活动产生的现金流量净额小于零，意味着企业通过正常的供、产、销所带来的现金流入量，不足以支付因上述经营活动而引起的现金流出。企业正常经营活动所需的现金支付，则需要通过以下几种方式来解决：

（1）消耗企业现存的货币积累。

（2）挤占本来可以用于投资活动的现金，推迟投资活动的进行。

（3）在不能挤占本来可以用于投资活动的现金的条件下，进行额外贷款融资，以支持经营活动的现金需要。

（4）在没有贷款融资渠道的条件下，只能通过拖延债务支付或扩大经营负债规模来解决。

如果这种情况出现在企业经营初期，我们可以认为是企业在发展过程中不可避免的正常状态。因为在企业生产经营活动的初期，各个环节都处于"磨合"状态，设备、人力资源的利用率相对较低，材料的消耗量相对较高，经营成本较高，从而导致企业现金流出较多。同时，为了开拓市场，企业有可能投入较大资金，采用各种手段将自己的产品推向市场，从而有可能使企业在这一时期的经营活动现金流量表现为"入不敷出"的状态。但是，如果企业在正常生产经营期间仍然出现这种状态，则说明企业通过经营活动创造现金净流量的能力较弱，应当认为企业经营活动现金流量的质量差。

2. 经营活动产生的现金流量净额等于零

经营活动产生的现金流量净额等于零，意味着企业通过正常的供、产、销所带来的现金流入量，恰恰能够支付因上述经营活动而引起的现金流出，企业的经营活动现金流量处于"收支平衡"的状态。在这种情况下，企业正常经营活动虽然不需要额外补充流动资金，但企业的经营活动也不能为企业的投资活动以及融资活动贡献现金。

必须指出的是，按照企业会计准则，企业经营成本中有相当一部分属于按照权责发生制原则的要求而确认的摊销成本（如无形资产、长期待摊费用摊销，固定资产折旧等）和应计成本（如预提设备大修理费用等），即非付现成本。这样，在经营活动产生的现金流量净额等于零时，企业经营活动产生的现金流量不可能为这部分非付现成本的资源消耗提供货币补偿。如果这种状态长期持续下去，企业的"简单再生产"都不可能维持。因此，如果企业在正常生产经营期间持续出现这种状态，表明企业经营活动现金流量的质量不高。

3. 经营活动产生的现金流量净额大于零

经营活动产生的现金流量净额大于零，意味着企业具有创造现金的能力，通常表明企业生产经营状况较好。

但是，企业经营活动产生的现金流量净额仅大于零是不够的。经营活动产生的现金流量净额大于零并在补偿当期的非付现成本后仍有剩余，才意味着企业通过正常的供、产、销所带来的现金流入量，不但能够支付因经营活动而引起的现金流出、补偿全部当期的非付现成本，而且还有余力为企业的投资等活动提供现金支持。这种状态通常表明企业所生产的产品适销对路，市场占有率高，销售回款能力较强，同时企业的付现成本、费用控制有效。在这种状态下，企业经营活动的利润才具有含金量，对企业经营活动的稳定与发展、企业投资规模的扩大才能起到重要的促进作用。

4. 经营活动现金流量净额与净利润对比分析

现金流量表补充资料中，第一项是将净利润调节为经营活动的现金流量，就是将净利润与经营活动产生的现金流量净额进行比较，以了解净利润与经营活动产生的现金流量净额差异的原因，从现金流量的角度分析企业净利润的质量，同时也能反映企业现金流量的质量。

利润表上反映的净利润，是企业根据权责发生制原则确定的，它并不能反映企业生产经营活动产生了多少现金净流入；而现金流量表中的经营活动产生的现金流量净额是以收付实现制原则为基础确定的，经营活动产生的现金流量净额与净利润往往是不一致的。但是，为了防止人为操纵利润和加强企业营销管理，有必要将经营活动的现金流量净额与净利润进行对比，了解净利润与经营活动产生的现金流量净额差异的原因，从而对净利润质量进行评价。如果经营活动产生的现金流量净额与净利润之比大于1或等于1，通常说明会计收益的收现能力较强，经营活动现金流量质量与净利润质量较好；若小于1，则说明净利润可能受到人为操纵或存在大量应收账款，经营活动现金流量质量与净利润质量较差。

（二）投资活动产生的现金流量质量分析

从投资活动的目的分析，企业的投资活动主要有三个目的：

（1）为企业正常生产经营活动奠定基础，如购建固定资产、无形资产和其他长期资产等。

（2）为企业对外扩张和其他发展性目的进行权益性投资和债权性投资。

（3）利用企业暂时不用的闲置货币资金进行短期投资，以求获得较高的投资收益。

投资活动产生的现金流量净额反映企业固定资产投资及权益性、债权性投资业务的现金流量情况。投资活动现金流出会对企业未来的市场竞争力产生影响，其数额较大时，应对相关投资行为的可行性做相应的分析了解。对于投资活动产生的现金流量质量，可通过以下表现形式进行分析。

1. 投资活动产生的现金流量净额小于零

投资活动产生的现金流量净额小于零，意味着企业在购建固定资产、无形资产和其他长期资产、权益性投资以及债权性投资等方面所流出的现金之和，大于企业因收回投资，分得股利或利润，取得债券利息收入，处置固定资产、无形资产和其他长期资产而流入的现金净额之和。

通常情况下，企业投资活动的现金流量处于"入不敷出"的状态，投资活动所需资金的"缺口"可以通过以下几种方式解决：

（1）消耗企业现存的现金积累。

（2）利用经营活动积累的现金进行补充。

（3）在不能挤占经营活动的现金的条件下，通过贷款融资渠道对外融资。

（4）在没有贷款融资渠道的条件下，可通过适度拖延债务支付时间或扩大投资活动的负债规模来解决。

在企业的投资活动符合企业的长期规划和短期计划的条件下，投资活动产生的现金流量净额小于零，表明企业扩大再生产的能力较强，同时也表明企业进行产业及产品结构调整的能力或参与资本市场运作实施股权及债权投资的能力较强，是投资活动现金流量的正常状态。企业投资活动的现金流出大于流入的部分，将由经营活动的现金流入量来补偿。例如，企业的固定资产、无形资产购建支出，将由未来使用有关固定资产和无形资产会计期间的经营活动的现金流量来补偿。

2. 投资活动产生的现金流量净额大于或等于零

投资活动产生的现金流量净额大于或等于零，意味着企业在投资活动方面的现金流入量大于或等于流出量。

这种情况的发生，如果是企业在本会计期间的投资回收的规模大于投资支出的规模，表明企业资本运作收效显著、投资回报及变现能力较强；如果是企业处理手中的长期资产以求变现，则表明企业产业、产品结构将有所调整，或者未来的生产能力将受到严重影响，已经陷入深度的债务危机之中。因此，必须对企业投资活动的现金流量进行具体分析。

（三）筹资活动产生的现金流量质量分析

筹资活动现金流量反映了企业的融资能力和融资政策，可以通过以下表现形式进行质量分析。

1. 筹资活动产生的现金流量净额大于零

筹资活动产生的现金流量净额大于零，意味着企业在吸收权益性投资、发行债券以及借款等方面所收到的现金之和大于企业在偿还债务、支付筹资费用、分配股利或利润、偿付利息以及减少注册资本等方面所支付的现金之和。

在企业起步到成熟的整个发展过程中，筹资活动产生的现金流量净额往往大于零，通常表明企业通过银行及资本市场的筹资能力较强。例如，在企业处于发展的起步阶段，投资需要大量的资金，而此时企业经营活动的现金流量净额又多小于零，企业对现金的需求，主要通过筹资活动来解决。因此，分析企业筹资活动产生的现金流量净额大于零是否正常，关键要看企业的筹资活动是否已经纳入企业的发展规划，是企业管理层的主动行为，还是企业因投资活动和经营活动的现金流出失控不得已而为之的被动行为。

2. 筹资活动产生的现金流量净额小于零

筹资活动产生的现金流量净额小于零，意味着企业筹资活动收到的现金之和小于企业筹资活动支付的现金之和。

这种情况的出现，如果是企业在本会计期间集中发生偿还债务、支付筹资费用、分配股利或利润、偿付利息等业务，则表明企业经营活动与投资活动在现金流量方面运转较好，自身资金周转已经进入良性循环阶段，经济效益得到增强，从而使企业支付债务本息和股利的能力加强。如果是由于企业在投资和企业扩张方面没有更多作为造成的，或者是丧失融资信誉造成的，则表明筹资活动产生的现金流量质量较差。

(四) 现金及现金等价物净增加额质量分析

1. 现金及现金等价物净增加额为正数

企业的现金及现金等价物净增加额为正数，如果是由经营活动产生的现金流量净额引起的，通常表明企业经营状况好，收现能力强，坏账风险小；如果是由投资活动产生的，甚至是由处置固定资产、无形资产或其他长期资产引起的，则表明企业生产经营能力衰退，或者是企业为了走出不良境地而调整资产结构，须结合资产负债表和利润表做深入分析；如果是由筹资活动引起的，则意味着企业未来将支付更多的本息或股利，需要未来创造更多的现金流量净增加额，才能满足偿付的需要，否则，企业就可能承受较大的财务风险。

2. 现金及现金等价物净增加额为负数

企业的现金及现金等价物净增加额为负数，通常是一个不良信息。但如果企业经营活动产生的现金流量净额是正数，且数额较大，而企业整体上现金流量净额减少主要是由固定资产、无形资产或其他长期资产投资引起的，或主要是由对外投资引起的，则可能是企业为了进行设备更新或扩大生产能力或投资开拓更广阔的市场，此时现金流量净额减少并不意味着企业经营能力不佳，而是意味着企业未来可能有更大的现金流入。同样情况下，如果企业现金流量净额减少主要是由于偿还债务及利息引起的，这就意味着企业未来用于偿债的现金将减少，企业财务风险变小，只要企业生产经营保持正常运转，企业就不会走向衰退。

二、企业现金流量质量分析实例——A 公司现金流量质量分析

根据表 4-1 的 A 公司 2018 年现金流量表和表 4-2 现金流量表补充资料，对 A 公司 2018 年现金流量质量进行分析。

表 4-1　现金流量表（比较表）

会企 03 表

编制单位：A公司　　　　　　　　　2018 年 12 月　　　　　　　　　单位：万元

项　　目	本 期 金 额	上 期 金 额
一、经营活动产生的现金流量：		
销售商品、提供劳务收到的现金	765 864	578 296
收到的税费返还	—	17
收到其他与经营活动有关的现金	25 514	33 489
经营活动现金流入小计	791 378	611 802
购买商品、接受劳务支付的现金	261 591	191 851
支付给职工以及为职工支付的现金	204 370	148 835
支付的各项税费	37 271	24 265
支付其他与经营活动有关的现金	148 159	113 811
经营活动现金流出小计	651 391	478 761
经营活动产生的现金流量净额	139 987	133 040
二、投资活动产生的现金流量：		
收回投资收到的现金	46 477	6 244
取得投资收益收到的现金	4 604	3 997
处置固定资产、无形资产和其他长期资产所收回的现金净额	207	259
处置子公司及其他营业单位收到的现金净额	—	—
收到其他与投资活动有关的现金	—	—
投资活动现金流入小计	51 288	10 500
购建固定资产、无形资产和其他长期资产支付的现金	81 069	60 555
投资支付的现金	110 822	31 584
取得子公司及其他营业单位支付的现金净额	39 858	183 375
支付其他与投资活动有关的现金	0	5 386
投资活动现金流出小计	231 749	280 900
投资活动产生的现金流量净额	−180 461	−270 400
三、筹资活动产生的现金流量：		
吸收投资收到的现金	6 968	178 549
其中：子公司吸收少数股东投资收到的现金	3 222	2 870
取得借款收到的现金	53 723	166 785
收到其他与筹资活动有关的现金	6 668	—
筹资活动现金流入小计	67 359	345 334
偿还债务支付的现金	63 010	19 057
分配股利、利润或偿付利息支付的现金	57 641	22 022
其中：子公司支付给少数股东的股利、利润	4 998	2 614
支付其他与筹资活动有关的现金	26 984	7 029
筹资活动现金流出小计	147 635	48 108
筹资活动产生的现金流量净额	−80 276	297 226
四、汇率变动对现金及现金等价物的影响	261	−818
五、现金及现金等价物净增加额	−120 489	159 048
加：期初现金及现金等价物余额	230 084	71 036
六、期末现金及现金等价物余额	109 595	230 084

表4-2 A公司现金流量表补充资料

（单位：万元）

项 目	本 期 金 额	上 期 金 额
1. 将净利润调节为经营活动现金流量		
净利润	106 585	79 276
加：资产减值准备	18 556	4 099
固定资产折旧、油气资产折耗、生产性物资折旧	23 931	18 221
无形资产摊销	2 349	1 435
长期待摊费用摊销	10 998	9 445
处置固定资产、无形资产和其他长期资产的损失	355	160
固定资产报废损失（收益以"－"号填列）	—	—
公允价值变动损失（收益以"－"号填列）	3 843	—
财务费用	5 488	2 849
投资损失（收益以"－"号填列）	−4 622	−3 997
递延所得税资产减少（增加以"－"号填列）	−1 047	1 353
递延所得税负债增加（减少以"－"号填列）	320	−165
存货的减少（增加以"－"号填列）	−8 523	−6 685
经营性应收项目的减少（增加以"－"号填列）	−33 088	−23 732
经营性应付项目的增加（减少以"－"号填列）	14 250	52 191
其他	592	−1 410
经营活动产生现金流量净额	139 987	133 040
2. 不涉及现金收支的重大投资和筹资活动		
债务转为资本	—	—
一年内到期的可转换公司债券	—	—
融资租入固定资产	—	—
3. 现金及现金等价物净变动情况：		
现金的期末余额	109 595	230 084
现金的期初余额	230 084	71 036
现金等价物的期末余额	—	—
现金等价物的期初余额	—	—
现金及现金等价物的净增加额	−120 489	159 048

从表4-1可以看出，A公司2018年经营活动现金流量净额约为14亿元，比上年度增加约0.69亿元，与前述营业收入增长保持同步，表明公司经营活动获取现金的能力较强。同时，根据表4-2 A公司现金流量表补充资料，将A公司2018年经营活动产生的现金流量净额与当年净利润进行比较还可以看出，经营活动产生的现金流量净额是当年净利润的1.31倍，一方面表明公司净利润质量高，另一方面也再次显示经营活动现金流量质量比较好。

从表4-1还可以看出，A公司2018年投资活动现金流量净额约为−18.05亿元，数额较大，与经营活动现金流量净额约14亿元相比，已经不在公司可承受范围内，需要外部资金来解决公司的对内、对外投资。再结合2018年A公司资产负债表（见表2-3）可以发现，投资活动现金流出与该公司可供出售金融资产增加3.61亿元和固定资产原值增加近3.34亿元存在直接关联，一方面表明公司开始注意利用富余的资金对外投资，另一方面也表明公司仍处于比较强劲的发展中。公司的投资活动与正常生产经营活动相协调，是确保投资活动现金流量质量的必然要求。

另外，从表4-1还可以看出，A公司筹资活动现金流量净额约为 –8.03 亿元，主要是偿还借款、向股东分配股利以及收购部分少数股权的结果，表明2018年A公司筹资活动现金流量状况是正常的，不存在质量问题。

综上所述，A公司2018年度现金流量质量是好的，而且是整体性的好。

同步训练

（一）填空题

1. 现金流量的质量是指企业的_____能够按照企业的预期目标进行运转的状态。

2. 与净利润相比，_____所产生的现金净流量的多少，能够更确切地反映企业的经营质量。

3. 按照权责发生制原则的要求而确认的_____和_____属于非付现成本。

4. 经营活动产生的现金流量净额大于零，意味着企业具有_____的能力，通常表明企业生产经营状况较好。

（二）单项选择题

1. 对现金流量表进行分析的最根本目的是（　　）。
   A. 了解企业的现金净流量　　　B. 了解经营活动现金流量
   C. 预测企业未来现金流量　　　D. 了解投资活动现金流量

2. 以下体现企业收益质量好坏的指标是（　　）。
   A. 现金净流量的大小　　　　　B. 营运指标
   C. 现金充足性比率　　　　　　D. 每股经营现金流量

3. 在企业持续经营状态下，以下说法正确的是（　　）。
   A. 经营活动现金流入量占现金总流入量的比重越大越好
   B. 筹资活动产生的现金净流量越大越好
   C. 投资活动产生的现金净流量越大越好
   D. 企业的现金净流量必须与净利润相等

4. 在企业处于发展阶段，投资活动现金流量往往是（　　）。
   A. 流入量大于流出量　　　　　B. 流出量大于流入量
   C. 流入量等于流出量　　　　　D. 不一定

5. 在企业处于收缩关闭阶段，筹资活动现金流量往往是（　　）。
   A. 流入量大于流出量　　　　　B. 流出量大于流入量
   C. 流入量等于流出量　　　　　D. 不一定

6. 分配股利所支付的现金属于（　　）。
   A. 经营活动现金净流量增加　　B. 经营活动现金流出量增加
   C. 筹资活动现金净流量减少　　D. 投资活动现金流出量增加

（三）多项选择题

1. 以下关于企业现金流量质量好表述正确的有（　　）。
   A. 企业现金流量净增加额越大越好

B. 经营活动产生的现金流量净额越大越好

C. 经营活动产生的现金流量净额与净利润相匹配

D. 投资活动产生的现金流量净额越大越好

E. 筹资活动产生的现金流量净额越大越好

2. 企业现金流量质量良好的标志体现在（　　）两个方面。

A. 现金流量状态与企业发展战略相呼应　　　B. 效益性

C. 经营活动现金净流量与经营利润相对应　　　D. 相关性

3. 以下关于企业现金流量状况表述正确的有（　　）。

A. 经营活动现金流入量大于流出量好

B. 在任何情况下投资活动现金流入量大于流出量好

C. 在任何情况下筹资活动现金流入量大于流出量好

D. 在任何情况下筹资活动现金流入量小于流出量好

E. 筹资活动现金流入流出比与投资活动现金流入流出比相协调为好

（四）判断题

（　　）1. 固定资产折旧不影响当期现金流量的变动。

（　　）2. 企业分配股利必然引起现金流出量增加。

（　　）3. 支出利息将对筹资活动现金流量和经营活动现金流量产生影响。

（　　）4. 现金流量表既反映企业财务状况，又反映企业盈利质量。

（　　）5. 在企业三项活动现金净流量中，如果经营活动现金净流量的增长远远高于筹资活动现金净流量的增长，表明企业进入了经营成熟期。

（　　）6. 在企业三项活动现金净流量中，投资活动的现金净流量如果为正数，表明企业生产经营进入了最佳状态。

（　　）7. 在企业现金流量结构中，最理想的状态是经营活动现金流量为正，投资活动现金净流量为负，筹资活动现金流入流出持平，并且全部现金净流量为正。

（　　）8. 在企业生产经营成长期，筹资活动现金流入量往往大于流出量，而投资活动现金流出量肯定大于流入量。

任务二　企业现金流量趋势分析

对现金流量表进行分析，一个重要的意义就是预测企业未来现金流量的可能状况。但是，单看企业一个时期的现金流量表并不能准确判断企业财务状况和经营成果变动的原因，不能有效预测企业未来的现金流量状况，只有对连续数期的现金流量表进行比较分析，才能了解哪些项目发生了变化，并从中掌握其变动趋势，从大局上把握企业的发展方向，进而做出正确的决策。

一、企业现金流量趋势分析基本知识

（一）现金流量趋势分析的内容及方法

现金流量的趋势分析是根据企业三年或三年以上的现金流量资料，观察企业现金流入、流出的长期变动趋势，并根据此趋势预测企业未来现金流入、流出可能达到的水平。现金流量趋势分析的方法有三种：定比分析法、环比分析法和平均增长率分析法。

1. 经营活动现金流量趋势定比分析

现金流量趋势定比分析是将各年现金流量的增减额与某一固定时期的现金流量水平进行对比，反映企业各期现金流量与固定时期相比的总增长变化情况。

2. 经营活动现金流量趋势环比分析

现金流量趋势环比分析是将各年现金流量的逐期增加额，与其前一年的现金流量水平进行对比，反映企业各期现金流量比其前一期增长变化的情况。

两种方法相比，定比分析主要用于说明企业现金流量在一个比较长的时期内总的发展变化情况；环比分析主要用于说明企业现金流量各期发展变化的情况。

3. 经营活动现金流量平均增长率分析

为了避免定比和环比分析中经营活动现金流量增长变动受经营活动短期波动因素的影响，可以通过计算连续三年的经营活动现金流量平均增长率，来反映企业在较长时期内的经营活动现金流量增长情况，从经营活动现金流量的长期增长趋势和稳定程度来判断企业现金流量趋势。具体计算分析时，可就经营活动主要项目的现金流入流出和经营活动产生的现金流量净额进行增长变动分析。

（二）现金流量趋势分析应注意的问题

现金流量趋势分析，不能单纯就某个项目的变动进行孤立分析，要结合表中项目与项目之间、表与表之间有关项目的相互联系进行分析，只有这样才能全面、准确地对企业现金流量的变化趋势进行分析评价。分析时，尤其应注意以下几点：

（1）经营活动现金流量趋势分析，要将现金的流入、流出的变动同利润表中营业收支变动结合起来；经营活动现金流量净额的变动同经营活动现金流入、流出的变动结合起来。

（2）投资活动现金流量趋势分析与资产负债表中固定资产、在建工程等长期资产的变动结合起来；投资活动现金流出趋势分析与筹资活动现金流入趋势分析相结合。

（3）筹资活动现金流出趋势分析与经营活动现金流量净额趋势分析相结合。

（4）现金流量的趋势分析有近三至五年的资料就可以了，资料选择的年限太长，不仅加大了工作量，而且与当期相关性弱。

二、企业现金流量趋势分析实例

1. A 公司 2016～2018 年经营活动现金流量定比分析

根据表 4-3 提供的 A 公司 4 年经营活动现金流量数据，对该公司三年经营活动现金流量进行定比变动趋势分析，定比计算数据见表 4-4。

表 4-3 A 公司 2015~2018 年经营活动现金流量表

(单位：万元)

项 目	2015 年	2016 年	2017 年	2018 年
1. 销售商品、提供劳务收到的现金	313 081	395 045	578 296	765 864
2. 收到的税费返还	65	—	17	—
3. 收到其他与经营活动有关的现金	6 219	11 351	33 489	25 514
4. 经营活动现金流入小计	319 365	406 396	611 802	791 378
5. 购买商品、接受劳务支付的现金	108 575	138 639	191 851	261 591
6. 支付给职工以及为职工支付的现金	78 823	105 353	148 835	204 370
7. 支付的各项税费	15 014	16 959	24 264	37 271
8. 支付其他与经营活动有关的现金	64 737	77 935	113 811	148 159
9. 经营活动现金流出小计	267 148	338 886	478 761	651 391
10. 经营活动产生的现金流量净额	52 217	67 510	133 041	139 987

表 4-4 A 公司 2016~2018 年经营活动现金流量定比增长率计算表

(%)

项 目	2015 年	2016 年	2017 年	2018 年
1. 销售商品、提供劳务收到的现金	100	126.18	184.71	244.62
2. 收到的税费返还	100	—	26.15	—
3. 收到其他与经营活动有关的现金	100	182.53	538.49	410.25
4. 经营活动现金流入小计	100	127.25	191.57	247.80
5. 购买商品、接受劳务支付的现金	100	127.69	176.70	240.93
6. 支付给职工以及为职工支付的现金	100	133.66	188.82	259.28
7. 支付的各项税费	100	112.95	161.62	248.24
8. 支付其他与经营活动有关的现金	100	120.39	175.81	228.86
9. 经营活动现金流出小计	100	126.85	179.21	243.83
10. 经营活动产生的现金流量净额	100	129.29	254.78	268.09

通过表 4-4 可以看出，A 公司的经营活动现金流量净额定比均为增长，并呈逐年递增的趋势，与各主要经营活动项目的现金流量的增长方向一致，表明三年来公司经营活动现金流量总体走势良好，现金充足。结合利润表我们还可以发现，公司经营活动现金流量与公司营业收入和营业成本的增长保持一致，说明公司经营活动处于平稳增长的状态。

从 2015 年开始，"购买商品、接受劳务支付的现金"和"支付给职工以及为职工支付的现金"的增长幅度，与"销售商品、提供劳务收到的现金"的增长幅度基本相当，表明公司经营稳定、可持续状态良好，应该保持下去。

2. A 公司 2016~2018 年经营活动现金流量环比分析

根据表 4-3 提供的 A 公司 4 年经营活动现金流量数据，对该公司近三年经营活动现金流量进行环比变动趋势分析，环比计算数据见表 4-5。

表 4-5　A 公司 2016～2018 年经营活动现金流量环比增长率计算表

(%)

项　目	2016 年	2017 年	2018 年
1. 销售商品、提供劳务收到的现金	26.18	46.39	32.43
2. 收到的税费返还	—	—	—
3. 收到其他与经营活动有关的现金	82.53	195.03	−23.81
4. 经营活动现金流入小计	27.25	50.54	29.35
5. 购买商品、接受劳务支付的现金	27.69	38.38	36.35
6. 支付给职工以及为职工支付的现金	33.66	41.27	37.31
7. 支付的各项税费	12.95	43.08	53.60
8. 支付其他与经营活动有关的现金	20.39	46.03	30.18
9. 经营活动现金流出小计	26.85	41.27	36.06
10. 经营活动产生的现金流量净额	29.29	97.07	5.22

通过表 4-5 可以看出，A 公司的经营活动现金流量净额环比呈每年增长趋势，2017 年增长的较为突出，主要是本期营业收入增加所致。除"收到其他与经营活动有关的现金"项目外，与各项经营活动项目的现金流量的增长方向一致，说明公司经营活动的现金流量是健康稳定的。

从表 4-5 还可以看出，"销售商品、提供劳务收到的现金"三年中增长幅度均在 25% 以上，有减缓的趋势，应该是与基数的扩大有关，公司的经营活动保持了平稳增长势头，而且与公司营业收入的增长（结合利润表分析）基本保持一致，表明公司处于良好的可持续状态。

但是，从表 4-5 还可以进一步发现，"购买商品、接受劳务支付的现金"项目 2016 年和 2018 年的增长幅度高于"销售商品、提供劳务收到的现金"项目增长的幅度，表明由于物价上涨使公司采购成本加大，造成采购现金流出增长幅度高于营业收入现金流入增长幅度，会给公司经营利润的增长带来压力。

另外，在表 4-5 中 2017 年 A 公司经营活动现金流量净额环比增长达 97.07%，也就是增长额几乎相当于 2016 年的数额，这主要是由于 2017 年经营规模大幅扩大所致，并非经营状况的突变。

总之，通过 A 公司经营现金流量环比分析表明，该公司现金流量总体走势良好，现金流量状况与经营状况基本保持一致，是比较理想的状态。

3. A 公司 2018 年经营活动现金流量平均增长分析

根据表 4-3 提供的 A 公司 2015、2018 年现金流量数据，对该公司经营活动现金流量三年平均增长趋势进行简要分析，平均增长率计算数据见表 4-6。

表 4-6　A 公司 2018 年经营活动现金流量三年平均增长率计算表（主要项目）

(单位：万元)

项　目	2015 年	2018 年	三年平均增长率（%）
1. 销售商品、提供劳务收到的现金	313 081	765 864	34.74
2. 经营活动现金流入小计	319 365	791 378	35.32
3. 购买商品、接受劳务支付的现金	108 575	261 591	34.06
4. 经营活动现金流出小计	267 148	651 391	34.60
5. 经营活动产生的现金流量净额	52 217	139 987	38.92

通过表4-6可以看出，A公司经营活动中"销售商品、提供劳务收到的现金"平均增长率与"经营活动现金流入小计"平均增长率基本一致，都保持高速增长，一方面说明公司经营活动的现金流入是健康稳定的，另一方面也说明销售商品、提供劳务收到的现金是公司经营活动现金流入的决定因素。

从表4-6还可以看出，A公司经营活动中"购买商品、接受劳务支付的现金"平均增长率与"经营活动现金流出小计"平均增长率基本保持一致，说明公司经营活动现金流量控制有效，采购现金流出能够保持在一定的范围之内。公司经营活动现金流出平均增长率与经营活动现金流入平均增长率基本一致，说明公司在保持稳定营业收益的同时，对经营活动中的付现成本费用可以有效控制，并最终实现了"经营活动产生的现金流量净额"38.92%的平均增长率。

从A公司经营活动现金流量三年平均增长率分析中，可以看出该公司经营活动现金流量走势良好，现金流量状况健康稳定。

同步训练

（一）填空题

1. 现金流量趋势分析的方法有三种：_____、_____和_____。
2. 经营活动现金流量趋势分析，要将现金的流入、流出变动同利润表中_____变动结合起来。
3. 投资活动现金流量趋势分析与资产负债表中_____、_____等长期资产的变动结合起来。
4. 投资活动现金流出趋势分析与_____现金流入趋势分析相结合。
5. 筹资活动现金流出趋势分析与经营活动_____趋势分析相结合。

（二）单项选择题

1. 下面说法正确的是（　　）。
   A. 经营活动现金流入、流出的变动趋势与投资活动现金流入、流出的变动趋势相同
   B. 投资活动现金流入、流出的变动趋势与筹资活动现金流入、流出的变动趋势相反
   C. 筹资活动现金流入、流出的变动趋势与经营活动现金流入、流出的变动趋势相同
   D. 投资活动现金流入、流出的变动趋势与筹资活动现金流入、流出的变动趋势相同
2. 下面说法正确的是（　　）。
   A. 经营活动现金净流量变动趋势与投资活动现金净流量变动趋势同方向
   B. 投资活动现金净流量变动趋势与筹资活动现金净流量变动趋势同方向
   C. 筹资活动现金净流量变动趋势与经营活动现金净流量变动趋势一般同方向
   D. 经营活动现金流入变动趋势与经营活动现金流出变动趋势一般同方向

（三）多项选择题

1. 现金流量趋势分析的方法有（　　）。
   A. 定比分析　　　　B. 环比分析　　　　C. 结构分析　　　　D. 平均增长率分析
2. 以下说法正确的有（　　）。
   A. 经营活动现金流量趋势分析与经营收支分析相结合
   B. 投资活动现金流量趋势分析与筹资活动现金流量趋势分析相结合
   C. 筹资活动现金流量趋势分析与经营活动现金流量分析相结合

D. 投资活动现金流量趋势分析与长期资产增减分析相结合

3. 以下关于企业现金流量趋势分析表述正确的有 （　　　）。

A. 经营活动现金流入变动趋势与经营收入变动趋势呈正相关

B. 经营活动现金净流量变动趋势与经营状况的好坏呈正相关

C. 投资活动现金净流量变动趋势与筹资活动现金净流量变动趋势呈正相关

D. 投资活动现金流出变动趋势与筹资活动现金流入变动趋势呈正相关

（四）判断题

（　　　）1. 经营活动现金流入变动趋势与经营活动现金流出变动趋势是两回事。

（　　　）2. 投资活动现金净流量变动趋势与筹资活动现金净流量变动趋势相同。

（　　　）3. 经营活动现金净流量变动趋势与投资活动现金净流量变动趋势没有直接联系。

（　　　）4. 经营活动现金净流量变动趋势与筹资活动现金净流量变动趋势没有直接联系。

（　　　）5. 如果企业经营活动现金流入流出和其净流量保持同步增长，其发展趋势肯定不好。

任务三　企业现金流量结构分析

一、企业现金流量结构分析基本知识

（一）现金流量结构分析的意义

现金流量结构可以划分为现金流入结构、现金流出结构和现金流量净额结构。现金流量结构分析就是以这三类结构中某一类或一类中某个项目占其总体的比重所进行的分析。通过结构分析可以具体了解现金主要来自哪里，主要用于何处，以及净现金流量是如何构成的，并可进一步分析个体（即项目）对总体所产生影响、发生变化的原因和变化的趋势，从而有利于对现金流量做出更准确的评价。

现金流量结构分析一般采用结构百分比法进行。其计算公式为

$$比重 = 某一类或一类中某个项目金额 \div 总体金额$$

（二）现金流入结构分析

现金流入结构分析分为总流入结构分析和内部流入结构分析。总流入结构分析是对企业经营活动现金流入、投资活动现金流入和筹资活动现金流入在全部现金流入中所占比重进行分析；内部流入结构分析是对各项业务活动现金流入中具体项目的流入构成情况进行分析。通过现金流入结构分析，可以了解企业的现金来自何方，明确各现金流入项目在结构中的比重，分析存在的问题，为增加现金流入提供决策依据。

在现金流入结构具体分析中，可以通过将不同时期的构成比重进行对比，评价企业自身经营创造现金能力的强弱。通常情况下，经营活动现金流入所占现金总流入的比重越高，表明企业的财务基础越稳固，企业持续经营及获利能力的稳定程度越高，收益质量越好，抗风险能力

也越强。反之，则说明企业现金的获得要依靠投资和筹资活动，财务基础薄弱，持续稳定获利的能力低，收益质量差。而在经营活动现金流入中，销售商品、提供劳务所收到的现金占比越高，表明企业经营活动开展越有成效，经营基础越好，获利能力也越强。

（三）现金流出结构分析

现金流出结构分析同样分为总流出结构分析和内部流出结构分析。总流出结构分析是对企业经营活动现金流出、投资活动现金流出和筹资活动现金流出在全部现金流出中所占比重进行分析；内部流出结构分析是对各项业务活动现金流出中具体项目的流出构成情况进行分析。通过现金流出结构分析，可以了解企业的现金流向何方，明确各现金流出项目在结构中的比重，分析存在的问题，为控制现金流出提供决策依据。

在现金流出结构具体分析中，也可以通过将不同时期的构成比重进行对比，评价企业现金流出的合理性。通常情况下，经营活动现金流出所占现金总流出的比重越高，表明企业生产经营越成熟，获利的能力越强。反之，则可能说明企业生产经营处于起步或衰退阶段，获利能力较弱。而在经营活动现金流出中，购买商品、接受劳务所支付的现金占比越高，表明企业经营活动开展正常，经营基础较好，获利的可能性越高。

（四）现金流量净额结构分析

现金流量净额结构分析是对经营活动、投资活动、筹资活动以及汇率变动影响的现金流量净额占全部现金净流量的比重进行分析。通过现金流量净额结构分析，了解企业的现金流量净额是如何形成与分布的，进而对经营活动、投资活动、筹资活动的现金流入与流出进行比较，找出影响现金流量净额的因素，为改进企业现金流量状况提供依据。

（五）现金流量结构分析应注意的问题

现金流量结构分析要结合企业所处的经营周期，企业处于不同的经营周期，其现金流量结构会有所不同，应根据企业所处的经营周期确定分析的重点。现金流量结构分析具体应注意以下几点：

（1）对处于开发期的企业，经营活动现金流量可能为负，我们应重点分析企业的筹资活动，分析其资本金是否足值到位，流动性如何，企业是否过度负债，有无继续筹措足够经营资金的可能；同时判断其投资活动是否适合经营需要，有无出现资金挪用或费用化现象。对于开发过程中对外筹措的资金，应通过现金流量预测分析将还款期限定于经营活动可产生净流入的时期。

（2）对处于成长期的企业，经营活动现金流量应该为正，我们要重点分析其经营活动现金流入、流出结构，分析其货款回笼速度、赊销是否得当，了解成本、费用控制情况，预测企业发展空间。同时，我们要关注这一阶段企业有无过分扩张导致债务增加的情况。

（3）对处于成熟期的企业，投资活动和筹资活动趋于正常化或适当萎缩，我们要重点分析其经营活动现金流入是否有保障，经营活动现金流入增长与营业收入增长是否匹配；同时关注企业是否过分支付股利和盲目对外投资，有无资金外流情况。

（4）对处于衰退期的企业，经营活动现金流量开始萎缩，我们要重点分析其投资活动在收回投资过程中是否获利，有无冒险性的扩张活动，同时要分析企业是否及时缩减负债，减少利息负担。

二、企业现金流量结构分析实例

（一）A公司近三年（2016~2018）总体现金流量状况

1. A公司2017、2018年现金流量增减变动情况

A公司2017、2018年现金流量增减变动见表4-7。

表4-7 A公司2017、2018年现金流量增减变动表

（单位：万元）

项 目	年 份				
	2016年	2017年	2018年	2017年增减额（变动率）	2018年增减额（变动率）
经营活动现金流入小计	406 396	611 802	791 378	205 406（50.54）	179 576（29.35）
经营活动现金流出小计	338 886	478 761	651 391	139 875（41.27）	172 630（36.06）
经营活动产生的现金流量净额	67 510	133 041	139 987	65 531（97.07）	6 946（5.22）
投资活动现金流入小计	39 826	10 500	51 288	−29 326（−73.64）	40 788（388.46）
投资活动现金流出小计	114 148	280 900	231 749	166 752（146.08）	−49 151（−17.50）
投资活动产生的现金流量净额	−74 322	−270 400	−180 461	−196 078（−263.82）	89 939（33.26）
筹资活动现金流入小计	43 612	345 334	67 359	301 722（691.83）	−277 975（−80.49）
筹资活动现金流出小计	31 389	48 108	147 635	16 719（53.26）	99 527（206.88）
筹资活动产生的现金流量净额	12 222	297 226	−80 276	285 004（2 331.89）	−377 502（−127.01）
现金及现金等价物净增加额	5 513	159 048	−120 489	153 535（2 784.96）	−279 537（−175.76）

2. A公司2017、2018年现金流量增减变动重大事项说明

（1）2017年经营活动现金流入同比增加50.54%，2018年同比增加29.35%，主要是报告期经营规模扩大、营业收入增加所致。

（2）2017年经营活动现金流出同比增加41.27%，2018年同比增加36.06%，与收入增长类似，也是报告期经营规模扩大、支付采购款、支付税费以及为职工支付薪酬等增加所致。

（3）2017年，投资活动现金流入同比下降73.64%，主要是由于本期可供出售金融资产到期的款项减少所致。2018年，投资活动现金流入同比增加388.46%，主要是本期购买的理财产品到期收回本金所致。

（4）2017年，投资活动现金流出同比增加146.08%，主要是由于本期投资收购境内外子公司所致。2018年，投资活动现金流出同比下降17.50%，主要是本期收购股权的支付较同期减少所致。

（5）2017年，筹资活动现金流入同比增加691.83%，主要是本期非公发行募集资金及境外长期借款增加所致。2018年，筹资活动现金流入同比下降80.49%，主要是本期筹资活动大量减少所致。

（6）2017年，筹资活动现金流出同比增加53.26%，主要是本期偿还短期借款及偿付利息增加所致。2018年，筹资活动现金流出同比增加206.88%，主要是本期偿还借款、向股东分配股利增加以及收购部分少数股权所致。

（7）2017年，现金及现金等价物净增加额同比增加2 784.96%，主要是经营规模扩大、营业收入增长及本期非公开发行股票募集资金所致。2018年，现金及现金等价物净增加额同比下降175.76%，主要是本期筹资活动现金流入大量减少所致。

（二）A公司2018年度现金流量结构分析

根据表4-1A公司2018年度现金流量表所提供的数据，对A公司经营活动现金流量结构进行分析（投资活动与筹资活动略）。A公司2018年经营活动现金流量结构分析计算数据见表4-8。

表4-8　A公司2018年经营活动现金流量结构分析数据计算表

项目	流入（万元）	流出（万元）	净流量（万元）	内部结构（%）	流入结构（%）	流出结构（%）	净流量结构（%）
销售商品劳务	765 864			96.78			
其他现金流入	25 514			3.22			
现金流入小计	791 378			100.00	86.96		
购买商品劳务		261 591		40.16			
支付给职工		204 370		31.37			
支付各项税费		37 271		5.72			
其他现金流出		148 159		22.75			
现金流出小计		651 391		100		63.19	
经营流量净额			139 987				−115.93
现金流入总计	910 025				100		
现金流出总计		1 030 775				100	
现金流量净额			−120 750				100

表4-8所反映的A公司2018年经营活动现金流量结构分析计算数据，可以从以下几方面进行分析：

1. 现金流入结构分析

从表4-8中可以看出，A公司年度现金总流入中经营活动现金流入占86.96%，其他活动现金流入只占13.04%，说明公司的现金流入主要靠经营活动的现金流入，进而表明公司此时处于经营成熟期，且经营状况好、获现能力强、财务基础稳固。

经营活动现金流入中销售商品、提供劳务收到的现金占96.78%，其他现金流入只占3.22%，表明公司经营活动开展正常，应该保持下去。

2. 现金流出结构分析

从表4-8可以看出，A公司年度现金总流出中经营活动现金流出占63.19%，其他活动现金流出只占36.81%，与现金流入结构的状况有类似之处，是比较正常的结构。只是其他经营活动现金流出占比高达22.75%，与其他经营活动现金流入占比3.22%对照显得很不协调，说明公司经营管理中存在一定问题或出现了不正常状况，应引起管理层的重视。

经营活动现金流出中，购买商品和劳务占40.16%，同一般制造业相比占比较低，与该公司医疗行业的性质有直接关系；而支付给职工以及为职工支付的现金占比高达31.37%，同一般制造业相比占比较高，这也与该公司性质有关，表明由于医疗行业员工薪酬较高而付现人工成本高，是正常状况。

3. 现金流量净额结构分析

从表4-8可以看出，A公司2018年度经营活动产生的现金流量净额为正，而全部现金流量净额为负，表明经营活动创造的现金全部用于弥补投资活动和筹资活动现金流的不足后，仍然还有大量"亏空"，其原因主要是报告期内筹资活动产生的现金净流量出现大量赤字所致，也就是筹资活动本身现金流入与现金流出出现了大量"亏空"，而且本期投资活动仍然比较活跃，仅仅靠经营活动产生的现金净流量是远远不够的。关于这一点，可参照表4-7 "A公司2017、2018年现金流量增减变动表"中显示的投资活动和前述"A公司2017、2018年现金流量增减变动重大事项说明"加以理解。

从以上分析中不难得出，A公司2018年度经营活动现金流量结构是正常的、合理的。

同步训练

（一）填空题

1. 现金流量结构可以划分为_____、_____和_____。

2. 现金流入结构分析分为_____和_____。

3. 现金流量净额结构分析是对_____、_____、_____以及汇率变动影响的现金流量净额占全部现金净流量的比重进行分析。

（二）单项选择题

1. 观察企业现金流量状况是否良好的关键是看（　　　）。
   A. 筹资活动产生的现金净流量　　　　B. 经营活动产生的现金流量
   C. 现金净流量的大小　　　　　　　　D. 投资活动产生的现金流量

2. 下面说法正确的是（　　　）。
   A. 经营活动现金流入量占现金总流入量的比重越大越好
   B. 筹资活动产生的现金净流量越大越好
   C. 投资活动产生的现金净流量越大越好
   D. 企业的现金净流量必须与净利润相等

3. 下面说法不正确的是（　　　）。
   A. 现金流量结构分析的目的之一是了解现金主要来自哪里
   B. 现金流量结构分析的任务是评价企业现金流量结构合理性
   C. 筹资活动产生的现金净流量为正且占比大是好现象
   D. 经营活动产生的现金净流量为正且占比大是好现象

（三）多项选择题

1. 以下关于企业现金流量结构状况表述正确的有（　　　）。
   A. 投资活动产生的现金净流量所占比重越大越好
   B. 经营活动产生的现金净流量所占比重越大越好
   C. 筹资活动产生的现金净流量所占比重越小越好

D. 筹资活动产生的现金流量与投资活动产生的现金流量相匹配
2. 通常情况下，经营活动现金流入所占现金总流入的比重越高，表明企业（　　　）。
   A. 财务基础越稳固　　　　　　　　　B. 持续经营及获利能力的稳定程度越高
   C. 收益质量越好　　　　　　　　　　D. 抗风险能力越强
3. 通常情况下，经营活动现金流出所占现金总流出的比重越高，表明企业（　　　）。
   A. 生产经营越成熟　　　　　　　　　B. 获利的能力会越强
   C. 获利的能力弱　　　　　　　　　　D. 生产经营处于起步成长
4. 在经营活动现金流出中，购买商品、接受劳务所支付的现金占比越高，表明企业（　　　）。
   A. 经营活动开展正常　　　　　　　　B. 经营基础较好
   C. 获利的能力弱　　　　　　　　　　D. 获利的可能性越高

（四）判断题

（　　）1. 在企业现金流量结构中，最理想的状态是经营活动现金流量为正，投资活动现金净
流量为负，筹资活动现金流入流出持平，并且全部现金净流量为正。
（　　）2. 经营活动现金流出所占现金总流出的比重越高，表明企业生产经营处于起步或衰退
阶段。
（　　）3. 通过现金净流量结构分析，了解企业的现金净流量是如何形成与分布的。

任务四　企业现金流量比率分析

一、企业现金流量比率分析基本知识

现金流量比率是指现金流量与其相关项目数据相比所得的比值。现金流量比率分析是现金
流量分析的一种重要方式，在财务报表分析中占有重要的地位。利用现金流量与其他有密切关
系的项目数据相比进行比率分析，可以从现金流量角度对企业的偿债能力、支付能力、获现能
力、投资能力和收益质量等方面进行分析。

（一）反映偿债能力的现金流量比率

在项目二有关企业短期偿债能力分析中我们已经知道，一个企业的短期偿债能力，主要看
资产的流动性，即根据资产的变现速度和变现能力如何来评价。而在资产中，只有货币资金可
以直接用于偿还债务，现金等价物由于变现速度最为快捷，一般也可当作现金使用，其他资产
则不具备直接偿债的条件。因此，用现金流量来衡量和评价企业的偿债能力，应该是最稳健、
最能说明问题的。将现金流量比率与流动比率、速动比率、资产负债率等相结合，交互使用，
多角度观察，有利于对企业的偿债能力做出准确的判断与评价。

反映偿债能力的现金流量比率有：现金流量比率、债务保障率、到期债务本息保障率等。
表 4-9 为反映企业偿债能力的现金流量评价指标一览表。

表 4-9　反映企业偿债能力的现金流量评价指标一览表

指标名称	计算公式	指标意义
现金流量比率	经营活动现金净流量 ÷ 流动负债×100% 式中流动负债为期末数	反映企业现金流量对期末流动负债偿还的满足程度。该比值越高，表明企业经营活动产生的现金净流量对期末债务清偿的保障越强，也表明企业资产的流动性越好
债务保障率	经营活动现金净流量 ÷ 负债总额×100% 式中总负债为期末数	反映企业现金流量对其全部债务偿还的满足程度。该比值越高，企业偿还债务的能力越强，一般认为企业的债务保障率只要超过借款付息率，债权人的权益就有保障
到期债务本息保障率	经营活动现金净流量 ÷（到期债务 + 到期利息）×100% 式中，到期债务 = 一年内到期的长期债务 + 应付票据，到期利息通常以本期财务费用替代	反映企业经营活动现金净流量对到期债务及利息的满足程度。该保障率越高，企业偿还到期债务的能力越强，债权人的权益就越有保障

（二）反映支付能力的现金流量比率

现金支付能力是指企业获取现金以满足生产经营所需付现资金的能力。企业现金支付能力越强，表明企业适应经济环境变化和利用投资机会的能力越强。因此，企业进行现金支付能力分析，通常又称为企业财务弹性分析。

反映企业现金支付能力的现金流量比率主要有：现金股利保障比和现金投资保障比等。表4-10 为反映企业支付能力的现金流量评价指标一览表。

表 4-10　反映企业支付能力的现金流量评价指标一览表

指标名称	计算公式	指标意义
现金股利保障比	经营活动现金净流量 ÷ 现金股利	反映企业经营活动所产生的现金净流量对现金股利的保障程度。该比值越大，说明企业支付现金股利的能力越强；反之，则说明企业支付现金股利的能力越弱
现金投资保障比	经营活动现金净流量 ÷ 现金投资额 式中，现金投资额 = 投资活动现金流出 + 存货增加额	反映企业通过经营活动创造现金来适应经济环境变化和利用投资机会的能力。该比值越大，表明企业现金投资的保障程度越高，财务弹性越好，适应经济环境变化和利用投资机会的能力越强

（三）反映获现能力的现金流量比率

获取现金能力是指企业营业收入或投入资源创造现金的能力，其大小通过经营活动现金净流量与营业收入或投入资源之间的比值来衡量。这里的投入资源可以是总资产、净资产、普通股股本等。

反映获取现金能力的现金流量比率主要有：每元营业收入现金净流量、每股经营现金净流量和全部资产现金回收率等。表 4-11 为反映企业获现能力的现金流量评价指标一览表。

表4-11 反映企业获现能力的现金流量评价指标一览表

指标名称	计算公式	指标意义
每元营业收入现金净流量	经营活动现金净流量÷营业收入	反映企业通过营业获现现金的能力。该比率越大，表明企业获取现金的能力越强
每股经营现金净流量	经营活动现金净流量÷股本	反映公司每股资本金获取现金净流量的能力。每股经营现金净流量越多，表明企业获取现金的能力越强
全部资产现金回收率（资产的经营现金流量回报率）	经营活动现金净流量÷全部资产×100%	反映企业通过资产营运获取现金的能力。该比率越高，表明企业通过经营获取现金的能力越强

（四）反映投资能力的现金流量比率

投资能力是指企业通过经营活动和筹资活动创造的现金净流量能够满足投资活动现金需要的能力。

反映企业投资能力的现金流量比率主要有：投资活动融资比率和现金再投资比率等。表4-12为反映企业投资能力的现金流量评价指标一览表。

表4-12 反映企业投资能力的现金流量评价指标一览表

指标名称	计算公式	指标意义
投资活动融资比率	投资活动产生的现金净流量÷（经营活动产生的现金净流量＋筹资活动产生的现金净流量）	反映企业全部投资活动资金来源水平。该比率原则上应控制在｜0.5~0.8｜之间，如果大于1，将严重影响企业的现金支付，给财务造成压力；但是比率太低，有可能是企业缺乏投资作为或开始萎缩。为增强企业发展后劲，企业应不断加强对外扩展及资本化支出，不断开辟资金来源渠道，进行合理融资，增强经营活力，增加经营活动现金净流量，实现良性循环
现金再投资比率	（经营活动产生的现金净流量－现金股利－利息）÷再投资额×100% 式中，再投资额＝总资产－流动负债	反映企业进行再投资的能力。该比率达到8%~12%为理想水平；低于8%时，经营活动产生的现金净流量将满足不了投资活动对现金的需要，会给财务带来压力；高于12%时，意味着经营活动现金净流量过于充足，或者投资不足，还可能是投资机会太少，这些都不是企业所希望的

（五）反映收益质量的现金流量比率

收益质量是指企业收益的含金量，即收益中有多少已经取得现金，或收益中收到现金的比率有多大，收现比率越大，收益质量越高。

评价收益质量的现金流量比率主要有现金营运指数和盈余现金保障倍数等。表4-13是反映企业收益质量的现金流量评价指标一览表。

表 4-13　反映企业收益质量的现金流量评价指标一览表

指标名称	计算公式	指标意义
现金营运指数	经营活动现金净流量÷经营活动应得现金 式中，经营活动应得现金＝经营活动净收益＋非付现费用；经营活动净收益＝净收益－非经营收益	反映企业收益质量。该指标值保持在1左右，或在连续几个会计期间综合为1，则表明收益质量是好的
盈余现金保障倍数	经营活动现金净流量÷净利润	反映企业当期实现净利润的现金保障程度。该指标值越大，表明净利润的质量越好；如果该指标值过小，则说明企业账面在获取利润的过程中经营活动的现金流入不足，甚至有操纵账面利润的可能

二、企业现金流量比率分析实例

（一）反映偿债能力的现金流量比率分析

根据表 4-1、表 2-3 和表 2-4A 公司现金流量表和资产负债表相关数据，对反映 A 公司偿债能力的现金流量比率进行计算分析，计算数据与计算结果见表 4-14。

表 4-14　反映偿债能力的现金流量比率分析计算表

	项　目	2016 年	2017 年	2018 年	2018 年行业均值
相关数据	经营活动现金净流量（万元）	67 510	133 041	139 987	
	流动负债（万元）	94 146	212 013	204 151	
	负债总额（万元）	112 890	384 078	365 603	
	到期债务本息（万元）	649	32 301	16 072	
财务指标	现金流量比率（%）	71.71	62.75	68.57	6.9
	债务保障率（%）	59.80	34.64	38.29	4.8
	到期债务本息保障率（%）	10 402.16	411.88	871.00	103.2

从表 4-14 可以看出，一方面，A 公司三年中经营活动现金流量比率均在 60% 以上，表明公司的现金偿债能力很强，企业资产的流动性较好；另一方面，三年中经营活动债务保障率在 2017 年大幅下降，2018 年有所回升，表明 2017 年长期借款增长幅度较大，主要是本期收购美国、欧洲项目增加长期借款所致。

从表 4-14 还可以看出，A 公司 2016 年到期债务本息保障率高得不可想象，表明公司对到期债务的清偿能力极强。之所以出现这种状况，是因为该公司长期负债很少，又没有应付票据，但这是不是好事呢？不是。从理财的角度看，该公司经营状况与盈利水平如此之好（见前面利润表分析），本应充分利用杠杆效应来获取更多收益，但该公司自上市以来资产负债率一直很低。2017 年对于该公司可能是一次改变，公司首次大规模利用负债来扩大经营规模，资产负债率第一次突破 30% 且达到 41.24%（参见资产负债表分析）。

另外，表 4-14 还显示，A 公司三年中反映偿债能力的现金流量比率均远远超过行业平均值，有些年份甚至是 10 倍的关系，表明该公司动态偿债能力特别强，与资产负债表有关偿债能力分析的结论一致。

（二）反映支付能力的现金流量比率分析

根据表 4-1 A 公司的现金流量数据、2016～2018 年公司现金股利（18 214 万元、47 675 万元和 47 668 万元）和表 2-3、表 2-4 相关数据，对反映 A 公司支付能力的现金流量比率进行计算分析，计算数据与计算结果见表 4-15。

表 4-15 反映支付能力的现金流量比率分析计算表

项 目		2016 年	2017 年	2018 年	三年平均
相关数据	经营活动现金净流量（万元）	67 510	133 041	139 987	113 513
	现金股利（万元）	18 214	47 675	47 668	37 852
	现金投资（万元）	117 381	287 605	240 272	215 086
财务指标	现金股利保障比（倍）	3.71	2.79	2.94	3.00
	现金投资保障比（倍）	0.58	0.46	0.58	0.53

从表 4-15 可以看出，A 公司三年中最低的 2017 年现金股利保障比也为 2.79 倍，平均 3 倍，现金股利保障程度很高，支付所宣告发行的现金股利无任何问题。

从表 4-15 还可以看出，A 公司三年中现金投资保障比波动比较小，平均也在 0.46 倍以上，说明公司现金投资保障程度较高，能满足近一半的投资需要，财务弹性好。

（三）反映获现能力的现金流量比率分析

根据表 4-1、表 3-3 和表 3-4 A 公司相关数据，对反映 A 公司获现能力的现金流量比率进行计算分析，计算数据与计算结果见表 4-16。

表 4-16 反映获现能力的现金流量比率分析计算表

项 目		2016 年	2017 年	2018 年	2018 年行业均值
相关数据	经营活动现金净流量（万元）	67 510	133 041	139 987	
	营业收入（万元）	400 040	596 285	800 857	
	股本（万元）	101 032	158 598	238 338	
	总资产（万元）	406 593	931 283	962 658	
财务指标	每元营业收入现金净流量（元）	0.17	0.22	0.17	0.08
	每股经营现金净流量（元）	0.67	0.84	0.59	0.2
	全部资产现金回收率（%）	16.60	14.29	14.54	2.5

从表 4-16 可以看出，A 公司三年中每元营业收入现金净流量均在 0.17 元以上，2017 年最高，达 0.22 元，表明公司创造现金的能力比较强。

从表 4-16 还可以看出，与每元营业收入现金净流量所反映出的情况一样，A 公司三年平均每股经营现金净流量高达到 0.70 元、全部资产现金回收率达 15.14%，再次表明该公司获取现金的能力强。

另外，表 4-16 还显示，A 公司三年中反映获现能力的现金流量比率均成倍超过行业平均值，也表明该公司获取现金的能力很强。

(四) 反映投资能力的现金流量比率分析

1. 投资活动融资比率

根据表4-1 A公司现金流量表数据，对反映A公司投资能力的现金流量比率进行计算分析，计算数据与计算结果见表4-17。

表4-17 投资活动融资比率计算表

项 目	2016 年	2017 年	2018 年	三年平均
经营活动现金净流量（万元）	67 510	133 041	139 987	113512
投资活动现金净流量（万元）	−74 322	−270 400	−180 461	−175061
筹资活动现金净流量（万元）	12 222	297 226	−80 276	76391
投资活动融资比率	−0.93	−0.63	−3.02	−0.92

从表4-17可以看出，A公司三年中2016年和2018年投资活动融资比率绝对值均大于0.8，2018年的3.02尤为突出。表明经营活动和筹资活动产生的现金净流量不能满足投资活动对现金的需要，给公司的财务造成压力，而且从表4-17中我们还可以看出，A公司经营活动产生的现金净流量基本不能满足投资所需现金。三年中，2017年该公司投资活动融资比率处于比较理想的状态，投资活动融资比率绝对值为0.63，但是其中经营活动现金净流量做保障的部分偏少，筹资活动现金净流量的部分较多，表明资本化支出能力比较弱，财务状况需改善。

2. 现金再投资比率

根据表4-1 A公司现金流量表数据，并结合A公司2016～2018三年资产、负债和利润形成与分配相关数据，对A公司现金再投资比率进行计算分析，计算数据与计算结果见表4-18。

表4-18 现金再投资比率计算表

项 目	2016 年	2017 年	2018 年	三年平均
经营活动现金净流量（万元）	67 510	133 041	139 987	113 512
现金股利和利息（万元）	18 754	51 941	52 174	40 956
再投资额（万元）	312 447	719 270	758 508	596 742
现金再投资比率（%）	15.60	11.28	11.58	12.16

从表4-18可以看出，三年中A公司现金再投资比率均在11%以上，三年平均值高达12.16%，表明A公司经营活动现金净流量比较充足。2016年A公司现金再投资比率达15.60%，说明经营活动现金净流量过于充足，会造成公司现金过剩。基于2016年及以前现金过剩的状况，2017年和2018年该公司加大对内对外投资力度，以充分发挥公司现有资金的作用，使得现金再投资比率保持在较理想的水平。

(五) 反映收益质量的现金流量比率分析

1. 现金营运指数

根据表4-2 A公司2018年现金流量表补充资料，对A公司现金营运指数进行计算分析，计算数据见表4-19。

表 4-19 A 公司现金营运指数计算分析表

（单位：万元）

将净利润调节为经营活动的现金流量	金 额	分析说明
净利润	106 585	
加：计提的资产减值准备	18 556	没有支付现金的费用共 55 834 万元。如果少提取这类费用，能增加收益却不能增加现金流入，会使收益质量下降
固定资产折旧	23 931	
无形资产摊销	2 349	
长期待摊费用摊销	10 998	
处置固定资产损失	355	非经营收益增加 4 337 万元，不代表正常的收益能力
公允价值变动损失	3 843	
财务费用	5 488	
投资收益	−4 622	
递延所得税资产减少	−1 047	
递延所得税负债增加	320	
存货的减少（减：增加）	−8 523	经营资产净增加 41 611 万元，收益不变，现金减少，收益质量下降
经营性应收项目的减少（减：增加）	−33 088	
经营性应付项目的增加	14 250	负债增加 14 250 万元，收益不变，现金增加
其他	592	
经营活动产生的现金流量净额	139 987	

经营活动净收益 = 净利润 − 非经营收益

= 106 585 + 4 337 = 110 922（万元）

经营应得现金 = 经营活动净收益 + 非付现费用

= 110 922 + 55 834 = 166 756（万元）

现金营运指数 = 139 987 ÷ 166 756 = 0.84

从表 4-19 和以上计算结果可以看出，2018 年该公司在不考虑非经营收益（处置固定资产的损失属于投资活动，投资收益属于投资活动），并剔除谨慎性原则的非付现费用，实际经营应得现金应为 166 756 万元，与经营活动产生的现金净流量的比，即现金营运指数为 0.84，表明公司收益质量比较好。

2. 盈余现金保障倍数

根据表 4-1A 公司现金流量表数据和表 3-3、表 3-4A 公司的利润表，对 A 公司盈余现金保障倍数进行计算分析，计算数据与计算结果见表 4-20。

表 4-20 A 公司 2016～2018 年盈余现金保障倍数计算分析表

项 目	2016 年	2017 年	2018 年	三年平均
经营活动现金净流量（万元）	67 510	133 041	139 987	113 512
净利润（万元）	56 711	79 276	106 585	80 857
盈余现金保障倍数	1.19	1.68	1.31	1.40

从表 4-20 可以看出，A 公司三年平均盈余现金保障倍数达 1.40 倍，意味着公司每获取 1 元净利润就有近 1.4 元的现金作保障，表明该公司收益质量好。从表 4-20 还可以看出，三年中盈余现金保障倍数 2017 年最高，2016 年最低，与前述该公司经营水平、盈利能力和现金流量质量反映的情况基本一致。

同步训练

（一）填空题

1. 现金流量比率是_____现金净流量与_____的比值。

2. 债务保障率是_____现金净流量与_____的比率。

3. 到期债务本息保障率是_____现金净流量与_____的比率。

4. 现金股利保障比是_____现金净流量与_____的比率，反映企业经营活动所产生的现金净流量对现金股利的保障程度。

5. 现金投资保障比是_____现金净流量与_____和存货增加额的比值，反映企业通过经营活动创造现金来适应经济环境变化和利用投资机会的能力。

6. 每元营业收入现金净流量是经营活动现金净流量与_____的比值，反映企业通过营业获取现金的能力。

7. 每股经营现金净流量是经营活动现金净流量与_____的比值，反映公司每股资本金获取现金净流量的能力。

8. 全部资产现金回收率是_____与全部资产的比率，反映企业通过资产营运获取现金的能力。

9. 投资活动融资比率是投资活动现金净流量与_____和_____现金净流量的比率，是衡量企业全部投资活动资金来源水平的指标。

10. 现金再投资比率是经营活动产生的现金净流量扣除_____、_____后与_____的比率，反映企业进行再投资的能力。

11. 现金营运指数是_____现金净流量与_____的比率，反映企业收益质量。

（二）单项选择题

1. 以下体现企业收益质量好坏的指标是（　　　）。
   A. 现金净流量的大小　　　　　　　　B. 营运指标
   C. 现金充足性比率　　　　　　　　　D. 每股经营现金净流量

2. 投资活动融资比率，原则应为（　　　）。
   A. 大于 1　　　　　　　　　　　　　B. 绝对值在 0.5 ~ 0.8 之间
   C. 小于 1　　　　　　　　　　　　　D. 绝对值在 0.2 ~ 0.5 之间

3. 现金再投资比率，一般认为达到（　　　）就是理想水平。
   A. 15% 以上　　　　　　　　　　　　B. 8% ~ 12% 之间
   C. 20% 以上　　　　　　　　　　　　D. 15% ~ 25% 之间

4. （　　）产生的现金流量最能反映企业获取现金的能力。
　　A. 经营活动　　　　　　　　　　B. 投资活动
　　C. 筹资活动　　　　　　　　　　D. 以上各项均是
5. 当企业现金营运指数（　　）时，表明企业经营收益全部实现现金流入。
　　A. 大于 1　　　　　　　　　　　B. 小于 1
　　C. 等于 1　　　　　　　　　　　D. 接近 1

（三）多项选择题
1. 现金流量分析使用的主要方法有（　　）。
　　A. 比率分析　　　　　　　　　　B. 同行业比较分析
　　C. 结构分析　　　　　　　　　　D. 趋势分析
　　E. 以上各项都是
2. 通过现金流量分析，可以评价企业的（　　）。
　　A. 支付能力　　　　　　　　　　B. 偿债能力
　　C. 投资能力　　　　　　　　　　D. 获取现金的能力
　　E. 经营质量
3. 企业现金流量分析中有关偿债能力的指标有（　　）。
　　A. 现金比率　　　　　　　　　　B. 现金流量比率
　　C. 债务保障率　　　　　　　　　D. 到期债务本息保障率
4. 下面反映现金流量支付能力的指标有（　　）。
　　A. 现金股利保障比　　　　　　　B. 现金投资保障比
　　C. 现金债务比率　　　　　　　　D. 现金比率
　　E. 到期债务本息保障率
5. 在分析企业获取现金能力时，可以选用的指标主要有（　　）。
　　A. 现金投资保障比　　　　　　　B. 全部资产现金回收率
　　C. 每元营业收入现金净流量　　　D. 每股经营现金净流量
　　E. 现金股利保障比

（四）判断题
（　　）1. 现金流量比率越高，表明企业经营活动产生的现金净流量对期末债务清偿的保障越强，但并不证明企业资产的流动性就越好。
（　　）2. 现金股利保障比越大，说明企业支付现金股利的能力越强。
（　　）3. 企业通过营业获取现金的能力越强，一般其偿债能力也越强。
（　　）4. 企业投资活动融资比率如果大于 1，将严重影响企业的现金支付，给财务造成压力。
（　　）5. 现金营运指数只有保持在 1 以上，才能说明收益质量是好的。

（五）计算分析题
　　1. 根据表 4-21、表 4-22 所示现金流量表及其补充资料，对 D 公司的现金流量质量进行评价。

表 4-21　现金流量表

会企 03 表

编制单位：D 公司　　　　　　　　　2019 年 12 月　　　　　　　　　单位：元

项　目	金　额
一、经营活动产生的现金流量：	
销售商品、提供劳务收到的现金	10 453 000
收到的税费返还	0
收到其他与经营活动有关的现金	0
经营活动现金流入小计	10 453 000
购买商品、接受劳务支付的现金	7 378 200
支付给职工以及为职工支付的现金	710 000
支付的各种税费	1 303 068
支付其他与经营活动有关的现金	367 660
经营活动现金流出小计	9 758 928
经营活动产生的现金流量净额	694 072
二、投资活动产生的现金流量：	
收回投资收到的现金	0
取得投资收益收到的现金	500 000
处置固定资产、无形资产和其他长期资产收回的现金净额	0
收到其他与投资活动有关的现金	0
投资活动现金流入小计	500 000
购建固定资产、无形资产和其他长期资产支付的现金	640 000
投资支付的现金	400 000
支付其他与投资活动有关的现金	0
投资活动现金流出小计	1 040 000
投资活动产生的现金流量净额	− 540 000
三、筹资活动产生的现金流量：	
吸收投资收到的现金	0
取得借款收到的现金	300 000
收到其他与筹资活动有关的现金	0
筹资活动现金流入小计	300 000
偿还债务支付的现金	0
分配股利、利润和偿付利息支付的现金	200 000
支付其他与筹资活动有关的现金	0
筹资活动现金流出小计	200 000
筹资活动产生的现金流量净额	100 000

（续）

项　目	金　额
四、汇率变动对现金及现金等价物的影响	0
五、现金及现金等价物净增加额	254 072
加：期初现金及现金等价物余额	232 000
六、期末现金及现金等价物余额	486 072

表 4-22　现金流量表补充资料

编制单位：D 公司　　　　　　　　2019 年 12 月　　　　　　　　（单位：元）

补充资料	金　额
1. 将净利润调节为经营活动的现金流量：	
净利润	1 406 000
加：资产减值准备	22 340
固定资产折旧	200 000
无形资产摊销	0
长期待摊费用摊销	0
处置固定资产、无形资产和其他长期资产损失（收益以"－"号填列）	0
固定资产报废损失（收益以"－"号填列）	0
财务费用（收益以"－"号填列）	214 000
投资损失（收益以"－"号填列）	－500 000
递延所得税资产减少（增加以"－"号填列）	0
递延所得税负债增加（减少以"－"号填列）	0
存货的减少（增加以"－"号填列）	－290 000
经营性应收项目的减少（增加以"－"号填列）	－522 000
经营性应付项目的增加（减少以"－"号填列）	197 732
其他	－34 000
经营活动产生的现金流量净额	694 072
2. 不涉及现金收支的重大投资和筹资活动：	
债务转为资本	0
一年内到期的可转换公司债券	0
融资租入固定资产	0
3. 现金及现金等价物净变动情况：	
现金的期末余额	486 072
减：现金的期初余额	232 000
加：现金等价物的期末余额	0
减：现金等价物的期初余额	0
现金及现金等价物净增加额	254 072

2. 根据表中资料计算有关财务指标，并分析 D 公司与现金流量有关的偿债能力、支付能力、获现能力和收益质量。

资料：

（1）资产负债表见表 2-12。

（2）利润表见表 3-11。

（3）现金流量表见表 4-21。

（4）现金流量表补充资料见表 4-22。

要求：

（1）计算表 4-23 有关财务指标。

表 4-23　有关财务指标

财务指标	D 公司 2019 年	行业平均水平	与行业比超（降）
现金流量比率（%）		11	
债务保障率（%）		48	
到期债务本息保障率		2	
现金股利保障比		3	
现金投资保障比		1.5	
每元营业收入现金净流量		0.22	
每股经营现金净流量		1.8	
全部资产现金回收率（%）		0.25	
现金再投资比率（%）		8	
现金营运指数		1	

（2）分析评价 D 公司与现金流量有关的偿债能力、支付能力、获现能力和收益质量。

项目实训　企业现金流量结构与比率分析

一、企业现金流量结构分析

实训目标与能力要求

本实训目标是培养学生对企业现金流量结构进行分析的能力。其能力要求是：

（1）掌握企业现金流量结构分析指标的计算。

（2）能够灵活运用企业现金流量结构分析方法对所选公司现金流量结构进行分析评价。

实训方式与内容

在项目一实训分行业、分小组和取得的各自公司基础资料和数据资料的基础上，计算和分析公司的现金流量结构，撰写专题分析报告（文档格式要求同前），参加讨论与讲评。

实训步骤

（1）根据各自公司近三年现金流量表，编制公司现金流量结构计算分析表，将公司近三年现金流量结构各项指标计算结果填入表中。

（2）根据公司现金流量结构计算分析表，并结合公司现金流量表和相关资料，对公司现金流量结构进行分析评价，分析时同组同学应在一起进行交流、讨论，形成各自分析评价结论，并按要求形成分析报告。

（3）实训小组组长将小组成员的实训成果（分析报告）打包上传给学委，学委集中打包上传给老师，由老师组织互评。

（4）指导老师根据学生实训成果的质量和互评结果确定实训成绩。

实训考核

根据学生选择计算分析方法的正确性、指标计算结果的准确性、分析报告写作和参与讨论情况进行评分。

二、企业现金流量比率分析

实训目标与能力要求

本实训目标是培养学生对企业现金流量比率进行分析的能力。其能力要求是：
（1）掌握企业现金流量比率分析指标的计算。
（2）能够灵活运用企业现金流量比率分析方法对所选公司现金流量比率所反映的内容进行分析评价。

实训方式与内容

在项目一实训分行业、分小组和取得的各自公司基础资料和数据资料的基础上，计算和分析各项现金流量比率，撰写专题分析报告（文档格式要求同前），参加讨论与讲评。

实训步骤

（1）根据各自公司近三年现金流量表、资产负债表和利润表，编制公司现金流量比率计算分析表，将公司近三年现金流量比率各项指标计算结果填入表中。

（2）查找同行业各项现金流量比率平均值，填入计算分析表中。

（3）根据公司现金流量比率计算分析表，并结合公司现金流量表和相关资料，对公司现金流量比率进行分析评价，分析时同组同学应在一起进行交流、讨论，形成各自分析评价结论，并按要求形成分析报告。

（4）实训小组组长将小组成员的实训成果（分析报告）打包上传给学委，学委集中打包上传给老师，由老师组织互评。

（5）指导老师根据学生实训成果的质量和互评结果确定实训成绩。

实训考核

根据学生选择计算分析方法的正确性、指标计算结果的准确性、分析报告写作和参与讨论情况进行评分。

本项目框架结构图

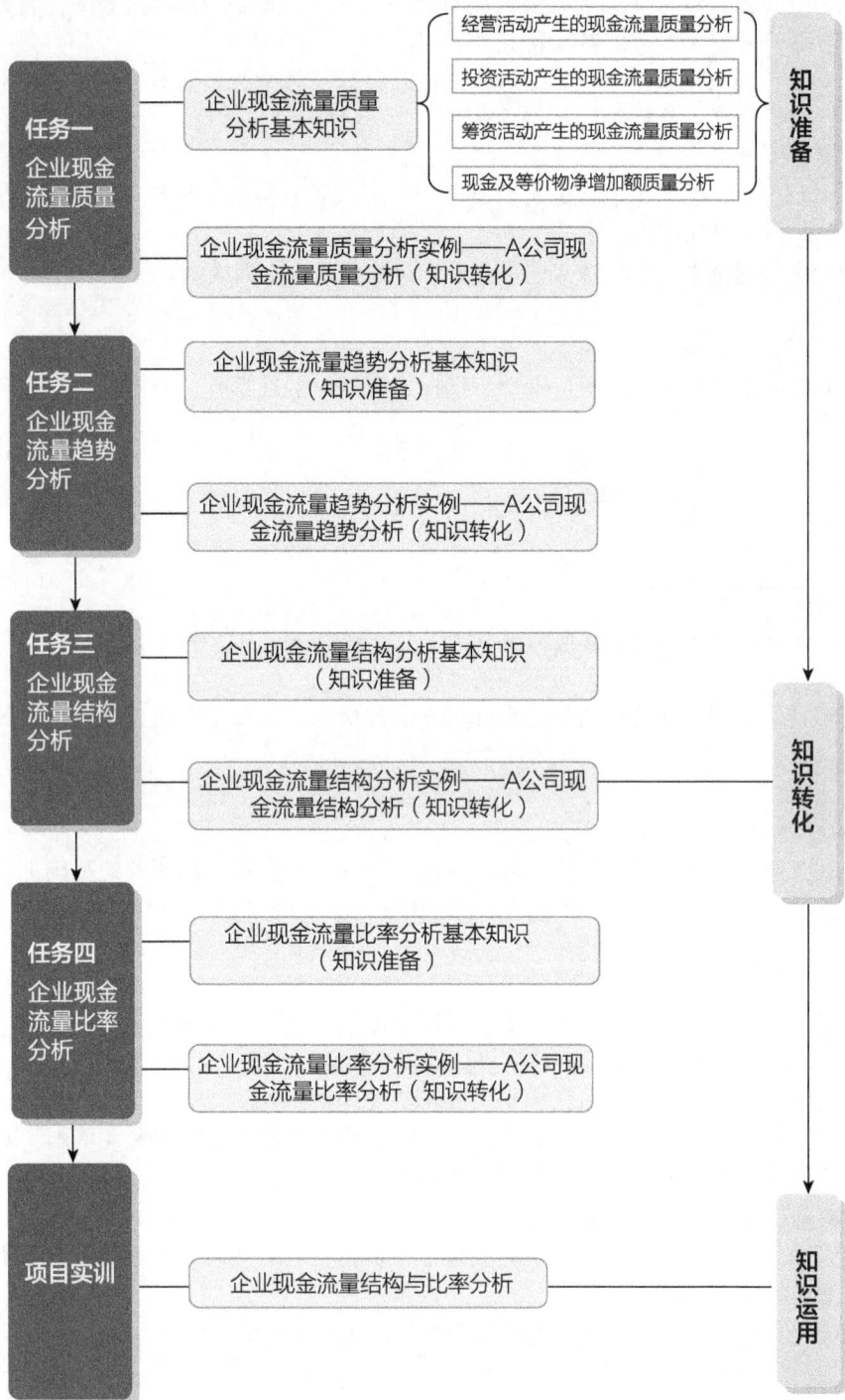

| 任务一 企业现金流量质量分析 | 企业现金流量质量分析基本知识 | 经营活动产生的现金流量质量分析 | 知识准备 |

任务一 企业现金流量质量分析 — 企业现金流量质量分析基本知识

- 经营活动产生的现金流量质量分析
- 投资活动产生的现金流量质量分析
- 筹资活动产生的现金流量质量分析
- 现金及等价物净增加额质量分析

知识准备

企业现金流量质量分析实例——A公司现金流量质量分析（知识转化）

任务二 企业现金流量趋势分析

企业现金流量趋势分析基本知识（知识准备）

企业现金流量趋势分析实例——A公司现金流量趋势分析（知识转化）

任务三 企业现金流量结构分析

企业现金流量结构分析基本知识（知识准备）

企业现金流量结构分析实例——A公司现金流量结构分析（知识转化）

知识转化

任务四 企业现金流量比率分析

企业现金流量比率分析基本知识（知识准备）

企业现金流量比率分析实例——A公司现金流量比率分析（知识转化）

项目实训

企业现金流量结构与比率分析

知识运用

项目五　所有者权益变动与利润分配分析

学习目标

1. 熟悉所有者权益变动表和利润分配表的分析内容及其主要分析指标
2. 明确各项指标分析评价的具体意义
3. 掌握各项指标的计算与分析评价方法

知识点

1. 所有者权益变动评价指标的计算、分析与评价
2. 利润分配评价指标的计算、分析与评价
3. 利润分配对权益变动的影响

技能点

1. 能结合具体公司所有者权益变动表及相关资料，对公司资本保值增值与股东财富增长水平、权益结构变动合理性做出评价
2. 能结合具体公司利润分配表及相关资料，对公司利润分配的合理性做出评价
3. 能将具体公司利润分配分析与所有者权益变动分析结合起来，对公司分配策略和未来发展前景做出分析判断

教学引导

通过资产负债表与利润表所提供的数据，我们能够对企业的资本资产结构、偿债能力、盈利能力、营运能力和发展能力进行分析评价，这是财务报表分析中不可或缺的。但是，在资产负债表中无法对投资者特别是潜在投资者所关注的股东权益的增减变动过程进行揭示；而在利润表中只揭示了净利润的形成，对净利润的去向及其分配过程没有反映出来，这些信息都有待于通过所有者权益变动表和利润分配表的分析来完成。

所有者权益变动表和利润分配表究竟能够提供哪些信息？如何处理和利用这些信息？这将是本项目所述的主要内容。

任务一　企业所有者权益变动表分析

一、企业所有者权益变动表分析基本知识

（一）所有者权益变动表的信息内容

所有者权益变动表是反映企业年度内所有者权益（或股东权益）各组成部分增减变动情况的报表（曾是资产负债表的附表）。它不仅反映了所有者权益总量的增减变动，而且揭示了所有者权益增减变动的结构性信息，有利于报表使用者了解所有者权益增减变动的根源。所有者权益变动表主要提供了本年和上年以下五个方面的信息：

（1）企业净利润。

（2）所有者投入和减少资本。

（3）利润分配。

（4）所有者权益内部结转。

（5）所有者权益各组成项目年初年末余额。

表5-1是A公司2018年度所有者权益变动表，可以了解其权益变动情况。

（二）所有者权益变动表分析的内容及指标

之所以要求企业编制所有者权益变动表，目的就是让投资者了解企业所有者权益是如何变动的，变动结构是否体现了企业的生产经营实际，是否符合企业的生产经营战略，这是现有投资者和潜在投资者都十分关注的问题。另外，投资者对企业投入资本的目的，是通过企业的资本增值实现自身财富的最大化，而这个目标的实现程度，主要是借助于资本保值增值率和所有者财富增长率指标来判断的。因此，所有者权益变动表分析的内容包括两方面，一是结构变动分析，二是指标分析。

（1）权益变动结构分析。从表5-1中我们可以看到，所有者权益的结构是比较复杂的，而其变化原因就更加复杂。关注企业所有者权益变动结构，对评估企业的发展前景及所有者财富增减变化的趋势是十分有意义的。

表 5-1　A 公司 2018 年度所有者权益变动表（简表）

编制单位：A 公司　　　　　　　　　　　　　2018　　年度

会企 04 表

单位：万元

项　目	本年金额							上年金额						
	实收资本	资本公积	减:库存股	其他综合收益	盈余公积	未分配利润	所有者权益合计	实收资本	资本公积	减:库存股	其他综合收益	盈余公积	未分配利润	所有者权益合计
一、上年年末余额	158 598	225 223	20 919	25 257	24 182	134 864	547 205	101 032	52 944	28 604	14 616	18 523	135 192	293 703
二、本年年初余额	158 598	225 223	20 919	25 257	24 182	134 864	547 205	101 032	52 944	28 604	14 616	18 523	135 192	293 703
三、本年增减变动金额（减少以 "－" 号填列）	79 740	－91 554	－7 648	797	7 497	45 722	49 850	57 566	172 279	－7 685	10 641	5 659	－328	253 502
（一）净利润						106 585	106 585						79 276	79 276
（二）其他综合收益				797		－1 438	－641				10 641		795	11 436
（一）＋（二）				797		105 147	105 944				10 641		80 071	90 712
（三）所有者投入和减少资本	281	－12 095					－11 814	6 971	144 974					151 945
（四）利润分配					10 658	－58 326	－47 668					7 928	－55 603	－47 675
1. 提取盈余公积					10 658	－10 658	0					7 928	－7 928	0
2. 对所有者的分配						－47 668	－47 668						－47 675	－47 675
（五）所有者权益内部结转	79 459	－79 459	－7 648		－3 161	－1 099	3 388	50 595	27 305	－7 685		－2 269	－24 796	58 520
四、本年年末余额	238 338	133 669	13 271	26 054	31 679	180 586	597 055	158 598	225 223	20 919	25 257	24 182	134 864	547 205

下面假设有三家企业的所有者权益期初总额和结构是相同的，本期权益变动总额也相同，但变动结构不同，见表5-2。

表5-2　所有者权益变动结构分析表

项　　目	E 企业	F 企业	G 企业
所有者权益期初数（万元）	1 000	1 000	1 000
所有者权益期末数（万元）	1 500	1 500	1 500
本期所有者权益增加（万元）	500	500	500
其中：实收资本增加（万元）	500	200	
资本公积增加（万元）		50	
盈余公积增加（万元）		50	450
未分配利润增加（万元）		200	50

从表5-2可以看出，三家企业权益变动结构是不一样的：

E企业所有者权益增加中，100%是由所有者追加投资形成的。资本公积、盈余公积和未分配利润本期维持不变，意味着企业当期无盈利也无资本溢价发生。所有者增加投资不代表资本增值和所有者财富增加，其投资的持续性取决于所有者对企业未来盈利的预期。在表5-2的三种变动结构中，这种结构是最不理想的结构。

F企业所有者权益增加中，50%是追加投资和资本公积增加形成的，另外50%则是通过留存收益形成的。表明企业有盈利，投资者对企业有一定信心，相对于E企业，F企业资本得到了增值，所有者财富得到了增加，因此其权益变动结构要好于E企业。但是，F企业留存收益中盈余公积只占1/5，其余为未分配利润，一方面表明企业当期的盈利并不多，另一方面也表明其权益结构存在较大不稳定性。

G企业所有者权益增加中，100%是通过留存收益形成的，而且盈余公积占90%，这意味着企业在当期盈利丰厚，通过留存收益增加所有者权益就是增加所有者财富。同时，由于盈余公积变动在一般情况下是较具稳定性和可持续性的，因此，这是表5-2三种结构中最为理想的结构。

（2）所有者权益变动主要评价指标。所有者权益变动分析评价指标主要有资本保值增值率、所有者财富增长率等，见表5-3。

表5-3　所有者权益变动主要评价指标一览表

财务指标名称	计算公式	指标意义
资本保值增值率	资本保值增值率＝期末所有者权益÷期初所有者权益×100%	反映企业在一定会计期间资本保值增值水平，是考核、评价企业经营绩效的重要依据。该指标值越高，表明企业经营绩效越好，给所有者带来的财富就越多
所有者财富增长率	所有者财富增长率＝（期末每元实收资本净资产－期初每元实收资本净资产）÷期初每元实收资本净资产×100%	反映企业在实收资本（或股本）一定的情况下，附加资本的增长水平。该指标值率越高，所有者的投资效益越好

（三）所有者权益变动评价指标使用时应考虑的因素和注意的问题

使用资本保值增值率指标评价企业经营业绩时应考虑的因素包括：所有者追加或缩减资本、资本溢价、接受捐赠、货币资本折算差额、会计政策变更、自然灾害损失、已分配利润或股利等。这些需要考虑和调整的因素，其数据在所有者权益变动表都有反映。

股东财富增长率与资本保值增值率并不完全正相关，因为股东财富的增长直接受利润分配水平的影响，账面股东财富与股东的实际财富往往是不一致的。对于上市公司而言，股东财富是分红所得与股票市值之和。

当用资本保值增值率指标来评价企业经营者的经营业绩时，国有企业可以按照国务院国有资产监督管理委员会颁布的《中央企业综合绩效评价实施细则》（国资发评价〔2006〕157 号）中的相关规定进行操作，其他企业也可比照此规定进行操作。

二、企业所有者权益变动表分析实例

（一）A 公司 2018 年重大权益变动事项

2016 年 12 月 23 日，公司 2016 年第二次临时股东大会审议通过了《关于〈公司 2016 年创业板非公开发行股票方案〉的议案》及相关议案。2018 年 1 月 8 日，公司非公开发行股票 6 232.866 3 万股，完成中国证券登记结算有限责任公司的登记手续。

2017 年 8 月 26 日，公司第四届董事会第十六次会议审议通过了《关于公司股票期权激励计划授予期权第六期可行权的议案》，董事会认为《股票期权激励计划》第六个行权期的行权条件已满足，同意股票期权激励计划的 162 名激励对象在第六个行权期内以自主行权方式进行行权，可行权股票期权总数为 701.152 3 万份，行权期自 2017 年 5 月 6 日至 2018 年 5 月 5 日。报告期内，股票期权第六期行权 3 370 684 股。

2018 年 5 月 15 日，公司 2017 年度股东大会审议通过了《2017 年度权益分派预案》。2018 年 5 月 24 日，公司 2017 年度权益分派实施完成，转增 794 590 319 股。

2018 年 5 月 31 日，公司第四届董事会第二十九次会议审议通过了《关于回购注销部分已授予限制性股票的议案》。2018 年 8 月 24 日公司限制性股票回购注销事项办理完成，本次回购注销 565 321 股。

（二）A 公司 2018 年权益变动结构分析

根据表 5-1A 公司 2018 年所有者权益变动表数据，对 A 公司股东权益变动结构进行分析。

从表 5-1 可以看到，A 公司 2018 年股东权益增加 49 850 万元，总体看主要由当年未分配利润 45 722 万元和提取的盈余公积 7 497 万元构成，表明 2018 年公司股东权益结构除了留存收益增加外，其他变动不大。而在 2017 年中，A 公司股东权益增加了 253 502 万元，其中股本增加 57 566 万元、资本公积增加 172 279 万元，这两部分合计 229 845 万元，表明公司 2017 年进行了较大幅度的增资扩股。对于 A 公司 2018 年股东权益变动结构的合理性分析如下：

在 2018 年 A 公司股东权益增加的 49 850 万元中：盈余公积增加 7 497 万元，未分配利润增加 45 722 万元，两项合计 53 219 万元，已经超过 A 公司全年股东权益增加数额，也就是说，2018 年公司股东权益增加额全部是由留存收益形成且还有余，表明 2018 年公司股东权益增加完全依靠的是积累。

从表 5-1 还可以看出，2018 年公司股本增加的 79 740 万元是由资本公积转增引起的，对原有股东结构没有实质性影响，是公司对外彰显资本实力的决策性选择。

另外，资本公积除转增资本外还减少了 11 814 万元，库存股减少了 7 648 万元，这些都是由于公司将收购的股份奖励给本公司职工引起的，属于以权益结算的股份支付，是盈利稳定型企业的通行做法。

综合以上分析，2018 年 A 公司股东权益结构变动是积极的、稳健的、合理的。通过收益增加股东权益、转增资本扩大公司实力、股权激励调动员工积极性，这些都是经营良好、盈利稳定、发展前景光明的上市公司的明智做法，有利于公司提升价值和可持续发展。

（三）A 公司 2018 年资本保值增值和所有者财富增长水平分析

根据表 5-1A 公司 2018 年所有者权益变动表数据，对 A 公司 2017、2018 年度资本保值增值率和股东财富增长率进行计算分析，计算数据见表 5-4。

表 5-4　A 公司资本保值增值率和股东财富增长率分析计算表

项　　目	2017 年		2018 年	
	期初数	期末数	期初数	期末数
股东权益（万元）	293 703	547 205	547 205	597 055
股本（万元）	101 032	158 598	158 598	238 338
每股净资产（元）	2.91	3.45	3.45	2.51
资本保值增值率（%）	186.31		109.11	
股东财富增长率（%）	18.56		−27.25	

从表 5-4 可以看出，A 公司 2018 年的资本保值增值率比 2017 年低出 77 个百分点，如果扣除 2017 年外延式增资扩股 151 945 万元因素外，仍低于 2017 年近 24 个百分点，表明公司经营业绩有所下降，与前述利润表中盈利能力分析的情况是一致的。

从表 5-4 还可以看出，A 公司 2017 年的股东财富增长率为 18.56%，而 2018 年为负的 27.25%，说明两年中尽管公司都实现了丰厚的收益，资本保值增值率也在不断提高，但并不等于股东财富的增长率也会提高。虽然 2018 年较 2017 年股利有所下降，但由于 2018 年公司内部转股幅度较大，相对于 2017 年股权被稀释，因而每股净资产不仅没有增加，反而下降幅度较大。因此，采取不同的分配政策会直接影响公司股东的财富变动，同样其他权益变动也会影响公司股东的财富变动。该公司 2018 年之所以会出现每股净资产大幅下降，主要是公司考虑连续几年营业收入和利润都保持了高增长，国家对创业板企业又支持有加，在这样的背景下通过内部结转扩股是公司必然的选择。

同 步 训 练

（一）填空题

1. 资本保值增值率是　　　　　　　与　　　　　　　的比率。

2. 所有者财富增长率是　　　　　　　与　　　　　　　的比率。

3. 股东财富是　　　　　　　与　　　　　　　之和。

（二）单项选择题

1. 与资产负债表比，所有者权益变动表提供了（　　）方面的信息。
   A. 所有者权益总额　　　　　　　　B. 所有者权益构成
   C. 所有者权益总额变动　　　　　　D. 所有者权益变动结构
2. 评价资本保值增值率的关键是看企业（　　）。
   A. 资本总额的增长　　　　　　　　B. 实收资本的增长
   C. 附加资本的增长　　　　　　　　D. 资产总额的增长
3. 以下表述正确的是（　　）。
   A. 资本保值增值率一定大于股东财富增长率
   B. 资本保值增值率一定小于股东财富增长率
   C. 股东财富增长率与资本保值增值率成正比
   D. 股东财富增长率与资本保值增值率不是正相关的关系

（三）多项选择题

1. 下列表述正确的有（　　）。
   A. 所有者权益变动表反映的信息是债权人最为关心的
   B. 所有者权益变动表反映的信息是投资者和潜在投资者最为关心的
   C. 所有者权益变动表提供了所有者权益变动的根源
   D. 所有者权益变动表是资产负债表的附表
2. 下面能引起所有者权益变动的事项有（　　）。
   A. 调整以前年度收益　　　　　　　B. 进行利润分配
   C. 用资本公积转增资本　　　　　　D. 用盈余公积转增资本
3. 通过所有者权益变动表的分析，可以获取（　　）方面的信息。
   A. 评价经营者业绩　　　　　　　　B. 股东权益变动结构是否合理
   C. 企业未来发展趋势　　　　　　　D. 股东财富增长
   E. 经营质量
4. 企业所有者权益变动结构良好的标志体现在（　　）两个方面。
   A. 附加资本所占比重越来越大
   B. 实收资本所占比重越来越大
   C. 所有者权益变动结构与企业的经营发展战略相适应
   D. 所有者权益变动结构与企业当期的经营状态和财务状况相适应
5. 进行资本保值增值分析时应考虑的因素包括（　　）。
   A. 所有者追加与资本溢价　　　　　B. 接受捐赠或自然灾害损失
   C. 会计政策变更　　　　　　　　　D. 已分利润或股利

（四）判断题

（　　）1. 在实收资本不变的条件下，资本保值增值率一定高于100%。
（　　）2. 所有者权益增减变动与企业的生产经营无关，纯属于财务活动。
（　　）3. 良好的所有者权益变动结构一定与企业的生产经营实际相适应，与企业的经营发展
　　　　　战略相配合。

（　　）4．股东财富增长率既是评价投资效益的指标，也是考核经营者经营业绩的指标。

（　　）5．在企业起步阶段实现的利润，一般不进行分配。

（　　）6．留存收益率越高，表明企业发展后劲越足。

（五）计算分析题

1．资料：

（1）D公司2019年度股东权益增减变动见表5-5。

表5-5　D公司2019年度股东权益变动表（简表）

（单位：万元）

项　　目	本年金额					上年金额				
	实收资本	资本公积	盈余公积	未分配利润	所有者权益合计	实收资本	资本公积	盈余公积	未分配利润	所有者权益合计
一、上年年末余额	200.00	70.00	98.97	35.02	403.99	200.00	70.00	80.46	10.13	360.59
二、本年年初余额	200.00	70.00	98.97	35.02	403.99	200.00	70.00	80.46	10.13	360.59
三、本年增减变动金额（减少以"－"号填列)										
（一）综合收益总额				140.60	140.60				123.40	123.40
（二）所有者投入和减少资本		30.00			30.00					
（三）利润分配			21.09	－81.09	－60.00			18.51	－98.51	－80.00
四、本年年末余额	200.00	100.00	120.06	94.53	514.59	200.00	70.00	98.97	35.02	403.99

（2）D公司根据目前的生产经营状况，计划在2020年对精加工车间进行改造，工程预算为150万元；车间改造完成后，将提高现有机械的加工能力和加工精度，预计每年能增加销售收入120万元。

2．要求：

（1）计算表5-6中D公司的有关财务比率并进行比较评价。

（2）对2019年D公司所有者权益变动结构进行分析评价。

表5-6　D公司有关财务指标计算分析表

财务指标	2019年	2018年	2017年
1．资本保值增值率			
2．所有者财富增长率			

任务二 企业利润分配表分析

一、企业利润分配表分析基本知识

(一) 利润分配表的信息内容

利润分配表是反映企业一定会计期间对实现净利润以及以前年度未分配利润的分配或亏损弥补的报表。利润分配表是利润表的附表（见表5-8），用以反映利润表上净利润的分配去向。利润分配表主要反映以下信息：

(1) 企业实现净利润的分配情况或亏损的弥补情况。

(2) 企业利润分配的构成。

(3) 年末未分配利润的数额。

通过利润分配表除了解以上基本信息外，还可以对企业的分配政策、生产经营战略方向进行分析把握。企业应根据自身的实际情况，选择适当的利润分配策略；而选择了什么样的利润分配策略，大致可以通过阅读利润分配表得到。

(二) 利润分配表的分析内容

利润分配表提供了企业利润分配的情况和年末未分配利润结余情况的信息。企业的利润分配有法定的程序，公司制企业的利润分配是由《公司法》规定的，其他企业的利润分配是由财政部颁发的财务制度规定的。利润分配表的分析包括以下内容：

(1) 企业的利润分配是否按规定比例计提。

对企业实现的净利润进行分配，事先都有明确的分配比例，所以应注重分析：

1) 企业在利润分配时是否按照国家规定的分配程序进行分配。

2) 企业是否按照国家规定的比例提取法定盈余公积。

3) 企业是否按照董事会决议的比例计提任意盈余公积。

(2) 分析企业当前的经营状况、财务状况和未来的发展走向。

企业的利润分配政策应与企业的生产经营战略相适应，应具有稳定性和连续性。因此，企业利润分配政策的选择，是企业管理当局对企业现有经营业绩、财务状况及其未来前景所释放出的一种综合信号。如企业支付现金股利的增加，意味着企业当前以及未来盈利有增长的潜力，在一定程度上表明了企业的管理当局对财务状况前景的乐观态度；反之则相反。

(3) 分析企业利润分配政策的合理性。

公司制企业提取任意盈余公积的比例和留存未分配利润数额的多少是企业的利润分配政策，

需经股东大会或类似权力机构批准。通过利润分配政策不仅可以了解企业当前面临的经营状态、理财策略和管理当局的经营意图，同时也可以了解企业生产和消费关系的政策走向，从而评价企业利润分配政策的合理性。

（三）利润分配水平分析评价指标的计算与指标意义

通过利润分配表可以直接观察企业的利润分配水平、积累水平和分配结构情况，进而对企业利润分配策略和未来发展前景做出评价。利润分配水平分析评价指标主要有利润分配率和留存收益率等。

1. 利润分配水平主要评价指标

利润分配水平主要评价指标一览表见表5-7。

表5-7　利润分配水平主要评价指标一览表

财务指标名称	计算公式	指标意义
利润分配率	投资者分配的利润÷净利润×100%	反映企业对投资者的利润分配水平。该指标值越高，一般表明企业经营绩效越好，投资者获得收益越多
留存收益率	留存收益÷净利润×100%	反映企业利润中有多大比例用于扩大再生产。该指标值越高，一般表明企业扩大再生产的能力越强

2. 利润分配表分析应考虑的因素和应注意的问题

投资者分配的利润包括应付利润、应付普通股股利、应付优先股股利和转作资本或股本的普通股股利等。企业在决定利润分配形式和水平时，受到多种因素的影响，如国家政策的规定、企业的利润分配政策，以及投资者的收益期望等。需要注意的问题包括：

（1）利润分配率指标的正确使用。利润分配率这个指标可能会大于100%，主要有两种情况：①亏损时用以前年度的利润结余来分配利润；②在盈利较少时分配了更多的利润，这个更多的利润是由企业以前年度累积的未分配利润并入到可供分配利润中的。

（2）企业的利润率与利润分配率不一定是正向关系。企业的利润率不一定稳定，但向投资者分配的利润水平保持稳定则是相当重要的。在大多数具有影响力的现代企业中，只有在利润率提高一段时间并表现稳定以后，才相应提高股利的分配水平；提高股利分配水平以后，即使企业利润率下降，也不急于降低股利分配水平，而是先做出阻止利润率下降的努力；如果这种努力不能奏效，利润率的下降无法改变时，再降低股利分配水平。稳定的股利支付率往往是登记上市股票的要求之一。

（3）每股股利的多少也可以作为利润分配水平的一个指标，但在项目三中，我们将每股股利作为上市公司盈利能力的一个评价指标。每股股利究竟应该是多少，或者与前期比如何变化较为合理，则要视公司的具体情况以及所采用的利润分配政策来定。在股利的分配上，通常有以下四种分配策略：

1）固定股利策略。固定股利，就是在任何情况下公司均保持每股股利支付额的固定，从而避免出现削弱股利发放额的情况，以消除投资者或股东对股利不确定性的担忧。在公司利润率不断上升的情况下，采用这一分配策略的结果将使公司的股利支付率呈下降趋势。

2）固定股利支付率策略。固定股利支付率，就是公司发放给股东的股利是以一个固定的付息比率从公司的净利润中支付的。从公司盈利能力的角度看，采取这一策略保证了公司股利支付与盈利状况之间的稳定性。

3）固定股利增长率策略。固定股利增长率，就是每年的股利支付额都按一定的比例逐年上升，一般是在通货膨胀或公司对利润的稳定增长有把握的情况下使用。采用这一分配策略，股利支付率的变化态势取决于公司利润的变化状况，在公司利润增长率与股利额的增长保持一致时，股利支付率实际上也是一个稳定的数值。

4）固定股利加额外股利策略。固定股利加额外股利，就是公司每年按固定数额向股东支付正常的股利，在公司盈利有较大幅度增长时，则在固定股利以外向股东加付额外的股利，一旦利润降低，便取消额外股利。采用这一分配策略，股利支付率的变化趋势也取决于额外股利与公司盈利增长的关系。

（4）要分清不同留存收益的性质。留存收益包括已指定用途的留存收益和未指定用途的留存收益两部分。《公司法》规定，企业的法定盈余公积按企业税后利润的10%计算提取，任意盈余公积的提取比例由企业根据自己的盈利情况、对投资者的利润分配要求以及企业今后的发展需要来确定。一般情况下，留存收益率越高，反映企业的积累水平、积累能力及发展后劲也越强；留存收益是企业未来持续发展的重要基础，留存收益率是投资者和潜在投资者最为关心的财务指标之一。

二、企业利润分配表分析实例

根据表5-8A公司2016～2018年利润分配表数据，对A公司利润分配进行计算分析，计算数据见表5-9。

表5-8 A公司2016～2018年利润分配表

（单位：万元）

项 目	2016 年	2017 年	2018 年
一、净利润	56 711	79 276	106 585
加：年初未分配利润	100 136	135 192	134 864
盈余公积转入			
减：职工奖励及福利基金			
二、可供分配的利润	156 847	214 468	241 449
减：提取法定盈余公积	5 671	7 928	10 658
提取法定公益金			
转入盈余公积			
三、可供股东分配的利润	151 176	206 540	230 791
减：已分配优先股股利			
提取任意盈余公积			

(续)

项　　目	2016 年	2017 年	2018 年
已分配普通股股利	15 984	47 675	47 668
转作股本的普通股股利		24 001	2 537
四、未分配利润	135 192	134 864	180 586

表 5-9　A 公司利润分配和积累水平分析计算表

项　　目	2016 年	2017 年	2018 年
净利润（万元）	56 711	79 276	106 585
投资者分配的利润（万元）	15 984	47 675	47 668
留存收益（万元）	40 727	31 601	58 917
利润分配率（%）	28. 19	71. 81	44. 72
留存收益率（%）	71. 81	39. 86	55. 28

从表 5-9 可以看到，A 公司三年中利润分配率先升高后下降，特别是 2017 年分配率达 60. 14%，较 2016、2018 年均高出很多，但分配率总体不低。在收益不断增加的情况下，提高投资者利润分配率，有助于坚定股东对公司经营的信心，也有助于吸引潜在投资者对公司的关注，为公司以后增资扩张打下基础。关于这一点，在前面所有者权益变动分析中也有所体现。

从表 5-9 还可以看出，随着投资者利润分配率先升高后下降，对应的留存收益率则先下降后上升，2017 年最低只有不到 40%，但 2018 年又上升至 55% 以上，这也是前面分析中谈到的每股净资产变动的原因之一。在收益不断增加的情况下，保持一定的留存收益率，既有助于公司扩大再生产，也有利于增强公司抵御未来风险的能力，同时也有助于增强投资者对公司的信心，对潜在投资者也有吸引作用。

同步训练

（一）填空题

1. 利润分配率是＿＿＿＿＿＿与＿＿＿＿＿＿的比率。

2. 留存收益率是＿＿＿＿＿＿与＿＿＿＿＿＿的比率。

3. 利润分配表是＿＿＿＿＿＿的附表，用以反映利润表上净利润的分配去向。

（二）单项选择题

1. 下面说法正确的是（　　）。

　　A. 决定企业利润分配水平的是净收益

　　B. 决定企业利润分配水平的是现金

　　C. 利润分配水平越高，企业实力越强

　　D. 利润分配水平与企业的经营状况、财务状况和未来发展有关

2. 留存收益与利润分配率之间的关系是（　　　）。

    A. 此高彼低

    B. 留存收益率与利润分配率正相关

    C. 没有直接关系

    D. 有关系，但不一定是正相关，也不一定是负相关

（三）多项选择题

1. 以下关于企业利润分配水平表述正确的有（　　　）。

    A. 利润分配水平的高低与留存收益有关

    B. 利润分配水平的高低与企业的经营状况、财务状况有关

    C. 利润分配水平的高低与企业当期的净收益直接相关

    D. 利润分配水平的高低直接反映了企业的实力

    E. 对股东来讲现金股利越高越好

2. 以下关于留存收益表述正确的有（　　　）。

    A. 留存收益率越大越好

    B. 留存收益率与股东财富增长率正相关

    C. 留存收益率的高低与企业未来发展对资金的需求有关

    D. 在企业生产经营成熟期不需要留存收益

    E. 留存收益率的高低完全是由企业自己决定的，不受其他因素影响

3. 企业在决定利润分配形式和水平时主要考虑的因素有（　　　）。

    A. 国家政策的规定　　　　　　　　B. 企业的利润分配政策

    C. 投资者的收益期望　　　　　　　D. 企业的现金支付能力

（四）判断题

（　　　）1. 在企业起步阶段实现的利润，一般不进行分配。

（　　　）2. 留存收益率越高，表明企业发展后劲越足。

（　　　）3. 企业的利润分配策略应考虑稳定性和连续性，与企业的经营战略没有关系。

（　　　）4. 企业年度亏损不能进行利润分配。

（　　　）5. 投资者利润分配的多少，取决于当年盈利的多少。

（五）计算分析题

1. 资料：D公司2017～2019年利润分配情况见表5-10。

表5-10　D公司2017～2019年利润分配表

（单位：万元）

项　　目	2019 年	2018 年	2017 年
一、净利润	140.60	123.40	105.80
加：年初未分配利润	35.02	10.13	10.20
盈余公积转入			
减：职工奖励及福利基金			
二、可供分配的利润	175.62	133.53	116.00

（续）

项　　目	2019 年	2018 年	2017 年
减：提取法定盈余公积	14.06	12.34	10.58
提取法定公益金	7.03	6.17	5.29
转入盈余公积			
三、可供股东分配的利润	154.53	115.02	100.13
减：已分配优先股股利			
提取任意盈余公积			10.00
已分配普通股股利	60.00	80.00	80.00
转作股本的普通股股利			
四、未分配利润	94.53	35.02	10.13

2. 要求：

（1）计算表 5-11 中 D 公司的有关财务比率。

（2）对 D 公司三年利润分配水平与留存收益进行分析评价。

表 5-11　D 公司有关财务指标计算表

财务指标	2019 年	2018 年	2017 年
1. 利润分配率			
2. 留存收益率			

项目实训　企业所有者权益变动与利润分配策略分析

实训目标与能力要求

本实训目标是培养学生对企业权益变动和利润分配策略进行分析的能力。其技能要求是：

（1）掌握股东财富增长率、利润分配率和留存收益率的计算。

（2）能够结合股东权益变动及股东财富增长变动对所选公司的利润分配策略进行分析评价。

实训方式与内容

在项目一实训分行业、分小组和取得的各自公司基础资料和数据资料的基础上，计算和分析公司股东财富增长率、利润分配率和留存收益率，撰写专题分析报告（文档格式要求同前），参加讨论与讲评。

实训步骤

（1）根据各自公司近三年所有者权益变动表和利润分配表，编制公司股东财富增长率、利润分配率和留存收益率计算分析表，将公司各项指标计算结果填入表中。

（2）查找同行业股东财富增长率、利润分配率和留存收益率平均值，填入计算分析表中。

（3）根据计算分析表和公司所有者权益变动表、利润分配表和相关资料，对公司财富增长率、利润分配率和留存收益率进行分析评价；分析时同组同学应在一起进行交流、讨论，形成各自分析评价结论，并按要求形成分析报告。

（4）实训小组组长将小组成员的实训成果（分析报告）打包上传给学委，学委集中打包上传给老师，由老师组织互评。

（5）指导老师根据学生实训成果的质量和互评结果确定实训成绩。

实训考核

根据学生选择计算分析方法的正确性、指标计算结果的准确性、分析报告写作和参与讨论情况进行评分。

本项目框架结构图

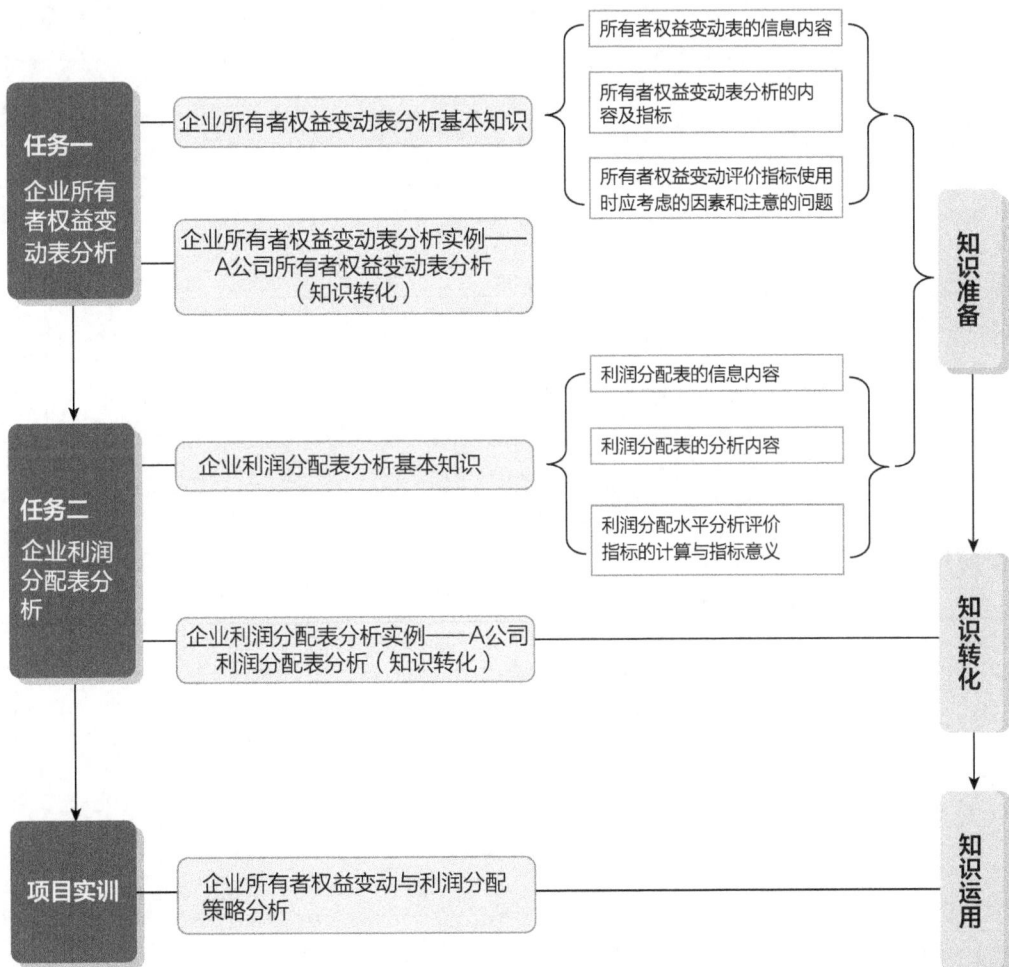

项目六　成本费用报表分析

学习目标

1. 了解企业成本费用的有关含义，熟悉成本费用报表提供的数据
2. 领会成本费用与企业经济效益的内在关系
3. 理解成本费用报表分析的意义
4. 掌握企业成本费用报表的分析方法

知识点

1. 成本报表分析与评价
2. 制造费用报表分析与评价
3. 销售费用报表分析与评价
4. 管理费用报表分析与评价
5. 财务费用报表分析与评价

技能点

1. 能结合具体公司成本报表及相关资料，对公司产品成本增减变动的合理性做出评价
2. 能结合具体公司制造费用报表及相关资料，对公司制造费用增减变动的合理性做出评价
3. 能结合具体公司销售费用报表及相关资料，对公司销售费用增减变动的合理性做出评价
4. 能结合具体公司管理费用报表及相关资料，对公司管理费用增减变动的合理性做出评价
5. 能结合具体公司财务费用报表及相关资料，对公司财务费用增减变动的合理性做出评价

教学引导　　成本费用水平的高低与企业的收益性和盈利能力的大小有着内在联系，提高企业经济效益的一条重要途径就是加强成本管理。本项目以降低成本费用水平为主线，以成本费用报表为主要信息来源，阐述产品生产总成本、主要产品单位成本和三项期间费用的分析方法。

任务一　成本报表分析

一、产品生产成本表分析基本知识

(一) 产品生产成本表提供的数据

产品生产成本表提供的数据是进行成本分析的基本资料。这类报表通常分别从成本项目和产品种类两个角度提供成本数据，以满足成本分析与管理的需要。提供的具体数据一般包括上年实际、本年计划、本月实际和本年累计实际四项。

1. 按成本项目反映的产品生产成本表

该种报表所反映的内容见表 6-1。

表6-1　C 公司产品生产成本表

2019 年 12 月 （单位：元）

项　　目	上年实际数	本年计划数	本月实际数	本年累计实际数
生产费用：				
直接材料	1 320 262	1 301 061	95 490	1 313 710
直接人工	618 532	631 580	48 435	623 480
制造费用	938 710	918 720	88 395	925 630
生产费用合计	2 877 504	2 851 361	232 320	2 862 820
加：在产品、自制半成品期初余额	146 810	152 740	29 870	129 340
减：在产品、自制半成品期末余额	127 150	136 240	21 650	157 160
完工产品生产成本	2 897 164	2 867 861	240 540	2 835 000

从表 6-1 中可以看出，按成本项目反映的产品生产成本表结构上分为紧密相连的上下两个部分：上面是按成本项目反映的各项生产费用及其合计数，下面是完工产品生产成本的形成及其总额，该结构提供了报告期内全部产品生产费用支出情况和费用构成情况。另外，表中对这两部分内容分别按照本期实际和各种比较标准设置专栏提供数据。

2. 按产品种类反映的产品生产成本表

仅从按成本项目反映的产品生产成本表中还无法了解到各种产品的成本情况，所以还需要从产品种类角度设计并提供相应报表，反映成本费用分析的相关数据。该种报表所反映的内容见表6-2。

表6-2 C公司产品生产成本表

2019 年 12 月 （单位：元）

产品名称	计量单位	实际产量		单位成本				本月总成本			本年累计总成本		
		本月	本年累计	上年实际平均	本年计划	本月实际	本年累计实际平均	按上年实际平均单位成本计算	按本年计划单位成本计算	本月实际	按上年实际平均单位成本计算	按本年计划单位成本计算	本年实际
甲	件	10	100	532	530	529	500	5 320	5 300	5 290	53 200	53 000	50 000
乙	件	150	1 500	784	743	735	740	117 600	111 450	110 250	1 176 000	1 114 500	1 110 000
丙	件	200	2 500	645	623	625	670	129 000	124 600	125 000	1 612 500	1 557 500	1 675 000
合计								251 920	241 350	240 540	2 841 700	2 725 000	2 835 000

表6-2的整个报表结构是从左至右横向分成几个部分，按照产品种类分别提供了实际产量、单位成本、本月总成本和本年累计总成本数据。

由于产品成本报表属于内部报表，所以在设计报表内容、格式，以及提供哪些数据方面都应以满足企业自身分析管理对信息的需要为原则，表6-1、6-2只是一种参照做法。企业应自行增减有关表格和内容。另外有些分析中需要使用的数据资料如果已经反映在企业其他有关文件中，表6-2也可不再列示。

3. 主要产品单位成本表提供的数据

分析主要产品单位成本的变化情况，应编制并利用主要产品单位成本表。该表是按照主要产品分别编制的，是按产品种类反映的产品生产成本表中主要产品成本的进一步反映。分析的重点应是那些报告期成本变化较大的产品。表中在单位成本部分列出若干比较标准数据，如历史先进水平、上年实际平均、本年计划等，以便从多角度对比分析。表中主要技术经济指标部分主要反映各种材料的消耗数量，是因素分析中需要的数据资料。

主要产品单位成本表见表6-3。

表6-3 C公司主要产品单位成本表

2019 年 12 月

产品名称：丙 计量单位：件 本月实际产量：200 累计产量：2 500

成本项目	历史先进水平	上年实际平均	本年计划	本月实际	本年累计实际平均
直接材料	470	480	465	462	495
直接人工	81	82	80	83	92
制造费用	77	83	78	80	83
单位成本合计	628	645	623	625	670
主要技术经济指标	消耗量	消耗量	消耗量	消耗量	消耗量
1. 主要材料	2.5 千克	2.4 千克	2.2 千克	2 千克	2.1 千克
……					

（二）产品成本分析的内容

产品成本分析是对报告期已完工产品的生产成本情况所进行的分析，其基本内容就是利用成本核算数据以及其他有关资料，与各种成本标准进行比较。通常运用的比较标准有目标成本、计划成本、上年同期实际成本、本企业历史先进成本水平、同行先进企业成本水平或行业平均成本水平等。通过比较，从中确定超支或节约差异，分析差异形成原因，评价成本计划完成情况，分清责任归属。产品成本分析包括对全部产品成本水平的分析和主要产品单位成本的因素分析。

（三）产品成本分析的方法

产品成本分析采用何种方法，取决于分析的内容。一般来说，比较分析法、结构分析法、因素分析法等财务报表分析的常用方法都要加以使用。方法之间互相配合，从不同角度说明问题。分析过程中，结合成本特性，如果需要确定并分解半变动成本，还要选择相应的分解方法。实际上，分析的全过程离不开对各种相关数据的对比分析。

（四）产品生产成本分析的目的

对报告期完工产品总成本进行分析，是对产品成本整体水平的分析，其目的在于考核企业各项生产费用发生的升降情况，企业全部产品、各种主要产品、可比产品以及不可比产品成本计划的执行情况。如果企业制定有成本降低指标，还要查验该指标完成情况，最后对企业产品生产成本总水平的高低做出评价。

对企业生产的主要产品成本进行分析，目的就是要查明这些主要产品单位成本变化的具体原因，落实影响因素及其影响程度，以及哪些因素是积极的、哪些因素出了问题，查看成本变化趋势，考核技术经济指标执行情况。总之要考核"内功的功力效果"，为进一步改善成本管理指明方向。

二、产品生产成本分析实例

（一）产品生产总成本分析

1. 按成本项目进行分析

按成本项目对产品生产总成本进行分析，可以根据按成本项目反映的生产成本表提供的数据以及其他有关资料，综合运用各种分析方法从以下三个方面进行分析。

（1）通过生产费用总计和产品生产成本总计的各专栏数据进行比较揭示差异。从表6-1可以看出，本年产品生产费用实际耗费低于上年水平，但超过了本年计划数。从项目上看主要是直接材料和制造费用超支引起的。再看完工产品生产总成本情况，本年累计实际数为2 835 000元，不但低于上年成本水平，同时也低于本年计划数。生产费用总计超过计划，而完工产品成本总计低于计划，原因就在于年初、年末在产品和自制半成品数额实际与计划发生了变动。年初实际比计划数减少23 400元，年末数增加20 920元，合计为44 320元，不仅抵消了本年生产费用超过计划的11 459元，并最终使产品总成本低于计划32 861元。这其中的原因往往是多方面的，如产量的增减、品种结构的改变、单位成本的升降都会引起费用总水平和产品成本总水平的变动。需要进一步分析原因才能更加明确，从而对表6-1最后显示的产品总成本降低是否合理、有利做出评价。

（2）对成本项目结构变动进行分析，揭示差异产生的原因。根据产品单位成本中各项耗费的定额数据，可以获得一个合理的成本项目结构参数。用实际耗费结构与之进行比较，或与上年结构比较，可以揭示差异，把握项目结构变动情况及其对费用总体的影响，从中发现生产过程和成本管理中可能存在的问题。

例 6-1 以表6-1资料为例，对C公司产品成本项目结构进行分析（本例简化考虑，只计算、对比分析本年计划和本年累计实际两栏的比重情况）。有关计算结果见表6-4。

表6-4 成本项目结构分析表

项 目	直接材料比重	直接人工比重	制造费用比重	合计
本年计划（%）	45.6	22.2	32.2	100
本年累计实际（%）	45.9	21.8	32.3	100

从表6-4的累计实际比重与计划比重比较可以看出，直接材料费用比重略微有所升高，由此可知材料耗费超过计划12 649元的原因主要是单位产品材料费用的变动和品种结构变动的影响。直接人工和制造费用比重与计划比重呈相反方向变化，前者下降，后者上升，其中人工费用比重下降可能会有劳动生产率的提高等有利因素影响，而制造费用作为固定性费用，其实际耗费比重上升是应该引起思考的，需进一步查明原因。

表6-4是采用对比结构变动来揭示差异，从中发现问题。实际工作中也可以改用直接计算各项目数额增减变化及差异的百分比的做法替代。前者通常称为结构分析法，后者称为比较分析法。不管采用哪种方法，计算的数据最终都需要通过比较才能发现差异和问题，从而为深入分析提供线索。

（3）对有关成本效益指标进行分析，评价报告期成本管理成效。能够反映企业生产经营成果和效益的指标通常有商品产值、主营业务收入和实现利润等。将它们分别与该期产品生产成本相对比，建立起产值成本率、主营业务成本率以及成本利润率等考核评价指标，以本期指标与计划或上期指标进行比较，可以说明本期成本管理工作的成效大小。

例 6-2 假设C公司各期营业利润分别为：上年实际975 800元、本年计划1 011 150元、本年累计实际1 153 060元，则各期的成本利润率计算如下：

上年实际成本利润率 = 975 800 ÷ 2 897 164 × 100% = 33.7%

本年计划成本利润率 = 1 011 150 ÷ 2 867 861 × 100% = 35.3%

本年累计实际成本利润率 = 1 153 060 ÷ 2 835 000 × 100% = 40.7%

从上述计算可以看出，该公司本年累计实际成本利润率高出上年7个百分点，同时也高于本年计划，说明企业在成本管理方面有一定的进步。不过应该指出，获得较高的成本利润率水平也可能包含着有效管理其他营业费用的结果。联系前面的分析来看，该公司在成本管理上还存在一些问题，应继续挖掘潜力，巩固成绩，争取更好的经济效益。

2. 按产品种类进行分析

按产品种类对产品生产总成本进行分析，可以根据按产品种类反映的生产成本表提供的数据，结合几种分析方法，从以下两个方面进行。

（1）将本期实际成本与计划成本进行对比分析。这种对比分析可以根据表中数据从左至右进行，首先对单位成本部分中本月实际数、本年累计实际平均数与本年计划数进行简单对比，然后再将全部产品和其中主要产品的本月实际总成本、本年累计实际总成本分别与本月计划总成本和本年累计计划总成本对比,确定实际与计划之间的差异,从而掌握成本计划的完成情况。在此以总成本差异分析为重点,单位成本差异将做专门分析。

例 6-3 根据表 6-2 所提供的数据,对 C 公司本期实际成本与计划成本进行对比分析。

从表 6-2 中可以看到,全部产品本月实际总成本 240 540 元略低于计划数 241 350 元,但本年累计实际总成本 2 835 000 元略高于计划数 2 725 000 元,总体看成本计划完成情况不太理想。但是分产品品种来看,甲、乙两种产品的情况是本月实际总成本和本年累计实际总成本均低于计划数,说明甲、乙产品生产过程中费用控制较好。而丙产品本月实际总成本和本年累计实际总成本均高于计划数,说明丙产品生产成本控制存在问题。

(2) 将本期实际成本与上年实际成本进行对比分析。这种对比分析只适用于上年度生产过的可比产品。分析时,分本期与上期实际成本对比分析和成本降低计划执行情况分析两种情况。

1) 与上年实际成本对比,分析可比产品成本变化情况。首先就全部可比产品成本总计进行对比分析,获得一个总成本水平变化的信息,然后按产品种类分别与上年实际成本进行对比分析,查明哪些产品成本提高了,哪些产品成本下降了。从而全面分析可比产品成本变动情况。

例 6-4 根据表 6-2 所提供的数据,对 C 公司本年实际成本与上年实际成本进行对比分析。

从表 6-2 中可看出 C 公司所生产三种产品均为可比产品。三种产品本月实际总成本和本年累计实际总成本分别低于上年的 251 920 元和 2 841 700 元,总体看成本水平比上年有所降低。接着分产品进行对比,可发现甲、乙两产品与总体情况一致,只有丙产品相反,其本月实际总成本低于上年实际成本水平,而本年累计实际总成本均超过了上年实际成本水平。

2) 可比产品成本降低计划执行情况的分析。这一分析应根据降低计划的制订情况进行。如果降低计划是分产品下达的,就应按产品进行分析;如果降低计划是综合规定的,则只就全部产品总成本进行分析。

一般来说,一定种类和数量的产品总成本发生变动,主要原因可以归结为产品产量、品种结构以及产品单位成本三项因素的变动所致。在具体分析成本计划降低额完成情况时,是用本年比上年的实际成本降低额与计划降低额进行对比。

例 6-5 假定 C 公司本年全部可比产品成本计划降低额为 75 000 元,计划降低率为2.5%。根据表 6-2 所提供的数据,分析可比产品成本降低计划执行情况。

由表 6-2 可知,该公司全年可比产品成本实际降低额为 6 700 元 (2 841 700 – 2 835 000),实际降低率为 0.24% (6 700 ÷ 2 835 000 × 100%)。两相对比,可以得到公司当年全部可比产品成本降低计划的执行结果如下:

可比产品成本实际降低额小于计划降低额:

6 700 – 75 000 = –68 300 (元)

可比产品成本实际降低率小于计划降低率:

0.24% – 2.5% = –2.26%

结果表明成本降低额和降低率均未完成,这是总体情况。具体原因在于缺少产量变动、产品结构等相关数据资料,在此不展开分析。

（二）主要产品单位成本分析

主要产品单位成本分析分为一般分析和成本项目分析两种。

1. 一般分析

现结合表6-3提供的数据说明主要产品单位成本一般分析的方法。

从表6-3中可以看到，丙产品本月实际和本年累计实际平均单位成本均高于计划成本，但本月实际低于上年实际平均水平。与历史先进水平比较，本月实际单位成本略低于历史先进水平，而本年累计实际平均单位成本却高于历史先进水平，可见丙产品单位成本超支是肯定的。从本年情况看，12月份的实际成本低于本年累计实际平均单位成本，看来年内实际单位成本前期控制不好，后期有所加强。究竟是什么原因引起丙产品单位成本发生这种变化，还需要按照成本项目做进一步分析。

2. 成本项目分析

每一个成本项目的分析均可以先通过对比确定差异，然后再进一步分析影响因素及程度。成本项目分析时应特别注意那些在单位成本构成中占据主要位置的项目。

（1）直接材料费用的分析。对于很多产品来说，直接材料费用在其单位成本构成中往往占有较大的比重，因此它的升降变化就成为单位成本变动的主要原因。直接材料费用是单位产品材料消耗数量与材料单位价格的乘积，材料消耗数量的变化和单价的变化都会引起材料费用的增减变化。对此，应通过因素分析来确定它们各自的变化对材料费用的影响程度。

例6-6 C公司丙产品直接材料费用的有关详细资料及其实际与计划对比结果见表6-5，对其变动情况进行分析。

表6-5 直接材料计划与实际费用对比表

项　目	材料消耗数量（千克）	材料单价（元）	直接材料费用（元）
本年计划	2.2	211.36	465
本月实际	2	231	462
费用差异			3

表6-5中显示，丙产品单位成本中的直接材料费用本月实际比本年计划节约3元。直观地看材料消耗数量和材料单价都有变动，各自影响有多大，可通过差额分析法计算确定。

材料消耗数量变动的影响：$(2-2.2) \times 211.36 = -42.27$（元）

材料价格变动的影响：$(231-211.36) \times 2 = 39.28$（元）

两因素影响程度合计：$-42.27 + 39.28 = 2.99 \approx 3$（元）

虽然丙产品直接材料费用节约额不大，但从分析结果可以看出：单位产品的材料消耗量有所节约，并使材料费用降低42.27元，但是由于价格上涨使得材料费用超支39.28元，相抵后取整数净节约3元。在材料价格上涨已经为客观事实的情况下，同时把住产品质量的前提下，材料消耗量的节约就是降低直接材料费用的关键。可以通过生产工艺改革和加强成本控制来实现既定目标。

（2）直接人工费用的分析。对于生产劳动密集型产品的企业来说，产品成本中的直接人工费用是一个很重要的项目。要想节约人工成本，首先要努力提高劳动生产率。

从表6-3中可以看到，丙产品单位成本中直接人工不管是本月实际数还是本年累计实际平均数均高于计划数、上年实际平均数和历史先进水平，表明直接人工成本的控制存在一定问题。但是，12月份情况有所改观，与计划数、上年实际平均数和历史先进水平比较接近，说明公司对直接人工成本的控制也在加强，只是前期可能存在较大问题。具体分析时，可以比照直接材料费用的分析方法，从工时消耗和工资水平两个因素查找对直接人工费用的影响程度。

例 6-7 假设C公司采用计时工资制度，丙产品中直接人工费用的有关详细资料及其实际与计划对比结果见表6-6，对其变动情况进行分析。

表6-6　直接人工费用计划与实际对比表

项　目	单位产品所耗工时	小时工资率	直接人工费用（元）
本年计划	16	5	80
本月实际	15	5.53	83
费用差异			3

从表6-6中看到直接人工费用本月实际比本年计划超支3元，而且工时消耗和小时工资率都有变动，各自影响程度有多大，也可用差额分析法计算确定。

单位产品消耗工时变动的影响：$(15-16) \times 5 = -5$（元）

小时工资率变动的影响：$(5.53-5) \times 15 = 7.95$（元）

两因素影响程度合计：$-5+7.95 = 2.95 \approx 3$（元）

上述分析计算表明，C公司丙产品直接人工费用的超支主要是由于小时工资率提高引起的，而降低工时消耗抵消了大部分小时工资率提高引起的超支额，这表明公司在控制直接人工成本方面是有成效的。在小时工资率不断提高的现实情况下，工时的节约将是控制直接人工成本的基本途径。因此，加强职业培训，提高工人操作技能，不断提高劳动生产率是每个企业都必须重视的现实问题。

（3）制造费用的分析。一般来说，制造费用是根据工人工资或生产工时等标准分配计入产品成本的。因此，产品单位成本中制造费用的分析，通常与计时工资制度下的直接人工费用分析相似。在本项目任务二将专门对制造费用的具体费用项目进行分析。

同步训练

（一）填空题

1. 产品成本分析主要包括对全部产品成本水平的分析和主要产品单位成本的_____。

2. 产品生产成本表通常从_____和_____两个角度提供成本数据。

3. 一定种类和数量的产品总成本发生变动，主要原因可以归结为_____、_____和_____三项因素的变动所致。

（二）单项选择题

1. 在产品单位成本和品种结构不变的情况下，产量的增减会使（　　）发生等比例的增减。

　　A. 成本降低率　　　　　　　　　　　　B. 成本降低额

　　C. 单位成本降低额　　　　　　　　D. A 和 B

2. 产品总成本按成本项目进行分析所采用的方法是（　　）。

　　A. 比较分析法　　　　　　　　　　B. 结构分析法

　　C. 因素分析法　　　　　　　　　　D. A 和 B

3. 降低单位产品直接材料成本的根本途径是（　　）。

　　A. 降低材料单价　　　　　　　　　B. 降低单位产品直接材料消耗

　　C. 提高劳动效率　　　　　　　　　D. 增加产量

4. 降低单位产品直接人工成本的根本途径是（　　）。

　　A. 降低工人工资　　　　　　　　　B. 增加产量

　　C. 提高劳动效率　　　　　　　　　D. 增加劳动时间

（三）多项选择题

1. 进行产品成本分析时，通常运用的比较标准有（　　）。

　　A. 目标成本或计划成本　　　　　　B. 上年同期实际成本

　　C. 本企业历史先进成本水平　　　　D. 同行业先进成本水平

　　E. 同行业平均成本水平

2. 进行产品成本分析，一般包括（　　）等内容。

　　A. 确定成本超支或节约额　　　　　B. 分析成本超降原因

　　C. 评价成本计划完成情况　　　　　D. 明确责任，提出改进措施

3. 进行产品成本分析，一般采用（　　）。

　　A. 比较分析法　　　　　　　　　　B. 相对比率分析法

　　C. 结构分析法　　　　　　　　　　D. 因素分析法

4. 产品生产成本表通常分为（　　）。

　　A. 按产品成本项目反映的生产成本表　B. 按产品结构反映的生产成本表

　　C. 按产品种类反映的生产成本表　　　D. 按产品批次反映的生产成本表

5. 产品总成本按成本项目进行分析主要从（　　）三方面进行。

　　A. 通过实际总成本与计划（预算）成本比较揭示差异

　　B. 通过与上年实际总成本比较揭示差异

　　C. 通过成本项目结构变动进行分析

　　D. 计算比较有关成本效益指标，评价成本获利水平

6. 产品总成本按产品种类进行分析主要从（　　）两方面进行。

　　A. 通过本期实际成本与计划（预算）成本进行对比

　　B. 通过本期实际成本与上年实际成本进行对比

　　C. 通过计算比较各类产品成本差异进行分析

　　D. 计算比较有关成本效益指标，评价成本获利水平

7. 本期实际成本与上年实际成本进行对比分析主要从（　　）两方面进行。

　　A. 与上年实际成本对比，分析可比产品成本变化情况

　　B. 可比产品成本降低计划执行情况

　　C. 计算比较各类产品成本差异进行分析

　　D. 计算比较有关成本效益指标，评价成本获利水平

8. 影响可比产品成本降低率变动的因素有 (　　　)。

A. 产品结构变动　　　　　　B. 产品的产量

C. 单位产品成本变动　　　　D. 全部产品的总成本

(四) 判断题

(　　) 1. 在产品单位成本和品种结构不变的情况下,产量的增减不会使成本降低额发生等比例的增减,但会导致成本降低率发生变动。

(　　) 2. 企业进行成本分析所运用的比较标准是由财政部或行业总会统一制定的。

(　　) 3. 工资水平是影响产品人工成本的最关键因素。

(五) 计算分析题

1. 资料:

(1) 假设 D 公司 2019 年 12 月甲产品的实际产量为 2 000 件,预算生产能力为 2 800 件,标准产量为 1 800 件。

(2) 甲产品标准成本见表 6-7。

表 6-7　甲产品标准成本表

项　　目	单位产品标准用量	标准比重	标准价格或小时费用率	单位标准成本 (元)
直接材料:				
A 材料	6 千克	0.4	12 元/千克	72
B 材料	9 千克	0.6	7 元/千克	63
直接材料合计	15 千克	1		135
直接人工:				
中级工	1 小时	0.25	8 元/小时	8
初级工	3 小时	0.75	3 元/小时	9
直接人工合计	4 小时	1		17
变动制造费用	4 小时		7 元/小时	28
固定制造费用	4 小时		3 元/小时	12
合　　计				192

标准总工时为 7 200 机器小时;标准固定制造费用总额为 21 600 元。

(3) 甲产品实际产量和成本见表 6-8。

表 6-8　甲产品实际产量和成本表

成本项目	实际总成本 (元)	实际总用量	单位产品实际用量	实际比重	实际价格或小时费用率	单位产品实际成本 (元)
直接材料:						
A 材料	152 460	12 600 千克	6.3 千克	0.4	12.1 元/千克	76.23
B 材料	126 720	17 600 千克	8.8 千克	0.6	7.2 元/千克	63.36
直接材料合计	279 180	30 200 千克	15.1 千克	1		139.59

（续）

成本项目	实际 总成本（元）	实际总用量	单位产品 实际用量	实际比重	实际价格或 小时费用率	单位产品 实际成本（元）
直接人工：						
中级工	14 580	1 800 小时	0.9 小时	0.2	8.1 元/小时	7.29
初级工	19 140	6 600 小时	3.3 小时	0.8	2.9 元/小时	9.57
直接人工合计	33 720	8 400 小时	4.2 小时	1		16.86
变动制造费用	55 440	8 400 小时	4.2 小时		6.6 元/小时	27.72
固定制造费用	23 520	8 400 小时	4.2 小时		2.8 元/小时	11.76
合　　计	391 860					195.93

2. 要求：

（1）分别计算甲产品总成本、直接材料、直接人工、变动制造费用、固定制造费用的成本差异。

（2）对甲产品成本差异进行分析。

任务二　费用报表分析

一、费用报表分析基本知识

（一）费用报表提供的数据

费用报表由制造费用报表、销售费用报表、管理费用报表和财务费用报表组成。制造费用报表、销售费用报表按费用项目提供的数据主要包括以下几方面：

（1）本期预算数。

（2）本期实际数。

（3）实际与预算比增减变动情况，具体分超降额和超降百分比两项。

（4）各费用项目占总体比重情况，具体分预算数和实际数两项。

管理费用报表也提供上述（1）（2）（3）方面的数据，但由于管理费用的固定性特征，一般需要同上年实际进行比较。因此，需要提供上年实际数和同比增减变动情况及其超降率。

另外，财务费用与以上几项费用相比有其自身特点，主要针对其支出的合理性与效益性进行分析，因而财务费用报表提供的数据一般包括上年同期实际数、本月实际数、本年预算数和本年累计实际数四个方面的数据。

（二）费用报表分析的内容、目的与途径

1. 制造费用分析

制造费用是产品生产企业为生产产品或提供劳务而发生的各项间接性的生产耗费。其内容总体来说可概括为三个部分：①间接用于产品生产的费用，如机物料消耗、车间照明用电等；②直接用于产品生产，但管理上不要求或不便于分产品单独核算的费用，如机器设备的折旧费、修理费等；③车间（或分厂）用于组织管理生产的费用，如车间技术管理人员的工资福利费、办公费等。划清各种制造费用的具体用途，对开展分析是很有帮助的。

按照制造成本法，对于各期发生的制造费用是按照一定标准分配计入产品成本的，制造费用的多少直接关系到产品成本的高低。加强成本管理，降低成本水平，必须在制造费用的预算和控制上下功夫。制造费用分析主要是根据预算（计划）执行情况，查明超支或节约的原因，以便落实责任、考核奖惩、制定改进措施，促进成本管理工作水平的提高。

对制造费用进行分析，主要是通过定期编制造费用明细分析表来进行，其格式见表6-9。

表6-9　C公司制造费用明细分析表

2019 年度 （单位：元）

费用项目	本期预算	本期实际	实际比预算		各项目占总体比重（%）	
			增减金额	变动（%）	预算数	实际数
工资福利费	280 000	287 200	7 200	2.6	67.0	55.7
折旧费	48 000	48 540	540	略	11.5	9.4
修理费	3 000	2 868	−132	−4.4	略	略
办公费	2 400	3 078	678	28.3	略	略
水电费	3 200	3 167	−33	略	略	略
机物料消耗	45 236	45 000	−236	略	10.8	8.7
劳动保护费	12 000	13 678	1 678	14	2.9	2.7
在产品盘亏毁损	—	61 050	61 050	—		11.8
停工损失	—	21 050	21 050	—	—	4.1
其他	24 200	29 735	5 535	22.9	5.8	5.8
合　　计	418 036	515 366	97 330	23.3	100	100

2. 销售费用分析

在市场经济条件下，销售环节的重要性绝不亚于甚至超过了生产环节，成为企业全部经营活动的关键所在。为了占有市场份额，顺利地实现销售，企业必然要投入大量的费用开支。尤其是在产品的广告宣传和售后服务方面，有的企业甚至"不惜血本"。企业的产品销售费用，特别是其中的"三包"损失，较过去普遍呈增长态势。在这种情况下，更需要加强对销售费用开支的控制和管理，尽可能做到花出的钱能产生回报，费有所值。

对产品销售费用进行分析，既可以对已发生费用的功效、销售人员的业绩以及产品质量进行评价考核，也可以为今后改善销售工作提供借鉴依据，从而为更好地实现企业整个经营战略

目标提供信息服务。

与制造费用分析一样，销售费用分析也是通过定期编制销售费用明细分析表来进行的，该表格式见表6-10。

表6-10　C公司产品销售费用明细分析表
2019 年度　　　　　　　　　　　　　　（单位：元）

费用项目	本期预算	本期实际	实际比预算		各项目占总体比重（%）	
			增减金额	变动（%）	预算数	实际数
工资福利费	83 550	84 850	1 300	1.6	50.5	50.1
运输费	9 600	11 390	1 790	18.6	5.8	6.7
装卸费	2 400	2 905	505	21.0	1.5	1.7
包装费	4 270	3 560	-710	-16.6	2.6	2.1
展览费	2 500	2 560	60	2.4	1.5	1.5
广告费	11 000	11 000	0	0	6.7	6.5
差旅费	7 000	7 450	450	6.4	4.2	4.4
其他	45 000	45 812	812	1.8	27.2	27.0
合　　计	165 320	169 527	4 207	2.5	100	100

3. 管理费用分析

管理费用与前述两种费用一样要划分若干项目，对主要项目做预算，分项目进行控制管理和分析。

从费用特性考虑，企业的管理费用基本属于固定性费用。在企业业务量一定、收入一定的情况下，有效地控制、压缩那些固定性的行政管理费用，将会给企业带来更多的利润。对管理费用进行分析的目的也可以归纳为两个方面：一方面是对本期预算（计划）执行情况进行评价与考核，明确有关责任；另一方面为下期预算（计划）的编制提供有用信息，最终会促进企业增收节支，取得更好的经济效益。

在进行管理费用分析时，也需要通过编制管理费用明细分析表来进行，其表的基本格式见表6-11。

表6-11　C公司管理费用明细分析表
2019 年度　　　　　　　　　　　　　（金额单位：元）

项　　目	本年预算	本年实际	上年实际	与预算比		与上年比	
				超降额	超降率(%)	超降额	超降率(%)
公司经费	330 000	373 897	333 861	43 897	13.3	40 036	12.0
其中：工资	188 000	186 000	182 000	-2 000	-1.1	4 000	2.2
折旧费	46 000	45 697	42 039	-303	-0.7	3 658	8.7
修理费	18 000	62 450	15 900	44 450	246.9	46 550	292.8
低值易耗品摊销	21 000	24 566	18 000	3 566	17.0	6 566	36.5
办公费	7 500	6 522	7 540	-978	-13.0	-1 018	-13.5

(续)

项　目	本年预算	本年实际	上年实际	与预算比		与上年比	
				超降额	超降率（%）	超降额	超降率（%）
差旅费	7 500	8 386	6 570	886	11.8	1 816	27.6
保险费	7 000	8 000	6 732	1 000	14.3	1 268	18.8
其他	35 000	32 276	55 080	-2 724	-7.8	-22 804	-41.4
工会经费	15 000	18 905	13 454	3 905	26.0	5 451	40.5
职工教育经费	13 000	14 000	12 655	1 000	7.7	1 345	10.6
董事会经费	8 000	5 032	7 968	-2 968	-37.1	-2 936	-36.8
诉讼费		11 585		11 585	—	11 585	—
业务招待费	88 000	86 500	108 340	-1 500	-1.7	-21 840	-20.2
税金	15 000	13 221	14 989	-1 779	-11.9	-1 768	-11.8
研发费用	36 000	40 000		4 000	11.1	40 000	—
存货盘亏（减盘盈）		36 270	8 720	36 270	—	27 550	315.9
其他费用	5 000	12 080	6 520	7 080	141.6	5 560	85.3
合　计	510 000	611 490	506 507	101 490	19.9	104 983	20.7

4. 财务费用分析

企业从事生产经营活动离不开资金的运转，适时适度地利用举债经营，有利于提高投资者收益率。为此，企业也须付出一定数量的资金成本，从而构成财务费用的主要组成部分。

对财务费用进行分析，其目的是为了评价考核企业在财务费用方面的开支是否与预算（计划）相符合，超支或节约的原因是什么。通过财务费用分析，可以为企业本期财务费用的考核和下期的预算提供依据。

同上述两项期间费用一样，对财务费用的具体分析也必须借助于财务费用明细分析表，表的格式见表6-12。

表6-12　C公司财务费用明细分析表

2019 年 12 月　　　　　　　　　　　　　　　　　（单位：元）

项　目	上年同期实际数	本月实际数	本年预算数	本年累计实际数
利息费用	9 500	9 300	120 000	115 000
减：利息收入	625	964	13 900	21 137
小　计	8 875	8 336	106 100	93 863
手续费	1 050	890	10 000	11 000
其他				
合　计	9 925	9 226	116 100	104 863

财务费用的分析方法和过程与本任务前述两种期间费用的分析基本一致，区别也只在于每种费用包含的内容不同，因此分析问题的角度会各有侧重，评价各种费用管理水平高低所考虑的业务背景和依据不尽相同。

（三）费用报表分析中应注意的问题

费用按费用性质可以划分为变动性费用、半变动性费用、固定性费用、发展性费用、保险与谨慎性费用、财务费用和不良性费用等。因此，在分析费用时，必须注意费用分类，针对不同性质的费用，有重点地展开分析，绝不能一概而论。

（1）对变动性费用，如制造费用中的修理费、机物料消耗、低值易耗品摊销，销售费用中的运输费、装卸费和包装费等，这些费用的高低与产品生产、销售量有着密切的联系，因此不能简单地认为某项费用超支就是不合理的，节约就是有利的。

（2）对半变动性费用，如制造费用中的水电费、劳动保护费，销售费用中的展览费、广告费摊销等，这些费用会随着产品产量或销售量的变化出现一些非等比例的升降变化，分析时应将定性与定量分析相结合。

（3）对固定性费用，如折旧费、办公费、管理人员工资及福利费、业务招待费等应严格控制支出，其高低一般反映企业的管理水平，应从管理上找原因。

（4）对发展性费用，如研发费用、职工教育经费等，其高低与企业的未来发展相关，不能简单地与管理水平挂钩，应将费用支出与带来的效益相比较进行分析。

（5）对保险与谨慎性费用，如保险费、失业保险费、劳动保险费、坏账准备、存货跌价准备等，其高低与企业防范生产经营风险和职工劳动保障的改善相关，也不能简单地与管理水平挂钩，还是应将费用支出与带来的效益相比较进行分析。

（6）对财务费用，必须结合资本结构、负债结构、筹资成本、筹资效益进行，看能否通过改变筹资渠道、调整负债结构控制财务费用。

（7）对不良性费用，如废品损失、存货盘亏和毁损的净损失等，其发生与管理有直接的关系，必须从管理上找原因。

二、费用分析实例

1. 制造费用分析

例6-8　根据表6-9提供的数据，对C公司制造费用进行分析。

从表6-9提供的计算数据可以看出，C公司本期制造费用实际发生额比其预算数超出了97 330元，超额幅度高达23.3%，可以说预算执行情况很不好。是什么原因所致？可通过各项目的对比结果查找原因。

从表6-9中可以看到，工资福利费和折旧费是该公司制造费用中的两个主要项目，尤其是工资福利费，一项就占到费用总额的半数以上。这两个项目的实际发生额比预算数都有所增加，但增加额可说是微不足道。因此可以认为这两项开支基本符合预算标准。

修理费实际节约了132元，下降百分比为4.4%。在保证车间维修、固定资产正常运转的前提下，修理费节约是一个成绩。可能企业原本打算由外部修理后改为自己动手而节约了费用开支，或者在修理用工用料方面下了功夫等。对修理费以及其他出现类似情况的项目，可做进一步调查了解，落实具体原因，肯定成绩。

表6-9中第四项办公费情况不理想，实际数超支678元，超支达28.3%。虽然办公费在费用总额中比重很小，虽然这个很高的超支是由于其绝对数值很小所致，但是办公费本身就是一个应该力求节约的项目，更何况有预算标准予以控制。所以从这个角度来说，企业应进一步分析办公费超支的原因。查明是由于预算过紧，还是执行中控制不严，或者有什么外部因素的影

响等，以便采取相应的调整改进措施。

表6-9中水电费、机物料消耗两项目均小有节约，可以说预算执行得很好。劳动保护费项目情况相反，超支了14.0%。该项目是低比重项目群中的"大头"，应予注意。

再看在产品盘亏毁损和停工损失两个费用项目。这两项内容里含有无法预见的成分，一般情况下不做预算。从表6-9中可看到两项损失数额都不小，合计金额高达8万多元，在费用总额中的比重合计达到15.9%。看来，导致制造费用总额预算执行情况不好的主要原因就在于此。

最后是一个带有综合色彩的项目——其他费用，它包括了一切属于车间（或分厂）负担，但又未单独设置项目的费用开支。从某种意义上说，是一个弹性较大的项目，更应予以关注。表6-9中显示C公司的其他费用严重超标，超支达22.9%，在费用总额中的比重也是呈上升态势。

经过各项目的分析，可以对C公司本期制造费用预算执行情况做如下评价：第一、二两个项目虽然实际比重有所降低，但仍居主导地位，且实际与预算数额接近，表明这两个开支项目的控制是有效的。中间各项目的比重除机物料消耗外均不高，发生额有超有降，互相抵消一部分，从而减少了对预算总额完成情况的影响。但正如前面所述，C企业还应对办公费等项目进行深入分析，查明原因，把费用控制工作做细。最后三个项目是本期制造费用深入定性分析的重点，特别是那两个损失项目，是制造费用总额大大超过预算的关键所在，必须深入调查具体原因，分清主、客观影响因素，明确责任，并应对暴露出的问题制定解决方案。

2. 销售费用分析

例6-9　根据表6-10提供的数据，对C公司产品销售费用进行分析。

首先从表6-10中可以看出，销售费用总额超过预算4 207元，超支幅度为2.5%，执行情况不太理想。什么原因所致？需要继续进行各项目的对比分析。

从表6-10中可以看到，比重占费用总额半数以上的工资福利费，这个项目仅有小额增加，情况应属正常。实际上，在企业员工数量、工资标准和政策相对稳定，并采用计时工资制度的情况下，这项费用就是固定性费用，但如果企业采用销售提成的做法，这项费用就成为半变动性费用，分析其实际数额的增减变化，就要结合销售数量的变化来进行。

再看运输、装卸、包装这三项变动性费用，其中前两项都表现为费用上升，升幅分别为18.6%和21.0%，其超支幅度不算低，有必要了解超支原因。从本例来看，运输费用比重相对较大，如有销售量、价格变动等资料，应做进一步的定量分析。装卸费用虽升幅较高，但在费用总额中比重很低，超支的绝对数也较小，做一般分析即可。再看比重不算低的包装费，呈下降状态，节约达16.6%。虽表现为费用减少，但不能简单做出优劣的结论，应考虑销售数量变化的影响，同时还要查明其他原因。

再往下看，展览费也超过了预算标准，但因其绝对额不大，比重上也不是主要项目，做一般分析即可。广告费实际支出与预算一致，表明公司广告宣传计划明确，执行有效。

再看差旅费，可结合业务开展的需要了解超支原因。一般来讲，如果预算编制时考虑比较充分、全面，这类费用的超支百分比应该是很低的。

最后一项是其他销售费用，所占比重不低，超过预算标准1.8%，表明公司其他费用预算设置合理，执行情况良好。

经过各项目分析总的评价如下：首先，从总额上看，预算执行情况不太理想，但基本上完成了预算任务。对其中与销售量变动和开展业务有关的几项变动性或半变动性费用，还需要结合销售业务情况进行分析，不能简单做出结论。

3. 管理费用分析

例 6-10　根据表6-11 所提供的数据，对 C 公司 2019 年管理费用超降情况进行分析。

从表6-11 中可以看到，C 公司 2019 年管理费用实际发生额比预算数超支 101 490 元，超支幅度达 19.9%，从总体上表明 2019 年公司当年管理费用控制不好。超支比较严重的项目主要有公司经费中的修理费、低值易耗品摊销、差旅费、保险费，工会经费，研发费用和其他费用，超支幅度都在 10% 以上。在这些超支项目中，工会经费、保险费和研发费用超支一般属于正常情况，尤其是研发费用超支往往是好事，有利于公司今后的发展；不能容忍的是修理费、低值易耗品摊销、差旅费和其他费用项目的超支，因为这些费用项目在一般企业中都属于严格控制的项目，超支必须查找原因，明确责任。需要特别指出的是修理费和其他费用，超支幅度竟然分别高达 246.9% 和 141.6%，处于完全失控状态，必须认真查找超支原因，对相关部门和责任人进行处罚。另外，对于不做预算的损失性费用——诉讼费和存货盘亏，这两项合计 47 855 元，占总超支额的 47.2%，接近一半，说明公司当年对这些项目也是失控的，也必须查找原因，明确责任。但是，从表6-11 中也可以看到，有 7 个项目实际支出是下降的，尤其是公司经费中的办公费和董事会经费下降幅度都在 10% 以上，还有业务招待费预算较上年砍掉一大块，仍未超预算，说明控制有效，对有关责任人应该表扬。

以上从预算角度分析了 2019 年管理费用的超降情况，接下来再看同比超降情况。2019 年实际支出较上年增加了 104 983 元，超支达 20.7%，初步看来情况很不好。但从表6-11 的计算结果可以看出，公司的业务招待费、董事会经费和公司经费中的办公费、其他四个比较敏感项目，同比有所下降，降低率达 10% 以上。这几个项目均属于应该严格控制之列，且在当年预算中就已经体现了，这些费用不仅有效控制住了，还有所下降，甚至都低于预算数，表明相关职能部门加强了管理，其成绩应予肯定。另外，本年度公司投入 40 000 元用于产品研发，上年数为零，虽使管理费用上升，但这项开支具有积极意义，有利于公司今后的发展。

需要指出的是，除研发费用外，与上年实际相比有 9 项费用增长超过 10%，其中保险费、工会经费和职工教育经费增长一般属于正常情况，但修理费、低值易耗品摊销、差旅费和其他费用属于严格控制的费用，其增长幅度分别高达 292.8%、36.5%、27.6% 和 85.3%，表明这些费用处于完全失控或半失控状态，需要查明原因，明确控制责任。另外，诉讼费和存货盘亏损失性费用数额较大，暴露出公司在经营和管理上存在严重问题，必须查找原因，落实相关责任部门和个人的责任，同时建立健全各项规章制度。

从以上分析可以得出 C 公司整体管理水平不高，有待于改进管理费用的控制管理办法，特别是对需要严格控制的费用项目和损失性费用项目，必须加强管控力度，建立健全相关管理制度，明确相关部门和个人的职责，做到奖罚分明，全方位提高管理水平。

4. 财务费用分析

例 6-11　根据表6-12 所提供的数据，对 C 公司财务费用进行简要分析。

从表6-12 中可以看出，总体上本年度财务费用实际发生额与本年预算基本持平，且本月数与上年同期数对比也非常接近，表明总体管理有效。再分项目看，C 公司本年度利息支出及净额都比预算有所下降，按净额计算下降幅度为 11.5%。就其下降的原因很可能是公司在资金周转的有关环节上做了许多努力，如应收账款的回收加快，减少资金占压，从而减少了短期借款的使用，节约了利息费用。只要基本保证了生产经营资金的需求，节省利息支出就说明企业资金管理上有成绩，应继续发扬下去。本月实际与上年同期比因为相差无几，在此就不必展开分析了。

同步训练

（一）填空题

1. 制造费用中的工资福利费按费用特性属于_____。

2. 销售费用是企业为_____、_____过程中发生的各种费用。

3. 企业管理费用按费用特性属于_____。

（二）单项选择题

1. 制造费用中工资福利费是（ ）。

    A. 变动性费用   B. 固定性费用

    C. 中性费用   D. 可有可无的费用

2. 降低制造费用中工资福利费的根本途径是（ ）。

    A. 降低车间管理人员工资   B. 增加产量

    C. 提高劳动效率   D. 提高车间生产效率

3. 提高企业管理费用的根本途径是（ ）。

    A. 降低企业管理人员工资   B. 增加产量

    C. 增加营业收入   D. 提高劳动生产效率

4. 下面说法正确的是（ ）。

    A. 成本分析与费用分析所采用的方法是一致的，所不同的是分析内容不同

    B. 制造费用与管理费用的分析方法是基本相同的

    C. 销售费用与管理费用的特性是相同的

    D. 财务费用与管理费用的特性是相同的

（三）多项选择题

1. 制造费用按费用性质可以划分为（ ）。

    A. 变动性制造费用   B. 半变动性制造费用

    C. 发展性费用   D. 固定性制造费用

2. 通过销售费用的分析，可以对（ ）进行评价考核，也可以为今后改善销售工作提供依据。

    A. 发生费用的功效   B. 销售人员的业绩

    C. 产品质量   D. 企业管理水平

3. 在管理费用分析时，应将费用分为（ ）。

    A. 管理性费用   B. 发展性费用

    C. 保险与谨慎性费用   D. 固定性费用

    E. 不良性费用

4. 企业财务费用包括（　　　）。

    A. 利息支出　　　　　　　　　　B. 汇兑损失

    C. 利息收入　　　　　　　　　　D. 银行结算手续费

（四）判断题

（　　）1. 制造费用中的工资福利费是变动性费用。

（　　）2. 提高管理费用和营业费用功效的途径是完全一致的。

（　　）3. "三包"损失从根本上反映的是企业产品质量状况。

（　　）4. 管理费用中的业务招待费用的发生与企业产品销售业务直接相关。

（　　）5. 企业的财务费用就是利息支出。

（　　）6. 财务费用的多少与企业的筹资政策有直接关系。

（五）计算分析题

1. 管理费用分析

资料：假设 D 公司 2019 年的管理费用本年实际与上年实际明细及相关计算分析情况见表 6-13。

表 6-13　D 公司管理费用明细分析表

（金额单位：元）

项　　目	本年实际	上年实际	本年比上年		各项目占总体比重	
			增减金额	变动（%）	本年数（%）	上年数（%）
公司经费	153 736	160 612	-6 876	-4.3	42.7	51.1
其中：工资	85 000	82 000	3 000	3.7	23.6	26.1
折旧费	17 398	12 385	5 013	40.5	4.8	3.9
修理费	4 651	2 045	2 606	127.4	1.3	0.7
低值易耗品摊销	2 000	6 745	-4 745	-70.4	0.6	2.1
办公费	16 552	21 487	-4 935	-23.0	4.6	6.8
差旅费	13 368	10 064	3 304	32.8	3.7	3.2
保险费	10 650	8 828	1 822	20.6	3.0	2.8
其他	4 117	17 058	-12 941	-75.9	1.14	5.4
工会经费	2 530	2 256	274	12.1	0.7	0.7
职工培训费	3 276	1 183	2 093	176.9	0.9	0.4
董事会费	2 032	4 965	-2 933	-59.1	0.6	1.6
诉讼费	7 396		7 396	—	2.1	0.0
业务招待费	20 308	32 100	-11 792	-36.7	5.6	10.2
税金	8 200	12 375	-4 175	-33.7	2.3	3.9
研发费用	100 000	80 000	20 000	25.0	27.8	25.5
坏账损失	35 600	12 000	23 600	196.7	9.9	3.8
存货盘亏(减盘盈)	21 000	5 260	15 740	299.2	5.8	1.7
其他	5 922	3 289	2 633	80.1	1.6	1.0
合　　计	360 000	314 040	45 960	14.6	100.00	100.00

要求：对 D 公司管理费用的变动情况进行分析。

2. 财务费用分析

资料：假设 D 公司 2019 年的财务费用预算与实际明细及其相关计算分析情况见表 6-14。

表 6-14 D 公司财务费用明细分析表

(金额单位：元)

项　　目	本年预算数	本年实际数	实际比预算	
			增减金额	变动（%）
利息费用	78 000	77 580	-420	-0.5
减：利息收入	32 800	32 680	-120	-0.4
小　　计	45 200	44 900	-300	-0.7
汇兑损失	67 800	194 770	126 970	187.3
减：汇兑收益	195 000	25 670	-169 330	-86.8
小　　计	-127 200	169 100	296 300	-232.9
手续费	85 000	86 000	1 000	1.2
其他				
合　　计	3 000	300 000	297 000	99 倍

要求：对 D 公司财务费用完成预算情况进行分析。

项目实训 企业管理费用分析

实训目标与能力要求

本实训目标是培养学生对企业成本费用进行分析的能力。其能力要求是：

（1）掌握企业成本费用分析指标的计算。

（2）能够灵活运用企业成本费用分析方法对案例进行分析操作。

实训方式与内容

根据案例资料和要求，计算有关分析指标，撰写专题分析报告（文档格式要求同前）。

实训步骤

（1）读懂案例资料，明确实训要求，编制 SY 公司管理费用分析表，将有关指标的计算结果填入表中。

（2）根据公司管理费用分析表和公司经营成果情况，对公司的管理费用支出水平进行分析评价，分析时同组同学应在一起进行交流、讨论，形成各自分析评价结论，并按要求形成分析报告。

（3）实训小组组长将小组成员的实训成果（分析报告）打包上传给学委，学委集中打包上传给老师，由老师组织互评。

（4）指导老师根据学生实训成果的质量和互评结果确定实训成绩。

实训考核

根据学生选择计算分析方法的正确性、指标计算结果的准确性、分析报告写作和参与讨论情况进行评分。

引用案例

SY 公司财务经理靠什么平息了风波?

（一）基本案情

SY 是一家大型汽车配件生产企业，成立于 1997 年，主营业务为汽车零部件的生产。SY 经过多年的发展，现已成为一汽大众的主要零配件供应商。2019 年 SY 实现销售收入 4.06 亿元，创净利 7 102 万元。

2020 年年初，SY 根据市场反馈的信息和其自身发展的需要，决定加大科研投资，进行核心技术攻关，以抢占市场竞争制高点。公司 300 余名工程技术人员经过艰苦努力，当年攻克 8 项技术难关，取得 5 项核心技术，极大地增强了公司市场竞争力。

然而，公司 2020 年在保持销售 8% 增长率的情况下，净利润不仅没有完成计划目标，而且较 2019 年下降了 6.6%。一时间公司员工议论纷纷，甚至有员工到公司总部责问总经理，要总经理做出解释。最后，由公司财务经理向员工代表们提交了一份财务分析报告，才平息了议论风波。表 6-15 是公司财务经理所提交的财务分析报告中一张内部报表资料。

表 6-15　SY2020 年经营成果与管理费用明细表

（单位：万元）

项目	计划数	实际数	上年数	项目	计划数	实际数	上年数
经营成果：				**招待费小计**	120	116	132
营业收入	44 800	43 918	40 598	**公司经费：**			
营业成本	30 800	31 215	28 160	工资及福利费	300	301	297
税金及附加	330	341	283	工会经费	10	9	7
销售费用	500	489	512	失业保险费	18	19	18
管理费用	1 200	2 133	1 062	职工教育费	12	118	11
财务费用	280	238	258	办公费	54	55	56
投资收益	310	329	305	差旅及交通费	25	24	27
营业外收支净额		69	−38	会议费	12	13	12
企业所得税	3 000	2 475	2 650	财产保险费	25	25	24
净利润	9 000	7 425	7 940	折旧费	72	72	72
管理费用：				修理费	95	94	96
科研费：				排污费	6	6	6
试验检验费	100	386	52	水电费	30	31	29
设计制图费	50	155	36	取暖费	30	30	29
产品试制费	100	363	58	其他	21	21	23
技术研究费	100	275	55	**公司经费小计**	710	818	707
科研费小计	350	1 179	201	仓库经费：	12	13	13
招待费：				其他管理费：	8	7	9
外宾招待费	20	30	20				
企业招待费	100	86	112	**管理费用合计**	1 200	2 133	1 062

（二）分析要点

从经营成果中净利润计划执行情况，查找未实现目标的主要因素；在明确影响净利润的主要因素后，编制管理费用明细分析表，对管理费用各项目的超支节约进行分析。

（三）问题探讨

（1）在本案例中，影响公司净利润目标实现的主要因素是什么？说明理由。

（2）如果你是公司的财务经理，打算从何处分析入手来平息公司员工的议论风波？

本项目框架结构图

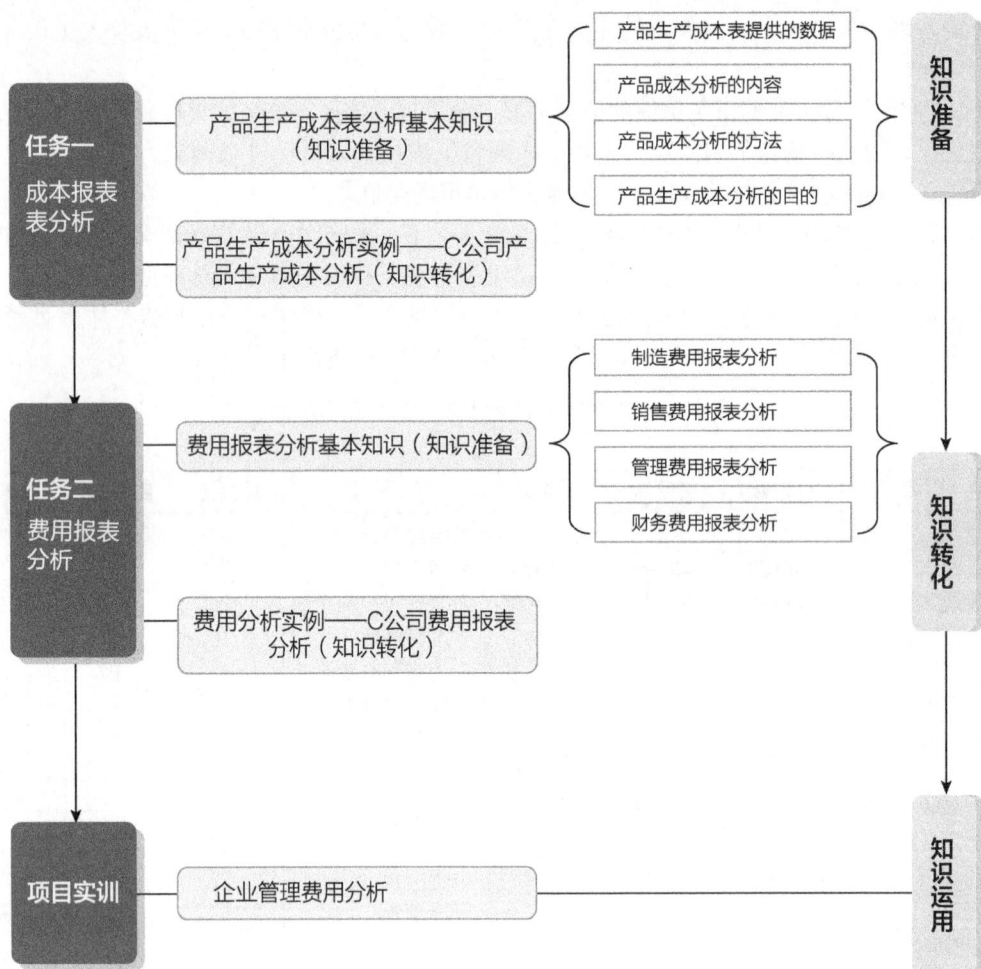

项目七　财务报表综合分析

学习目标

1. 明确财务报表综合分析的意义
2. 熟悉财务报表综合分析的内容
3. 掌握财务报表综合分析的方法

知识点

1. 杜邦财务分析体系
2. 现金流量增减变动分析
3. 国有资本金绩效评价体系

技能点

1. 能结合具体公司财务报表及相关资料，运用杜邦财务分析体系对公司的综合财务状况做出评价
2. 能结合具体公司财务报表及相关资料，运用国有资本金绩效评价体系对公司经营绩效做出评价

教学引导　　　企业的财务活动是一个综合的有机整体，仅计算分析单个报表中的几个简单、孤立的财务比率，或者将这些孤立的财务指标简单堆砌起来是远远不够的，是无法全面、系统、综合地了解和把握企业的财务状况和经营状况的。只有将企业的营运能力、偿债能力和盈利能力等各项分析指标有机地联系起来，作为一套完整的体系，进行系统地综合评价分析，才能对企业财务状况、经营成果的优劣高低做出合理的评价。财务报表综合分析的最终目的就是全面、系统、综合地揭示企业的财务状况、经营成果和现金流量，对企业的经营及财务活动做出综合评价。

　　那么财务报表综合分析都包括哪些内容？通过财务报表综合分析都能获得哪些资讯？这将是本项目所述主要内容。

任务一　财务报表综合分析基础

一、财务报表综合分析的意义

　　财务报表综合分析就是将营运能力、偿债能力和盈利能力及发展趋势等诸方面的分析纳入一个有机的整体之中，全方位地评价企业的财务状况、经营成果和现金流量情况，从而对企业经济效益做出准确的评价与判断。

　　美国《商业周刊》用八个主要的财务成果指标对世界500强进行了排名。首先，销售及利润的增长率和股东的收益率是必须要考虑的指标。其次，为了着重强调公司从经营中赚取最大利润的能力，将利润率和权益收益率也作为分析的指标之一。财务分析的目的在于全方位地揭示企业经营理财的状况，进而评价企业的经济效益，并对未来的经营做出预测与指导。企业的偿债能力、盈利能力等指标，所揭示的仅是企业经济效益与财务状况的某一侧面的信息，只有运用联系的观点，进行系统评价，才能从总体上把握企业的财务状况与经营成果。因此，只有将企业营运能力、偿债能力、盈利能力及发展趋势等各项分析指标有机地联系起来，作为一套完整的体系，相互配合使用，做出系统的综合评价，才能从总体上对财务活动做出总结。

二、财务报表综合分析的特点

　　财务报表综合分析与前述的各种报表分析相比，具有以下特点：

（一）分析的方法不同

　　单项分析是通过由一般到个别，把企业财务活动的总体分解为若干个具体部分，然后逐一加以考查分析；而综合分析则是通过归纳综合，对个别财务现象从营运能力、偿债能力及盈利能力等诸方面进行总体分析。因此，单项分析具有实务性和实证性，而综合分析具有高度的抽象性和概括性，着重从整体上概括财务状况的本质特征。

　　综合分析要以各单项分析指标及其各指标要素为基础，各单项指标要素及计算必须真实、全面和适当，所设置的评价指标必须符合企业营运能力、偿债能力及盈利能力等诸方面总体分析的要求。

（二）分析重点和基准不同

　　单项分析的重点和基准是财务计划、财务理论标准；而综合分析的重点和基准是企业整体发展趋势，两者角度是有区别的。由于分析的重点与基准不同，单项分析通常把每个分析的指标视为同等重要的地位来处理，通常不考虑各种指标之间的相互关系；而综合分析强调各种指标有主辅之分，各主辅指标功能应相互协调匹配。

把综合分析同单项分析加以区分，在管理上是十分必要的，有利于财务报表分析者把握企业财务的全面状况，而不至于将精力只局限于个别的具体问题上。

三、财务报表综合分析的原则

企业的内部经济活动与外部环境紧密相连，影响企业经营与财务活动的因素很多，要成功地分析、把握企业总体的财务状况和经营成果，在进行财务报表综合分析时，应遵循一定的原则。这些原则具体表现在综合财务分析指标体系的设置和综合分析方法的运用两个方面。

（一）综合财务分析指标体系的设置原则

综合分析企业的整体能力，应设置评价指标。综合财务分析指标体系设置原则包括：
（1）综合性原则。设置的指标要素，必须能够综合反映企业的财务状况和经营状况。
（2）重要性原则。在指标体系中，必须明确主要指标与辅助指标的地位。
（3）有用性原则。指标体系所提供的资讯，应能满足各方需要。

（二）综合分析方法的运用原则

（1）信息资料充分原则。只有充分地占有分析所需的信息资料，才能做出正确的分析结论。
（2）定性分析与定量分析相结合原则。
（3）静态分析与动态分析相结合原则。

四、财务报表综合分析的内容和主要方法

（一）财务报表综合分析的内容

财务报表综合分析主要是就企业的综合财务状况、企业绩效和企业风险进行评价。鉴于企业风险分析评价在财务管理、管理会计和内部控制课程中都有涉及，本书就不做讲述了。
（1）企业的综合财务状况评价，是通过反映企业财务状况的各主要财务比率的内在联系，来全面、系统、综合地评价企业的财务状况。
（2）企业绩效评价，就目前我国的实际，主要是对国有资本金绩效进行评价。具体内容将在本项目任务三中阐述。

（二）财务报表综合分析的主要方法

财务报表综合分析的主要方法有杜邦分析法、沃尔评分法和雷达图分析法等。

1. 杜邦分析法

杜邦分析法又称杜邦财务分析体系，是利用各主要财务比率的内在联系，对企业财务状况和经营状况进行综合分析和评价的方法。杜邦财务分析体系是以净资产收益率为核心指标，重点揭示企业盈利能力及其原因。因其最初由美国杜邦公司成功运用而得名。

2. 沃尔评分法

沃尔评分法又称评分综合法，是将七种财务比率，分别给定了其在总评价中所占的分值，

总和为 100 分，然后确定标准比率，并与实际进行比较，评出每项指标的实际得分，最后求出总得分，以总得分来评价企业的财务状况。

3. 雷达图分析法

雷达图分析法是将企业各方面主要财务分析指标进行汇总，绘成一张直观的财务分析雷达图，即以雷达图的方式表达企业各方面的主要财务分析指标，借以综合反映企业总体财务状况，探测企业经营症状，并指导企业经营的方法。

上述三种方法运用最广泛的是杜邦分析法和沃尔评分法，我国企业绩效评价操作细则就是采用了沃尔评分法的基本原理和评分程序。故此，本书只就杜邦财务分析体系和企业绩效评价指标体系进行讲述。

同步训练

（一）填空题

1. 单项分析是通过_____，把企业财务活动的总体分解为_____，然后逐一加以考查分析。

2. 单项分析具有_____和_____。

3. 综合分析具有高度的_____和_____，着重从整体上概括财务状况的本质特征。

4. 杜邦财务分析体系，是利用各种_____的内在联系，对企业_____及_____进行综合分析和评价的方法。

（二）单项选择题

1. 财务报表综合分析的目标是（　　）。

　　A. 综合分析企业的偿债能力

　　B. 综合分析企业的营运能力

　　C. 综合分析企业偿债能力、营运能力、盈利能力、发展能力及综合经营能力及其内在联系与影响

　　D. 综合分析企业的支付能力

2. 以下表述不正确的是（　　）。

　　A. 单项分析是通过由一般到个别，对企业财务活动的各个具体部分逐一加以考查分析

　　B. 综合分析是通过归纳综合，对企业财务状况进行总体分析评价

　　C. 综合分析与单项分析在指标及指标要素上各有不同，没有联系

　　D. 综合分析着重从整体上概括财务状况的本质特征

3. 以下表述不正确的是（　　）。

　　A. 单项分析的重点和基准是财务计划、财务理论标准

　　B. 综合评价的重点和基准是企业整体发展趋势

　　C. 单项分析通常需要考虑各种指标之间的相互关系

　　D. 综合分析强调各种指标有主辅之分，各主辅指标功能应相互协调匹配

（三）多项选择题

1. 下列各项中，属于财务报表综合分析的主要方法有（　　）。

  A. 比较分析法　　　　　　　　　　B. 比率分析法

  C. 杜邦财务分析体系　　　　　　　D. 沃尔评分法

2. 财务报表综合分析与单项分析的区别在于（　　）。

  A. 分析的方法不同　　　　　　　　B. 所依据的资料不同

  C. 分析重点和基准不同　　　　　　D. 分析的时点不同

（四）判断题

（　　）1. 财务报表综合分析能够得出十分准确的分析结果。

（　　）2. 财务报表综合分析法比单个财务报表分析法更容易找出企业经营管理的问题。

（　　）3. 企业财务报表综合分析会改变单个报表分析时计算的许多指标分析值。

（　　）4. 各种财务分析指标的行业平均水平对于进行企业财务报表综合分析具有重要的意义。

任务二　杜邦财务分析体系

一、杜邦财务分析体系概述

（一）杜邦财务分析体系的基本意义

  企业的各项财务活动、各项财务指标是相互联系并且相互影响的，这就要求财务分析人员将企业财务活动看作一个大系统，对系统内相互依存、相互作用的各因素进行综合分析。杜邦财务分析体系就是利用各种主要财务比率指标之间的内在联系，来综合分析企业财务状况的方法。

（二）杜邦财务分析体系的特点

  杜邦财务分析体系的特点在于：它是通过几种主要的财务比率之间的相互联系，全面、系统、直观、综合地反映企业的财务状况，从而大大节省了报表使用者的时间。

（三）杜邦财务分析体系的内容

  杜邦财务分析体系是采用"杜邦图"，将有关分析指标按内在联系排列，杜邦图如图7-1所示。

  从图7-1可以看出，杜邦图反映了以下几种主要的财务指标关系：

  净资产收益率 = 总资产收益率 × 权益乘数

  总资产收益率 =（净利润 ÷ 营业收入）×（营业收入 ÷ 资产总额）

      = 净利润率 × 总资产周转率

  权益乘数 =（资产总额 ÷ 所有者权益）=［1 ÷（1 - 资产负债率）］

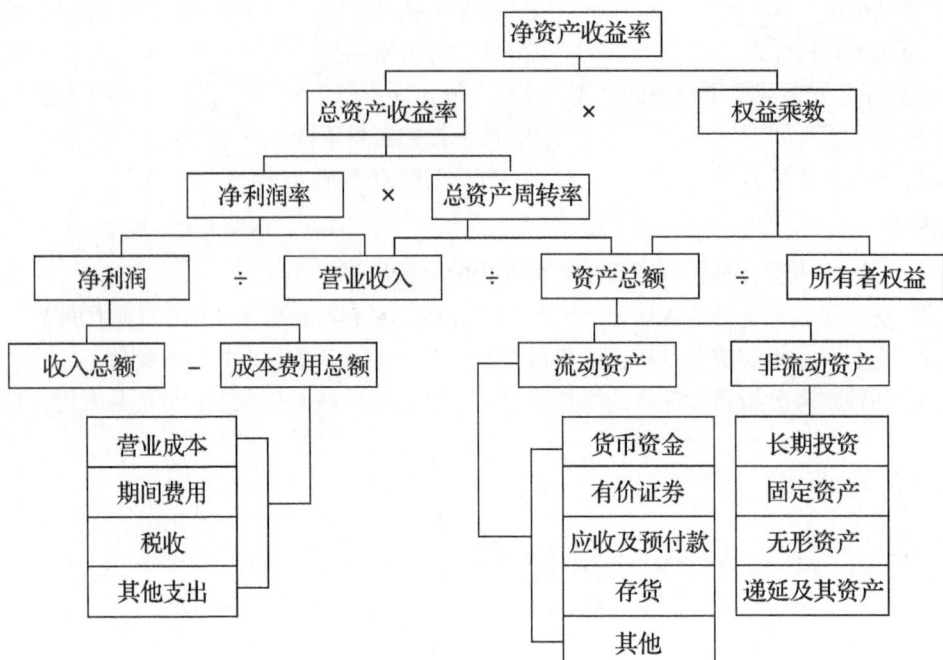

图 7-1　杜邦图

二、杜邦财务分析实例

(一) A 公司 2018 年度杜邦图

A 公司 2018 年度杜邦财务分析体系图如图 7-2 所示。

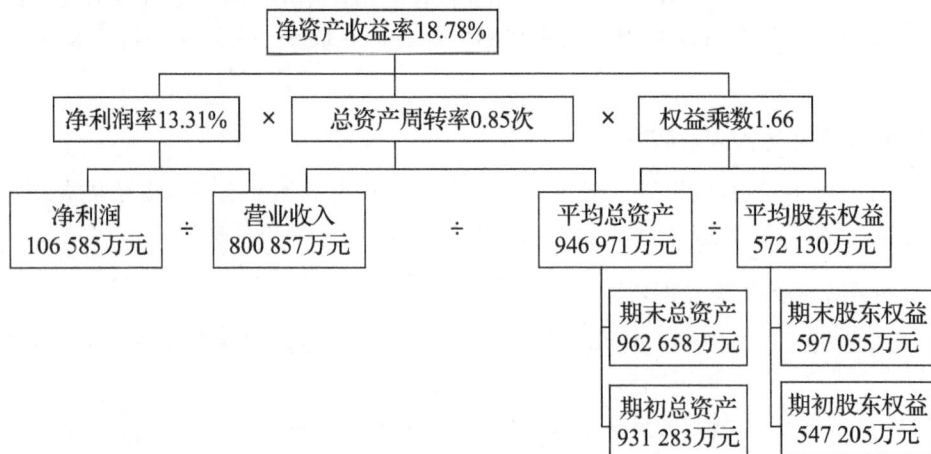

图 7-2　A 公司 2018 年度杜邦财务分析体系图

(二) A 公司 2018 年度杜邦图的启示

杜邦图直观地反映了企业各项财务指标关系,由上述公式可知:净资产收益率 = 净利润率 × 总资产周转率 × 权益乘数。即决定净资产收益率的因素有三个:净利润率、总资产周转率和权益乘数。从中可以得到以下启示:

（1）净资产收益率是一个综合性很强的财务分析指标，它反映了股东财富最大化的财务管理目标，反映了所有者投入资本的盈利能力。从图7-2中可以看出，A公司2018年度净资产收益率18.78% = 净利润率13.31% × 总资产周转率0.85 × 权益乘数1.66，从这一表达式不难得出，要想提高净资产收益率就必须提高净利润率或加速资产的周转，或者提高权益乘数。

（2）净利润率是影响所有者报酬率的主要因素，它反映了营业收入的收益水平。从图7-2中可以看出，A公司2018年度净利润率13.31% = 净利润106 585万元 ÷ 营业收入800 857万元 × 100%，该表达式表明净利润率受营业收入和净利润两方面的影响，要提高净利润率必须在以下两个方面下功夫：一是开拓市场，增加营业收入；二是加强成本费用控制，降低耗费，增加利润。

（3）总资产周转率是影响净资产收益率的另一个重要因素，它反映了企业运用资产获取收入的能力。从图7-2中可以看出，A公司2018年度总资产周转率0.85 = 营业收入800 857万元 ÷ 资产平均总额946 971万元，该表达式表明总资产周转率受营业收入规模和资产平均总额两方面的影响，要想提高资产的周转率，一方面要扩大销售，另一方面要合理配置资产。

（4）权益乘数是影响净资产收益率的又一个重要因素，它反映了企业的负债程度。从图7-2中可以看出，A公司2018年度权益乘数1.61 = 期末总资产962 658万元 ÷ 期末股东权益597 055万元，该表达式表明负债比例越大，权益乘数就越高，就能给企业带来更多的杠杆利益，同时也会给企业带来更多的财务风险，这就要求企业的资本结构要合理。

（5）从以上分析启示中我们可清楚地了解到，杜邦财务分析体系是一种对财务指标进行联系和分解的方法，而不是另外建立新的财务指标。通过对财务比率的分解，指出变动的原因和变动方向，为采取措施提供了指导。

同步训练

（一）填空题

1. 企业的各项财务活动、各项财务指标是＿＿＿＿＿＿并且＿＿＿＿＿＿的。

2. 杜邦财务分析体系的特点在于全面、系统、直观、综合地反映企业的＿＿＿＿＿＿，从而大大节省了报表使用者的时间。

3. 杜邦财务分析体系是一种对财务指标进行联系和分解的方法，而不是另外建立新的＿＿＿＿＿＿。

（二）单项选择题

1. 在杜邦财务分析体系中，假设其他条件相同，下列表述中错误的是（　　）。

　　A. 权益乘数大则财务风险大

　　B. 权益乘数大则净资产收益率大

　　C. 权益乘数等于所有者权益比率的倒数

　　D. 权益乘数大则资产收益率大

2. 决定权益乘数大小的主要指标是（　　）。

    A. 资产周转率   B. 营业利润率

    C. 资产利润率   D. 资产负债率

3. 杜邦财务分析体系的核心指标是（　　）。

    A. 资产净利率   B. 销售净利率

    C. 资产周转率   D. 净资产收益率

4. 某公司净资产收益率为20%，净利润率为30%，总资产周转率为15%，则权益乘数为（　　）。

    A. 4.44   B. 2   C. 5   D. 3

（三）多项选择题

1. 决定净资产收益率高低的因素有（　　）。

    A. 流动比率   B. 现金比率

    C. 总资产周转率   D. 权益乘数

2. 净资产收益率在杜邦财务分析体系中是个综合性最强、最具代表性的指标。通过对体系的分析可知，提高净资产收益率的途径包括（　　）。

    A. 加强销售管理，提高销售净利润率   B. 加强资产管理，提高资产利用率和周转率

    C. 加强负债管理，降低资产负债率   D. 提高产权比率

（四）判断题

（　　）1. 企业的各项财务活动、各项财务指标是相互联系并且相互影响的。

（　　）2. 杜邦财务分析体系的特点在于全面、系统、直观、综合地反映企业的经营成果。

（　　）3. 杜邦图直观地反映了企业各项财务指标的关系。

（五）计算分析题

根据资料对D公司进行杜邦财务分析。

    资料：

    （1）资产负债表见表2-12。

    （2）利润表见表3-11。

    （3）其他相关资料：假设D公司2019年的有关数据见表7-1。

表7-1   D公司2019年的有关数据

（单位：元）

项　　目	2019年年初数
资产总额	6 952 000
负债总额	1 950 335
所有者权益总额	5 001 665
存货	480 000
应收账款	472 500

    要求：

    （1）计算D公司净资产收益率。

    （2）利用杜邦财务分析体系对D公司综合财务状况进行分析。

任务三　企业绩效评价体系

一、企业绩效评价指标体系与评分

（一）企业绩效评价指标体系

为了进一步加强企业监督管理，规范企业经营绩效评价行为，完善企业绩效评价方法，科学、客观和公正地评价企业绩效，2006 年 9 月，国务院国有资产监督管理委员会颁布的《中央企业综合绩效评价实施细则》（国资发评价〔2006〕157 号）采用了沃尔评分法的基本原理和评分程序。

企业绩效评价的指标体系由定量指标和定性指标两大部分组成。其中，定量指标分基本指标和修正指标两类共 22 项具体财务指标，分别反映了企业盈利能力状况、资产质量状况、债务风险状况和经营增长状况四个方面的内容。定性指标包括战略管理等 8 项评议指标。整个企业绩效评价体系与权数见表 1-2。

（二）企业绩效评分公式与综合评价分级

1. 基本指标得分的计算

（1）单项指标得分的计算

$$单项基本指标得分 = 本档基础分 + 本档调整分$$

其中：本档基础分 = 指标权数 × 本档标准系数

本档调整分 = ［（实际值 - 本档标准值）÷（上档标准值 - 本档标准值）］×
（上档基础分 - 本档基础分）

上档基础分 = 指标权数 × 上档标准系数

（2）基本指标总分的计算。

$$分类指标得分 = \sum 类内各项基本指标得分$$

$$基本指标得分 = \sum 各类基本指标得分$$

2. 修正指标得分的计算

（1）单项加权修正系数的计算。

$$某指标加权修正系数 = （修正指标权数 ÷ 该部分权数）× 该指标单项修正系数$$

某指标单项修正系数 = 1.0 +（本档标准系数 + 功效系数 × 0.2 - 该部分基本指标分析系数）

功效系数 =（指标实际值 - 本档标准值）÷（上档标准值 - 本档标准值）

该部分基本指标分析系数 = 该部分基本指标得分 ÷ 该部分权数

（2）综合修正系数的计算。

$$综合修正系数 = \sum 该部分各指标加权修正系数$$

（3）修正后得分的计算。

根据分类指标基本得分和分类综合修正系数可计算定量指标的最终得分，其计算公式为

$$各分类指标修正后得分 = 该类基本指标分数 \times 该类指标综合修正系数$$

$$修正后总得分 = \sum 四部分修正后得分$$

3. 定性指标的计分

（1）定性指标的内容。

单项定性指标有 8 个，分别赋予一定权数；评议时分为 5 个等级，每个等级规定有相应的参数；评议员不少于 7 人。

（2）计算单项评议指标得分。

$$单项评议指标分数 = \sum （单项评议指标权数 \times 各评议员给定等级参数） \div 评议员人数$$

（3）评议指标总分的计算。

$$评议指标总分 = \sum 单项评议指标得分$$

4. 综合评价计分与分级

（1）综合评价计分公式。

$$综合评价得分 = 财务绩效指标修正后得分 \times 70\% + 管理绩效指标得分 \times 30\%$$

（2）综合评价结果分级。

综合评价结果用五等十级制进行分级，见表 7-2。

表 7-2 企业绩效评级表

等　　别	级　　别	分　　数
A	A + +	95 ~ 100
	A +	90 ~ 94
	A	85 ~ 89
B	B +	80 ~ 84
	B	75 ~ 79
	B -	70 ~ 74
C	C	60 ~ 69
	C -	50 ~ 59
D	D	40 ~ 49
E	E	39 分及以下

二、企业绩效的评价步骤

企业绩效评价的过程可分为五个步骤：

（一）基本指标的评价

基本指标反映企业的基本状况，是对企业效益的初步评价。基本指标评价的参照水平即标准值由国务院国有资产监督管理委员会制定（2004 年以前由财政部制定），定期颁布，分为五

档。不同行业、不同规模的企业有不同的标准值。例如，2018 年金属加工机械制造业绩效评价标准值见表 7-3。

表 7-3 2018 年金属加工机械制造业绩效评价基本指标标准值

档次（标准系数） 项　　目	优秀值 （1）	良好值 （0.8）	平均值 （0.6）	较低值 （0.4）	较差值 （0.2）
一、盈利能力状况					
净资产收益率（%）	12.9	9.0	4.0	-2.7	-7.1
总资产报酬率（%）	5.2	3.2	1.5	-1.7	-4.5
二、资产质量状况					
总资产周转率（次）	1.3	0.7	0.4	0.2	0.1
应收账款周转率（次）	12.2	6.8	2.9	1.7	0.8
三、债务风险状况					
资产负债率（%）	49.5	54.5	59.5	69.5	84.5
已获利息倍数	4.0	2.6	0.8	-0.6	-3.1
四、经营增长状况					
销售（营业）增长率（%）	16.1	9.4	1.7	-8.8	-20.0
资本保值增值率（%）	112.7	108.1	102.8	98.4	92.1

1. 单项指标得分的计算

例 7-1 B 公司是一家大型金属加工机械制造企业，2018 年平均净资产 100 000 万元，当年净利润 11 800 万元，净资产收益率为 11.8%；该净资产收益率已达到"良好值"（9.0%）水平。可以得到基础分；它处于"优秀值"档（12.9%）和"良好值"档（9.0%）之间，需要调整。

本档基础分 = 指标权数 × 本档标准系数 = 20 × 0.8 = 16（分）

本档调整分 = [（实际值 - 本档标准值）÷（上档标准值 - 本档标准值）] × （上档
　　　　　　基础分 - 本档基础分）

　　　　　= [（11.8% - 9.0%）÷（12.9% - 9.0%）] × （20 × 1 - 20 × 0.8）

　　　　　= （2.8% ÷ 3.9%）× （20 - 16）

　　　　　= 2.9（分）

净资产收益率指标得分 = 本档基础分 + 本档调整分 = 16 + 2.9 = 18.9（分）

其他基本指标得分的计算方法与此相同，不再举例。

2. 基本指标总分的计算

例 7-2 假设 B 公司单项基本指标得分的计算结果见表 7-4 第 3 列，则"分类指标得分"见表 7-4 第 4 列。

表7-4　B公司单项基本指标得分计算

类　别	基本指标（100）	单项指标得分	分类指标得分
一、盈利能力状况	净资产收益率（20） 总资产报酬率（14）	18.9 11.0	29.9
二、资产质量状况	总资产周转率（10） 应收账款周转率（12）	7.7 8.4	16.1
三、债务风险状况	资产负债率（12） 已获利息倍数（10）	10.0 8.0	18.0
四、经营增长状况	销售（营业）增长率（12） 资本保值增值率（10）	10.1 9.0	19.1
基本指标总分			83.1

（二）修正系数的计算

基本指标有较强的概括性，但是不够全面。为了更全面地评价企业效益，另外设置了4类12项修正指标，根据修正指标的高低计算修正系数，用得出的系数去修正基本指标部分。修正指标的标准值同基本指标标准值一样由国务院国有资产监督管理委员会制定，定期颁布，分为五档。不同行业、不同规模的企业有不同的标准值。例如，2018年金属加工机械制造业绩效评价修正指标标准值见表7-5。

表7-5　2018年金属加工机械制造业绩效评价修正指标标准值

档次（标准系数） 项目	优秀值（1）	良好值（0.8）	平均值（0.6）	较低值（0.4）	较差值（0.2）
一、盈利能力状况					
销售（营业）利润率（%）	18.1	14.5	3.9	0.6	-8.3
盈余现金保障倍数	9.1	3.4	-0.1	-2.1	-4.7
成本费用利润率（%）	9.9	6.0	1.2	-3.1	-12.8
资本收益率（%）	11.9	8.0	3.0	-4.0	-12.6
二、资产质量状况					
不良资产比率（%）	0.1	0.7	3.4	7.8	15.2
流动资产周转率（次）	2.1	1.3	0.7	0.4	0.3
资产现金回收率（%）	10.0	5.9	0.1	-4.5	-9.8
三、债务风险状况					
速动比率（%）	132.4	119.6	71.1	54.2	42.6
现金流动负债比率（%）	12.5	6.6	0.4	-5.6	-13.3
四、经营增长状况					
销售（营业）利润增长率（%）	16.7	10.5	-0.7	-21.4	-29.8
总资产增长率（%）	15.4	11.0	5.1	-6.4	-15.5
技术投入比率（%）	7.3	5.5	3.5	2.6	0.9

修正指标计分方法是在基本指标计分结果的基础上，运用修正指标对企业绩效基本指标计分结果做进一步调整。修正指标的计分方法仍运用功效系数法原理，以各部分基本指标的评价得分为基础，计算各部分的综合修正系数，再据此计算出修正指标分数。

1. 单项加权修正系数的计算

例7-3 假设 B 公司 2018 年销售（营业）利润率为 15.5%，已达到"良好值"（14.5%）水平。则该项指标的加权修正系数计算过程如下：

盈利能力状况基本指标分析系数 = 该部分基本指标得分 ÷ 该部分权数 = 29.9 ÷ 34 = 0.88

销售（营业）利润率指标功效系数 =（指标实际值 – 本档标准值）÷（上档标准值 – 本档标准值）=（15.5 – 14.5）÷（18.1 – 14.5）= 0.28

销售（营业）利润率修正系数 = 1.0 +（本档标准系数 + 功效系数 × 0.2 – 该部分基本指标分析系数）= 1.0 +（0.8 + 0.28 × 0.2 – 0.88）= 0.98

销售（营业）利润率指标加权修正系数 =（修正指标权数 ÷ 该部分权数）× 该指标单项修正系数 =（10 ÷ 34）× 0.98 = 0.29

其他单项指标的加权修正系数的计算方法与此相同，不再列举。

2. 综合修正系数的计算

例7-4 假设 B 公司单项修正指标加权系数的计算结果见表7-6 第 3 列，则"综合修正系数"见表7-6 第 4 列。

表7-6　B 公司单项修正指标加权系数与综合系数计算结果

类　　别	修正指标（100）	单项指标加权系数	综合修正系数
一、盈利能力状况（34）	销售（营业）利润率（10）	0.29	0.93
	盈余现金保障倍数（9）	0.20	
	成本费用利润率（8）	0.25	
	资本收益率（7）	0.19	
二、资产质量状况（22）	不良资产率（9）	0.26	0.94
	流动资产周转率（7）	0.25	
	资产现金回收率（6）	0.43	
三、债务风险状况（22）	速动比率（6）	0.29	0.96
	现金流动负债比率（6）	0.23	
	带息负债比率（5）	0.30	
	或有负债比率（5）	0.14	
四、经营增长状况（22）	销售（营业）利润增长率（10）	0.36	0.95
	总资产增长率（7）	0.33	
	技术投入比率（5）	0.26	

（三）修正后得分的计算

例7-5 假设 B 公司各类基本指标和分类综合修正系数见表7-7，可计算出修正后定量指标的总得分。

表7-7 修正后得分的计算

项　　目	分类修正系数	基本指标得分	修正后得分
盈利能力	0.93	29.9	27.8
资产质量	0.94	16.1	15.1
债务风险	0.96	18.0	17.2
经营增长	0.95	19.1	18.1
修正后定量指标总得分		83.1	78.2

（四）定性指标得分的计分

1. 单项评议指标得分的计算

例7-6　表7-8是一个评议员对B公司各项定性指标给出的等级。假设评议员有7人，对"战略管理"的评议结果为：优等3人，良等4人。

表7-8 评议指标等级表

评议指标	权　数	等级（参数）				
		优（1）	良（0.8）	中（0.6）	低（0.4）	差（0.2）
1. 战略管理	18		√			
2. 发展创新	15			√		
3. 经营决策	16		√			
4. 风险控制	13			√		
5. 基础管理	14				√	
6. 人力资源	8	√				
7. 行业影响	8			√		
8. 社会贡献	8		√			

战略管理指标分数 = $\sum$（单项评议指标权数×各评议员给定等级参数）÷评议员人数

$$= (18 \times 1 + 18 \times 1 + 18 \times 1 + 18 \times 0.8 + 18 \times 0.8 + 18 \times 0.8 + 18 \times 0.8) \div 7$$

$$= 111.6 \div 7$$

$$= 15.9$$

其他指标的算法与上述方法相同，不再举例。

2. 评议指标总分的计算

例7-7　前面已计算出"战略管理"评议得分为15.9，假设其他7项的评议得分分别为14.0、11.0、12.0、10.0、10.0、8.0和7.0。则

评议指标总分 = $\sum$单项评议指标得分 = 15.9 + 14.0 + 11.0 + 12.0 + 10.0 + 10.0 + 8.0 + 7.0 = 87.9

（五）综合评价的计分方法和最终评价结果的分级

1. 综合评价的计分方法

例7-8　根据以上量化指标和定性指标得分计算结果，则

B 公司综合评价得分 = 财务绩效指标修正后得分 × 70% + 管理绩效指标得分 × 30% = 78.2 × 70% + 87.9 × 30% = 81.117 ≈ 81

2. 综合评价结果的分级

例 7-9 根据企业绩效评级表 (表 7-2), 则 B 公司综合得分 81 分, 其企业绩效等级属于 B + 级。

同步训练

(一) 填空题

1. 企业绩效评价的指标体系由_____和_____两大部分组成。

2. 定量指标分_____和_____两类共 22 项具体财务指标, 分别反映了企业盈利能力状况、资产质量状况、债务风险状况和经营增长状况四个方面的内容。

3. 基本指标反映企业的基本状况, 是对_____的初步评价。

4. 修正指标的标准值同基本指标标准值一样由国务院国有资产监督管理委员会制定, _____, _____。

(二) 单项选择题

1. 国务院国有资产监督管理委员会颁布的《中央企业综合绩效评价实施细则》(国资发评价〔2006〕157 号), 采用了 (　　) 的基本原理和评分程序。
   A. 杜邦分析法
   B. 沃尔评分法
   C. 雷达图分析法
   D. 风险分析法

2. 以下不属于基本指标的是 (　　)。
   A. 净资产收益率
   B. 资产负债率
   C. 速动比率
   D. 应收账款周转率

3. 以下不属于定性指标的是 (　　)。
   A. 战略管理
   B. 发展创新
   C. 经营增长
   D. 经营决策

4. 以下属于盈利能力指标的是 (　　)。
   A. 净资产收益率
   B. 总资产报酬率
   C. 资产保值增长率
   D. 盈余现金保障倍数

(三) 多项选择题

1. 定量指标分基本指标和修正指标两类共 22 项具体财务指标, 分别反映企业 (　　)。
   A. 盈利能力状况
   B. 资产质量状况
   C. 债务风险状况
   D. 经营增长状况

2. 国有资本绩效评价指标分为定量指标和定性指标两类, 以下属于定性指标的有 (　　)。
   A. 盈利能力状况
   B. 行业影响
   C. 发展创新
   D. 基础管理

3. 下面属于评价企业绩效基本指标的有 (　　)。
   A. 净资产报酬率
   B. 资产负债率
   C. 流动比率
   D. 已获利息倍数

（四）判断题

（　　）1. 基本指标反映企业的基本状况，是对企业效益的初步评价。

（　　）2. 对于企业绩效评价体系定量指标，不同行业、不同规模的企业有不同的标准值。

（　　）3. 基本指标有较强的概括性，但是不够全面。

（　　）4. 根据修正指标计算的修正系数是用来修正定性指标的，因为定性指标不够准确。

（　　）5. 各种财务分析指标的行业平均水平对于进行企业财务报表综合分析具有重要意义。

项目实训　企业综合财务状况评价

实训目标与能力要求

本实训目标是培养学生运用杜邦财务分析体系对企业综合财务状况进行分析的能力。其能力要求是：

（1）掌握杜邦财务分析体系的构建和数据的获取。

（2）能够运用杜邦财务分析体系对企业综合财务状况做出评价。

实训方式与内容

在项目一实训分行业、分小组和取得的各自公司基础资料和数据资料的基础上，对公司的综合财务状况进行分析评价，撰写综合财务状况分析报告（文档格式要求同前），参加讨论与讲评。

实训步骤

（1）根据各自公司近三年杜邦图，将相关指标数据填入比较分析表中。

（2）查找同行业相关指标平均值，填入比较分析表中。

（3）根据比较分析表和公司利润表、资产负债表，对公司综合财务状况进行分析评价；分析时同组同学应在一起进行交流、讨论，形成各自分析评价结论，并按要求形成分析报告。

（4）实训小组组长将小组成员的实训成果（分析报告）打包上传给学委，学委集中打包上传给老师，由老师组织互评。

（5）指导老师根据学生实训成果的质量和互评结果确定实训成绩。

实训考核

根据学生选择计算分析方法的正确性、指标计算结果的准确性、分析报告写作和参与讨论情况进行评分。

本项目框架结构图

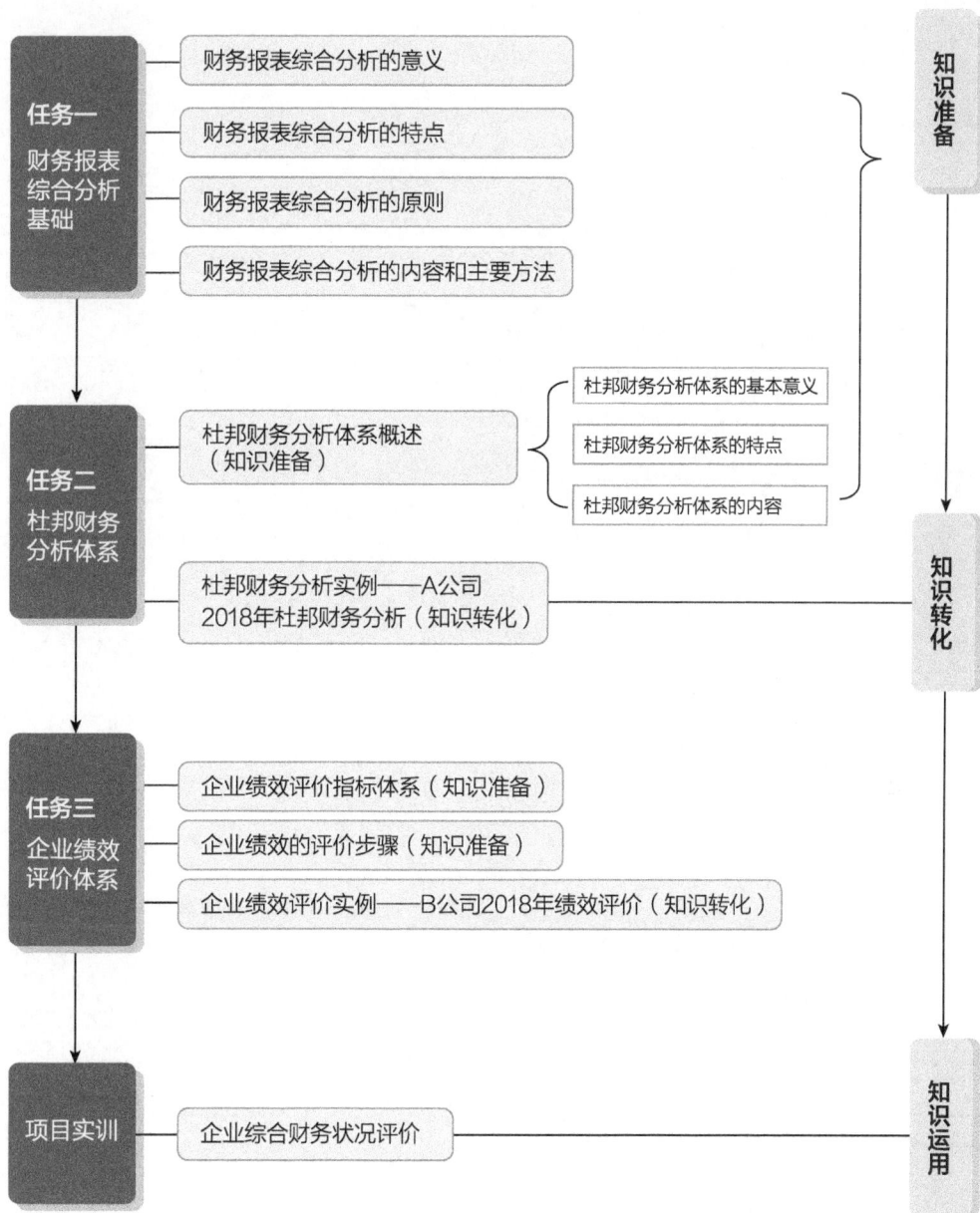

项目八　财务报表分析报告

教学引导　　记账、算账、报账是为了反映经济活动的过程和结果，分析是为了找出"过程"中的瑕疵和"结果"里的优劣。分析的根本目的是为今后的决策提供依据。如何将分析的逻辑过程展示出来？如何将分析的结论系统化？如何将分析的建议条理化？……都需要相应的载体来解决。这个载体就是财务报表分析报告。财务报表分析报告包括哪些内容、如何撰写，以及撰写报告应注意哪些问题等，则是本项目要讲述的内容。

任务一　认识财务报表分析报告

一、财务报表分析报告的概念及内容

（一）财务报表分析报告的概念

财务报表分析报告是以财务报表及其附注为主要依据，根据计划指标、会计核算、统计资料和通过调查研究获得的活资料，对企业一定期间内收入、成本、费用、利润、资金等情况，以及期末资产、负债、所有者权益状况进行分析总结，找出差距、指出方向、提出建议，指导企业财务会计工作的一种书面报告。

（二）财务报表分析报告的内容

1. 资本结构分析

资本结构健全、合理与否，直接关系到企业经济实力的充实和经济基础的稳定。如果资本结构健全、合理，企业的经济基础比较牢固，就能承担各种风险；反之则相反。分析资本结构，无论对企业的经营者、投资者或债权人，都有十分重要的意义。

2. 偿债能力分析

在市场经济条件下，负债经营是企业的常态，但举债必须以能偿还为前提。如果企业不能按时偿还所负债务的本息，那么企业的生产经营就会陷入困境，以至危及企业的生存。因此对于企业经营者来说，通过财务报表分析测定企业的偿债能力，有利于其做出正确的筹资决策和投资决策；而对于债权人来说，偿债能力的强弱是他们做出贷款决策的基本依据。

3. 获利能力分析

获取利润是企业生产经营的根本目的，也是投资者投资的基本目的。获利能力的大小显示着企业经营管理的成败和企业未来前景的好坏，因而是财务经营者和投资者对财务报表分析的重点。

4. 资金运用效率分析

企业筹集资金的目的是为了使用。如果资金得到充分有效的使用，则企业就能获得较多的收入，而且能减少对资金供应量的需求；反之则相反。因此，资金利用效率的高低，直接关系到企业盈利能力的大小，预示着企业未来的发展前景。因而是企业经营者和投资者财务报表分析的一项重要内容。

5. 现金流量分析

通过现金流量表的分析，财务报表的使用者可以了解企业在该会计期间内现金流入、现金流出及现金净流量的综合信息，有助于其对企业现金的产生能力、使用方向和财务状况做出判断。

6. 成本费用分析

在市场经济条件下，产品的价格是由市场决定的。在同样的市场价格条件下，如果能降低成本、减少费用，企业就能获取较高的利润，从而在市场竞争中获得有利的地位；反之，则会在市场竞争中处于不利的地位，甚至被淘汰。成本费用分析是企业经营者最为关心的内容。

7. 收入、利润和利润分配分析

收入和利润水平的高低与企业生产经营规模和能力是否相适应，集中反映了企业经营管理的水平和盈利能力，也预示着企业未来的发展前景。而利润分配政策则直接关系到企业未来的发展和企业承担风险的能力，是企业经营者和投资者都十分关注的问题。

二、财务报表分析报告的作用

撰写财务报表分析报告是财会人员必须具备的基本功。财会人员应按照内部控制的要求，定期检查、分析财务预算的执行情况，挖掘增收节支的潜力，考核资金使用效果，揭露经营管理中的问题，及时向领导提出建议。财务报表分析报告的作用主要表现在以下几个方面：

（1）有利于掌握和评价企业的财务状况、经营成果和现金流量现状。

（2）有利于制定出符合客观经济规律的财务预算。

（3）有利于改善企业经营管理工作，提高财务管理水平。

三、财务报表分析报告的类型

财务报表分析报告可以按不同的标准进行分类。

（一）财务报表分析报告按分析的内容分类

1. 全面分析报告

全面分析报告也称系统分析报告或综合分析报告，是根据各项主要经济指标进行全面系统分析的报告。全面分析报告具有内容丰富、涉及面广、对决策有深远影响的特点，主要用于年度、半年度和季度的分析。

2. 简要分析报告

简要分析报告一般是围绕几个财务指标、计划指标或抓住一两个重点问题进行分析，是用以分析财务指标的完成情况，观察财务活动的发展趋势，提出工作改进建议的书面报告。这种分析报告具有简明扼要，切中要害的特点，主要适用于定期分析，通常按月或按季进行编报。

3. 专题分析报告

专题分析报告也称单项分析报告或专项分析报告，是对某项专门问题进行深入细致的调查分析后所写的一种书面报告。专题分析报告一般是结合当前企业的理财工作，对某些重大经济措施和业务上的重大变化，或对工作中的薄弱环节和存在的关键问题单独进行的专题分析。专题分析报告具有内容专一、一事一题、分析深透、反应及时等特点，可以随时运用，形式比较灵活。

（二）财务报表分析报告按分析的时间分类

1. 定期分析报告

定期分析报告一般是由上级主管部门或企业内部制定的每隔一段相等的时间应予编制和上报的财务分析报告。如每半年、年末编制的全面分析报告就属于定期分析报告。

2. 不定期分析报告

不定期分析报告是从企业财务管理、业务经营的实际需要出发，不做时间规定而编制的财务分析报告。如上述的专题分析报告就属于不定期分析报告。

四、财务报表分析报告的结构

结构是指分析报告如何分段而又构成一个整体的问题，报告根据其所反映的内容不同，其结构也有所不同。

1. 全面分析报告的结构

（1）标题。标题应简明扼要，准确反映报告的主题思想。

（2）基本情况。首先应注明财务报表分析报告的分析期，即报告的范围段。其次，应对企业分析期内经营状况做简要说明，对企业计划执行情况和各项经济指标完成情况做大致介绍，概括地反映分析期企业经营的基本面貌。

（3）各项财务指标的完成情况和分析。这是分析报告的主要部分。一般要对企业的盈亏额、营业收入额、成本费用水平、资产运营情况及偿债能力等项目的实际指标与其各项计划指标进行对比分析，与上年同期各项指标进行对比分析，与历史同期最高水平进行对比分析，也可与同行业其他企业进行简要的对比分析。

分析时，应采用绝对数与相对数指标相结合的方法，既要分析各项经济指标已完成情况，也要找出未完成的原因；既要反映取得的成绩和成功的经验，也要反映存在的问题，有数据、有比较、有分析。

为了使财务报表分析报告清晰明了，应编制财务分析图表，即根据分析的目的，将财务报表及有关经济资料，经过科学再分类、再组合，适当补充资料，配以分析计算项目，采用表格，简明扼要地表达资料各项目间的内在联系。财务分析图表能够清晰地显示出各指标之间的差异及变动趋势，使财务分析更形象、具体。如编制盈亏情况分析表、费用明细分析表、流动资金分析表等。

（4）建议和要求。财务分析应根据企业的具体情况提出有针对性的建议，对企业经营管理中的成绩和经验，应加以推广；对发现的问题，应提出一些切实可行的建议，以利于问题的解决。

2. 简要分析报告和专题分析报告的结构

简要分析报告的结构与上述全面分析报告的结构大体一致，只是内容较全面分析报告简明扼要些。专题分析报告一般一事一议，其结构灵活多样。

任务二　财务报表分析报告的撰写

一、财务报表分析报告撰写的基本步骤

财务报表分析报告的撰写通常有以下几个步骤：

1. 搜集资料

搜集资料是一个调查过程，深入全面的调查是进行科学分析的前提。分析人员可以在日常

工作中，根据财务分析内容要点，经常搜集、积累有关资料。这些资料既包括间接的书面资料，又包括从企业取得的第一手资料。具体内容如下：

（1）各类政策、法规性文件。

（2）历年财务报表分析报告。

（3）各类报纸、杂志公布的有关资料。

（4）统计资料或年度财务计划。

2. 整理核实资料

各种资料搜集齐全后，要加以整理核实，保证其合法性、正确性和真实性，同时根据所分析的内容进行分类。整理核实资料是财务分析工作中的中间环节，起着承上启下的作用。在这一阶段，分析人员应根据分析的内容、要点做些摘记，合理分类，以便查找和使用。

应该指出，搜集资料和整理核实资料不是截然分离的两个阶段，一般可以边搜集边核实整理，相互交叉进行。但切忌临近撰写分析报告才搜集资料，应把这项工作贯穿在日常进行，这样才能搜集到内容丰富、涉及面广、有参考价值的资料，在进行分析时就会胸有成竹，忙而不乱。

3. 财务报表分析报告的标题

标题是对财务报表分析报告的最精炼的概括，它不仅要确切地体现分析报告的主题思想，而且要用语简洁、醒目。由于财务报表分析报告的内容不同，其标题也就没有统一标准和固定模式，应根据具体的分析内容而定。如"某年度综合财务分析报告""某月份简要财务报表分析报告""资产使用效率分析报告"等都是较合适的标题。财务报表分析报告一旦拟定了标题，就应围绕标题展开写作，将所搜集、加工的资料作为撰写报告的素材，按照报告结构，用专业、通俗的语言加以归纳、总结、分析和说明。

4. 财务报表分析报告的起草

在搜集、加工整理资料、确定分析报告的标题后，就可以进入财务报表分析报告写作阶段。这一阶段的首要工作就是报告的起草，起草报告应围绕标题并按报告的结构进行。对全面分析报告的起草，最好先拟定报告的写作提纲，然后在提纲框架的基础上，依据所搜集、加工整理的资料，选择恰当的写作方法，起草全面分析报告。

5. 财务报表分析报告的修改和审定

财务报表分析报告起草后形成的初稿，可交主管领导审阅，并征求主管领导的意见和建议，再反复推敲，不断进行修改，充实新的内容，使之更加完善，更能反映出所写报告的特点，直至最后由主管领导审定。

二、财务报表分析报告的撰写要求

1. 突出重点

财务报表分析报告的编写应结合企业当前生产经营的情况和财务管理的具体要求，抓住重点的、关键的问题，抓住主要矛盾和矛盾的主要方面进行分析研究，层层解剖，刨根问底，这样才有利于说明事物的本质，起到以点带面，推动工作、指导工作的作用。分析报告切忌面面俱到，又什么都讲不清楚；切忌报流水账，而不突出主题、突出重点；切忌只提出问题，而没有分析问题和解决问题的建议或办法。

2. 数据确凿

坚持辩证唯物主义的观点和实事求是的作风，是编写财务报表分析报告的重要原则，而数据确凿是这一原则的重要体现。分析时所运用的数据、资料，应当真实、可靠，分析时应辩证地看问题，把定量分析和定性分析结合起来，把历史资料和现状情况结合起来，把肯定成绩和剖析缺点结合起来，把主观态度和客观情况结合起来。

3. 语言简练

财务报表分析报告的语言应以简练朴实、通俗易懂为好，使人一看就懂。文章的开头和结尾应简洁明了，不要套话连篇；内容层次应清楚明白，不要说空话，不要堆砌形容词，更不要只罗列一大堆材料数字，只见数字，不见文字，或者泛泛而谈，做冗长的解释。

4. 报告及时

财务报表分析报告有特定的时效性，一般应随财务报表一同报送，作为财务报表的附件。对报表的数据做恰当的文字说明，既能起到画龙点睛的作用，又可作为考核与分析企业一定时期内经营状况的依据，起到当好参谋的作用。

三、财务报表分析报告撰写时应注意的问题

（1）开头不要"套话"成串，落笔太远。有的人在写财务报表分析报告时，喜欢用一些现成的"套话"开头，例如，"在××精神的鼓舞下""在××的领导下""在××的努力下""在××的基础上"之类，说了一大串，然后才进入正文。这些套话似乎神通广大，放在任何时候、任何单位、任何一种分析报告中都行，成了"通用型"的配件，其实它是可有可无的，写上去不能解决什么问题，反而拉长了篇幅。财务报表分析报告要求开门见山，单刀直入，可有可无的套话应该尽量避免。

（2）正文不要罗列现象，言不及义。有的人写财务报表分析报告时，习惯罗列现象，把自己所了解的情况全部倒出来，不分主次轻重全部写上。由于缺乏必要提炼，结果是只见材料，不见观点，让人看了不知道要说明什么问题。还有一种情况是用"数字文字化"来代替分析，实际上搞的是数字游戏。这两种毛病的共同点是"言不及义"，即说了半天没有说出什么道理来。"分析报告无分析"是撰写财务报表分析报告的"致命伤"。没有好的分析，就没有好的分析报告。

（3）不要报喜不报忧。这种现象很常见，有的分析报告只反映经营业绩以及预测美好的发展前景，对发现的问题却只字不提，使企业经营管理者好大喜功，做出错误的判断。要尊重客观事实，实事求是，对成绩和好的经验应该予以肯定，并推广，对其中的不足和问题要有针对性的措施和建议。

（4）结尾不要用笼统的口号代替具体的建议和措施。有的分析报告在说明和分析问题之后，往往不是有针对性地提出建议和措施，而是用一些抽象笼统的口号来代替建议和措施。如"在新的一年里，我们一定要加强薄弱环节，大干快上，努力赶超先进水平，为完成和超额完成预算目标而奋斗！"等表述就是笼统的口号，要写清楚怎样加强薄弱环节，从哪些方面、采取哪些措施赶超先进水平等。只有写得具体、明确、实在，才能成为决策的依据，否则就起不到这样的作用，从而失去了撰写财务报表分析报告的意义。

四、财务报表分析报告撰写实例

前面项目二、项目三已根据 A 公司的资产负债表和利润表，对 A 公司 2018 年有关偿债能力、营运能力和盈利能力等做了分析，下面是 A 公司 2018 年度的财务报表分析报告实例（限于篇幅只就 A 公司的偿债能力、营运能力和盈利能力进行报告）。

A 公司 2018 年"三大能力"分析报告

2018 年年末，A 公司总资产为 962 658 万元，总负债为 365 603 万元，所有者权益总额为 597 055 万元，公司负债较少，表明该公司负债水平低；2018 年度 A 公司实现主营业务收入 800 857 万元，利润总额 138 022 万元，净利润 106 585 万元，与 2017 年度相比均有较大幅度增长，表明公司经营成果丰厚，经营能力强。下面就 A 公司 2018 年偿债能力、营运能力、盈利能力三大能力情况进行分析报告。

一、偿债能力分析

项　　目	2017 年年末	2018 年年末	行业平均值	同比差异	变动幅度（%）
流动比率（倍）	1.74	1.58	1.5	-0.16	-9.20
速动比率（倍）	1.61	1.40	1.0	-0.21	-13.04
现金比率（倍）	1.21	0.63	0.07	-0.58	-47.93
资产负债率（%）	41.24	37.98	64.5	-3.26	-7.90
产权比率（%）	70.19	61.23	81.6	-8.96	-12.77

由上表可知，A 公司 2018 年的流动比率、速动比率和现金比率均比 2017 年有所下降，说明 2018 年短期偿债能力有一定减弱，特别是现金比率下降幅度比较大，即时偿债能力下降比较明显。同时，该公司资产负债率和产权比率同比也有所下降，表明该公司长期偿债能力较上年有一定增强。这一"弱"一"强"，并不意味着是好或是坏，需要进一步分析。

1. 公司短期偿债能力分析

A 公司 2018 年短期偿债能力同比有所减弱，但并不是公司短期偿债能力弱，就 A 公司 2018 年短期偿债能力各项指标值所反映的偿债能力仍然很强，流动比率 1.58、速动比率 1.40、现金比率 0.63，在理论上讲都是高比率，而且远远高于行业平均值。各项短期偿债指标同比下降，特别是速动比率、现金比率下降幅度较大，表明该公司已经注意将多余现金资产用于对内或对外投资，因为 2017 年速动比率和现金比率实在是太高了，高到速动资产过剩。关于这一点，可以从 2018 年公司固定资产和在建工程同比增长（分别是 29.51% 和 61.50%）中得到印证。

2. 公司长期偿债能力分析

A 公司 2018 年长期偿债能力同比有所增强，但并不是公司有意要提高其长期偿债能力，而是因为，2017 年公司资产负债率 41.24%，其长期偿债能力已经很强了，之所以 2018 年资产负债率同比下降，主要是因为当年到期债务清偿后负债减少所致。在上述短期偿债能力分析中已经表明该公司速动资产过剩，且货币资金历年保有量较高，不需要大量负债。

A 公司偿债能力如此之强的原因，一是公司整体负债水平较低，2018 年资产负债率才

37.98%，远低于行业平均水平的64.5%；二是公司流动资产占比较大，且流动性特强；三是公司持续盈利，并保持较高留存率。当然，该公司资产负债率较低，且货币资金历年保有量较高，也可以反映出公司业务扩展不够，或公司经营过于保守，会造成大量资金闲置，从而失去增加更多收益的机会。从这一角度来说，该公司需要在发展战略、经营策略上大做文章，充分发挥现有资金的作用，为公司带来更多利益。这一方面说明其财务实力太强，另一方面也可能说明公司市场开发不够或过于保守。对此，该公司应调整发展战略，增强市场观念，充分利用闲置资金和必要负债大力开拓市场，增加营业覆盖面，争取更多收益。

二、营运能力分析

项　　　目	2017 年度	2018 年度	行业平均值	同比差异	变动幅度（%）
应收账款周转率（次）	14.95	11.47	5.8	-3.48	-23.28%
存货周转率（次）	13.33	13.41	2.1	0.08	0.60%
流动资产周转率（次）	2.26	2.32	1.4	0.06	2.65%
固定资产周转率（次）	6.28	6.17	1.8	-0.11	-1.75%
总资产周转率（次）	0.89	0.85	0.4	-0.04	-4.49%
净资产周转率（次）	1.42	1.40	1.0	-0.02	-1.41%

从表中可以看出，A 公司应收账款周转率同比下降幅度较大，但存货周转率和流动资产周转率同比有所提高，因此并不能说明公司营运能力降低了。应收账款周转率同比下降的原因主要是公司从 2018 年开始大量以医疗保险方式结算营业收入所致。

再看 A 公司固定资产、总资产和净资产周转率同比均有所下降，但下降幅度不大，表明公司 2017 年以来通过兼并收购、增加设施设备后，所增加的这部分资产还处于整合阶段，因而导致固定资产、总资产和净资产周转率下降。尽管如此，该公司 2018 年固定资产、总资产和净资产周转率仍然远远高于行业平均值，说明公司营运能力还是很强的。

三、盈利能力分析

项　　　目	2017 年度	2018 年度	行业平均值	同比差异	变动幅度（%）
营业利润率（%）	18.64	19.45	7.6	0.81	4.35
成本费用利润率（%）	19.59	19.84	6.7	0.25	1.28
总资产利润率（%）	15.35	14.58	3.2	-0.77	-5.02
净资产收益率（%）	18.85	18.63	4.7	-0.22	-1.17

从表中可以看出，A 公司 2018 年基于收入和费用考核的盈利指标同比高于上年，虽然基于资产考核的盈利指标同比有所下降，但幅度均不大，而且与 2018 年增资扩股有关，因此，公司总体盈利状况比较稳定。与行业均值相比，2018 年公司各项盈利指标值均远远高于行业水平，说明公司 2018 年的盈利能力在同行中是很强的。

从以上 A 公司三大能力分析可以看出，公司的营运能力强，盈利能力也会强；而盈利能力强，能进一步增强公司的偿债能力。这是正常企业生产经营所希望的。当然，公司也存在一定问题，主要是市场开拓不够，大量资金闲置，表现在流动比率、速动比率和现金比率过高。还有公司总体负债水平过低，长期负债偏少，表明对外融资过于保守，不善于利用财务杠杆。对于公司存在的问题，建议采取以下措施加以解决：

（1）增加公司在全国范围内的营业覆盖面，进行业务扩展，进一步加大对内投资，既为公司闲置资金找到了出路，又为公司增加收益提供了物质基础。

（2）公司要适当调整资本结构、增加负债，特别要注意利用长期负债所带来的杠杆效应，不断提高股东收益水平。

（3）对于富余现金，可适当增加对外投资，包括交易性金融资产、可供出售金融资产和持有至到期投资等，以充分发挥公司理财功能，增加投资收益。

总结经验是为了再战，发现问题是为了改进，希望公司能在以后的经营中取得更大成绩。

同步训练

（一）填空题

1. 撰写财务报表分析报告是财会人员必须具备的_____。

2. 全面分析报告也称_____或_____报告，是根据各项主要经济指标进行全面系统分析的报告。

3. 专题分析报告也称_____或_____报告，是对某项专门问题进行深入细致的调查分析后所写的一种书面报告。

（二）单项选择题

1. 以下属于全面分析报告的是（   ）。
   A. 年度分析报告　　　　　　　　B. 专题分析报告
   C. 不定期分析报告　　　　　　　D. 简要分析报告

2. 以下属于简要分析报告的是（   ）。
   A. 年度分析报告　　　　　　　　B. 半年度分析报告
   C. 月度分析报告　　　　　　　　D. 不定期分析报告

3. 以下属于专题分析报告的是（   ）。
   A. 定期分析报告　　　　　　　　B. 年度分析报告
   C. 月度分析报告　　　　　　　　D. 资本结构分析报告

（三）多项选择题

1. 财务报表分析报告的作用主要表现在（   ）。
   A. 有利于掌握和评价企业的财务状况、经营成果和现金流量现状
   B. 有利于制定出符合客观经济规律的财务预算
   C. 有利于改善企业经营管理工作，提高财务管理水平
   D. 有利于加强宏观经济管理

2. 全面分析报告的结构应包括（   ）。
   A. 标题　　　　　　　　　　　　B. 基本情况
   C. 各项财务指标的完成情况和分析　D. 建议和要求

3. 财务报表分析报告按分析内容分类包括（　　　）。
　　A. 专题分析报告　　　　　　　　B. 专业分析报告
　　C. 全面分析报告　　　　　　　　D. 简要分析报告

4. 财务报表分析报告的撰写步骤包括（　　　）。
　　A. 搜集资料和整理核实资料　　　B. 财务报表分析报告的标题
　　C. 财务报表分析报告的起草　　　D. 财务报表分析报告的修改和审定

5. 财务报表分析报告的撰写要求包括（　　　）。
　　A. 重点突出　　　B. 语言简练　　　C. 数据确凿　　　D. 报告及时

6. 财务报表分析报告撰写存在的主要问题包括（　　　）。
　　A. 开头"套话"成串，落笔太远　　B. 数据不准确
　　C. 正文罗列现象，言不及义　　　　D. 报喜不报忧

（四）判断题

（　　）1. 不同的财务报表分析报告所反映的内容不同，但其结构是相同的。

（　　）2. 简要分析报告的结构与全面分析报告的结构大体一致，只是内容较全面分析报告要
　　　　　简明扼要一些。

（　　）3. 专题分析报告一般一事一议，其结构可灵活多样。

（　　）4. 搜集资料和整理核实资料不是截然分离的两个阶段。

（　　）5. 财务报表分析报告的内容不同，但其标题要固定统一。

项目实训　年度全面分析报告写作

实训目标与能力要求

本实训目标是培养学生对财务报表分析报告写作的能力。其能力要求是：

（1）掌握财务报表分析报告写作步骤和要求。

（2）能够将各自公司上一年度全面分析以书面报告的形式展现出来。

实训方式与内容

在项目一同步实训分行业、分小组和各自公司财务报表分析的基础上，将上一年度全面分析的过程、步骤、分析结论和建议，按照全面分析报告的撰写要求，形成书面报告。

实训步骤

（1）拟订各自财务报表分析报告写作大纲。

（2）将各自公司上一年度财务报表分析资料进行归纳、整理。

（3）按照财务报表分析报告撰写要求起草报告，起草时同组同学应在一起进行交流、讨论，形成各自分析报告（文档要求同前）。

（4）实训小组组长将小组成员的实训成果（全面分析报告）打包上传给学委，学委集中打包上传给老师，由老师组织互评。

（5）指导老师根据学生实训成果的质量和互评结果确定实训成绩。

实训考核

根据学生选择计算分析方法的正确性、指标计算结果的准确性、分析报告写作和参与讨论情况进行评分。

本项目框架结构图

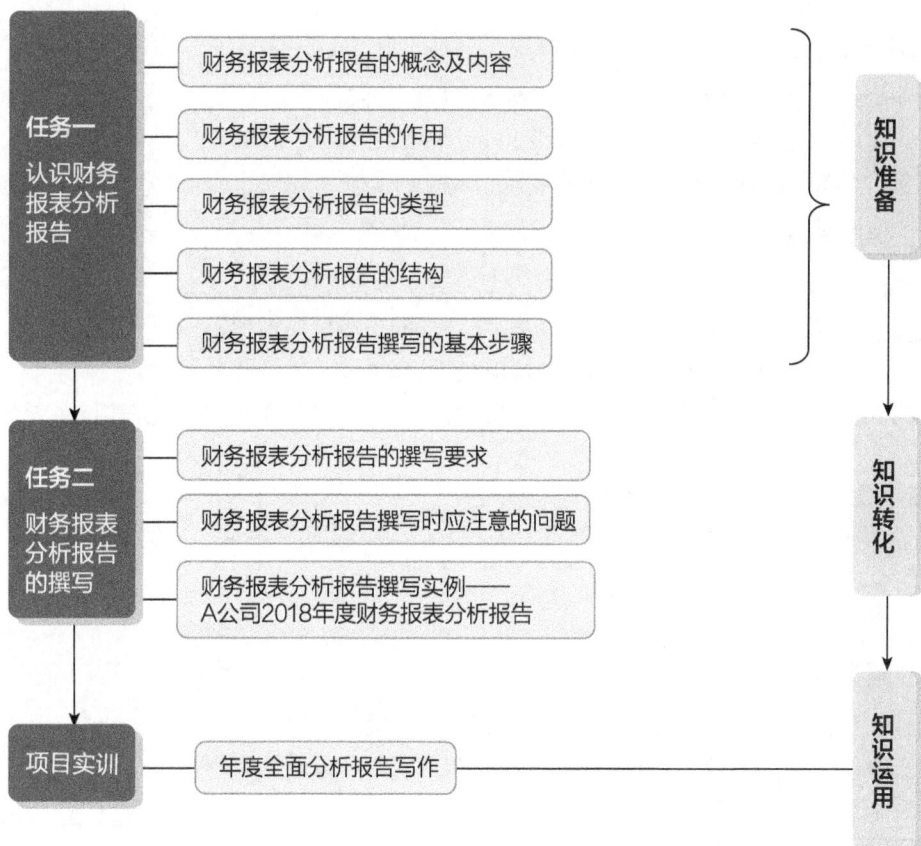

附　录

附录 A　企业财务绩效定量评价指标计算公式

一、盈利能力状况

(一) 基本指标

1. 净资产收益率 = 净利润 ÷ 平均净资产 × 100%

平均净资产 = (年初所有者权益 + 年末所有者权益) ÷ 2

2. 总资产报酬率 = (利润总额 + 利息支出) ÷ 平均资产总额 × 100%

平均资产总额 = (年初资产总额 + 年末资产总额) ÷ 2

(二) 修正指标

1. 销售 (营业) 利润率 = 主营业务利润 ÷ 主营业务收入净额 × 100%

2. 盈余现金保障倍数 = 经营现金净流量 ÷ (净利润 + 少数股东损益)

3. 成本费用利润率 = 利润总额 ÷ 成本费用总额 × 100%

成本费用总额 = 主营业务成本 + 主营业务税金及附加 + 经营费用 (营业费用) + 管理费用 + 财务费用

4. 资本收益率 = 净利润 ÷ 平均资本 × 100%

平均资本 = [(年初实收资本 + 年初资本公积) + (年末实收资本 + 年末资本公积)] ÷ 2

二、资产质量状况

(一) 基本指标

1. 总资产周转率 (次) = 主营业务收入净额 ÷ 平均资产总额

2. 应收账款周转率 (次) = 主营业务收入净额 ÷ 应收账款平均余额

应收账款平均余额 = (年初应收账款余额 + 年末应收账款余额) ÷ 2

应收账款余额 = 应收账款净额 + 应收账款坏账准备

(二) 修正指标

1. 不良资产比率 = (资产减值准备余额 + 应提未提和应摊未摊的潜亏挂账 + 未处理资产损失) ÷ (资产总额 + 资产减值准备余额) × 100%

2. 资产现金回收率 = 经营现金净流量 ÷ 平均资产总额 × 100%

3. 流动资产周转率(次) = 主营业务收入净额 ÷ 平均流动资产总额

平均流动资产总额 = (年初流动资产总额 + 年末流动资产总额) ÷ 2

三、债务风险状况

（一）基本指标

1. 资产负债率 = 负债总额 ÷ 资产总额 × 100%

2. 已获利息倍数 = （利润总额 + 利息支出）÷ 利息支出

（二）修正指标

1. 速动比率 = 速动资产 ÷ 流动负债 × 100%

速动资产 = 流动资产 − 存货

2. 现金流动负债比率 = 经营现金净流量 ÷ 流动负债 × 100%

3. 带息负债比率 = （短期借款 + 一年内到期的长期负债 + 长期借款 + 应付债券 + 应付利息）÷ 负债总额 × 100%

4. 或有负债比率 = 或有负债余额 ÷ （所有者权益 + 少数股东权益）× 100%

或有负债余额 = 已贴现承兑汇票 + 担保余额 + 贴现与担保外的被诉事项金额 + 其他或有负债

四、经营增长状况

（一）基本指标

1. 销售（营业）增长率 = （本年主营业务收入总额 − 上年主营业务收入总额）÷ 上年主营业务收入总额 × 100%

2. 资本保值增值率 = 扣除客观增减因素的年末国有资本及权益 ÷ 年初国有资本及权益 × 100%

（二）修正指标

1. 销售（营业）利润增长率 = （本年主营业务利润总额 − 上年主营业务利润总额）÷ 上年主营业务利润总额 × 100%

2. 总资产增长率 = （年末资产总额 − 年初资产总额）÷ 年初资产总额 × 100%

3. 技术投入比率 = 本年科技支出合计 ÷ 主营业务收入净额 × 100%

资料来源：国务院国有资产监督管理委员会颁布的《中央企业综合绩效评价实施细则》（国资发评价〔2006〕157 号）

附录 B 2018 年工业主要指标平均值对照表

行业名称	净资产收益率	总资产报酬率	成本费用利润率	资产负债率	销售（营业）增长率
一、工业	4.4	3.7	6.2	59.5	13.9
（一）煤炭工业	3.4	2.5	9.5	59.5	10.1
（二）石油石化工业	3.0	2.4	3.7	59.5	14.6
1. 天然原油天然气开采业	1.9	1.6	0.1	59.5	13.2
2. 石油加工及炼焦业	5.6	2.6	4.4	59.5	17.7
（三）冶金工业	3.2	2.5	2.2	59.5	14.5
1. 黑色金属矿采选业	1.3	1.0	0.7	59.5	15.3
2. 有色金属矿采选业	3.0	2.6	1.4	59.5	8.5
3. 黑色金属冶炼业	3.8	1.7	2.5	59.5	19.2
4. 有色金属冶炼业	3.9	3.2	1.9	59.5	14.6
（四）建材工业	6.4	4.5	6.3	59.5	7.9
1. 建筑用矿石采选业	2.3	1.0	1.3	59.5	1.0
2. 水泥制造业	7.3	5.3	10.5	59.5	17.9
3. 水泥及石膏制品制造业	5.3	4.0	6.9	59.5	11.1
4. 砖瓦石材及其他建筑材料制造业	2.4	0.7	2.3	59.5	7.5
5. 平板玻璃制品业	1.9	1.2	0.3	59.5	4.7
6. 结构性金属制品业	2.9	1.4	0.5	59.5	−1.9
7. 建筑用金属制品业	3.9	3.7	3.5	59.5	0.3
（五）化学工业	4.3	2.4	3.0	59.5	12.2
1. 基础化学原料制造业	4.0	2.4	1.4	59.5	21.9
2. 肥料制造业	2.6	1.4	−1.4	59.5	17.9
3. 日用和化学产品制造业	3.1	1.7	0.6	59.5	2.1
4. 化纤制造业	4.4	1.6	4.5	59.5	6.0
5. 橡胶制品业	5.5	3.2	3.2	59.5	−0.4
6. 塑料制品业	3.5	2.9	4.4	59.5	6.7
7. 农药制造业	5.3	4.3	4.5	59.5	10.0
（六）森林工业	0.8	0.2	0.6	59.5	12.3
（七）食品工业	5.4	3.3	2.8	59.5	4.0

（续）

行业名称	净资产收益率	总资产报酬率	成本费用利润率	资产负债率	销售（营业）增长率
1. 食品加工业	4.8	2.5	1.2	59.5	3.7
2. 食品制造业	6.1	5.0	6.8	59.5	6.2
（八）烟草工业	13.2	12.7	14.0	59.5	6.0
卷烟制造业	15.6	14.4	14.9	59.5	5.6
（九）纺织工业	1.7	1.6	0.8	59.5	1.8
1. 棉化纤纺织业	2.4	2.4	1.1	59.5	2.2
2. 毛纺织业	3.3	3.0	1.6	59.5	4.3
3. 麻纺织业	-0.9	-0.4	-1.1	59.5	1.6
4. 丝绢纺织业	4.4	2.6	1.7	59.5	3.5
（十）医药工业	8.8	6.3	16.3	59.5	8.2
1. 化学药品制造业	6.7	4.6	14.7	59.5	7.5
2. 中药材及中成药加工业	11.4	8.7	20.0	59.5	9.5
（十一）机械工业	3.4	3.3	6.1	59.5	4.5
1. 金属制品业	3.3	2.1	3.5	59.5	7.3
2. 金属工具制造业	5.1	3.3	3.6	59.5	14.0
3. 通用设备制造业	3.1	1.9	2.6	59.5	2.5
（1）锅炉及原动机制造业	5.6	2.9	1.4	59.5	2.0
（2）金属加工机械制造业	4.0	1.5	1.2	59.5	1.7
（3）其他通用设备制造业	3.5	2.4	3.0	59.5	2.0
（4）轴承制造业	3.0	2.4	2.5	59.5	8.8
4. 专用设备制造业	4.5	2.4	2.2	59.5	3.2
（1）冶金矿山建筑设备制造业	4.6	2.2	0.9	59.5	3.8
1）矿山机械制造业	3.1	1.5	0.9	59.5	5.9
2）建筑工程用机械制造业	4.7	2.4	3.5	59.5	8.8
3）冶金专用设备制造业	3.3	1.0	0.7	59.5	-4.2
（2）化工木材非金属加工设备制造业	4.4	2.3	1.4	59.5	3.3
（3）轻纺设备制造业	0.7	0.4	2.1	59.5	10.2
（4）农林牧渔水利业机械制造业	2.7	1.1	3.7	59.5	-13.9
（5）医疗仪器设备制造业	5.5	3.0	2.2	59.5	10.1
（6）电子和电工机械专用设备制造业	6.2	3.9	5.9	59.5	3.9
5. 交通运输设备制造业	7.9	5.0	6.8	59.5	5.2
（1）铁路运输设备制造业	6.8	5.1	9.2	59.5	3.7
（2）汽车制造业	8.0	5.7	7.2	59.5	5.9
1）汽车整车制造业	9.4	6.1	7.5	59.5	5.5
2）汽车零部件及配件制造业	7.6	5.1	6.5	59.5	7.1

（续）

行业名称	净资产收益率	总资产报酬率	成本费用利润率	资产负债率	销售（营业）增长率
（3）摩托车制造业	1.9	1.5	0.6	59.5	7.8
（4）自行车制造业	2.6	0.2	1.5	59.5	3.5
（5）船舶制造业	2.8	1.1	1.2	59.5	−2.8
6. 电气机械及器材制造业	5.9	3.5	5.5	59.5	−0.4
（1）电机制造业	4.0	2.5	3.4	59.5	−3.0
（2）输配电及控制设备制造业	6.9	4.0	7.2	59.5	−2.5
（3）电工器材制造业	2.7	2.2	1.5	59.5	9.1
（4）家用电器制造业	3.1	2.8	2.9	59.5	2.2
（5）照明器具制造业	5.0	4.1	4.4	59.5	5.7
7. 仪器仪表及文化办公用制造业	5.3	3.3	6.0	59.5	5.1
（1）通用仪器仪表制造业	4.9	2.5	4.0	59.5	−3.6
（2）专用仪器仪表制造业	6.3	3.1	6.9	59.5	3.9
（3）文化办公用机械制造业	3.8	2.0	4.3	59.5	−0.1
（4）钟表制造业	6.4	4.0	8.4	59.5	9.9
（十二）电子工业	4.5	2.4	4.3	59.5	7.6
1. 通信设备制造业	4.6	3.6	5.0	59.5	5.7
2. 广播电视设备制造业	3.5	2.7	3.0	59.5	5.0
3. 电子计算机制造业	3.9	2.3	2.2	59.5	8.4
4. 电子元器件制造业	3.7	2.5	5.0	59.5	7.7
5. 家用影视设备制造业	3.5	2.3	5.8	59.5	3.3
（十三）电力燃气工业	5.7	3.9	3.5	59.5	7.8
1. 电力生产业	6.5	4.4	5.9	59.5	2.7
（1）火力发电业	3.3	2.9	1.3	72.0	5.0
（2）水力发电业	7.8	5.9	22.9	59.5	1.4
2. 电力供应业	3.2	2.7	2.0	64.5	2.5
3. 热力生产和供应业	1.7	1.2	1.4	59.5	8.6
4. 燃气生产和供应业	4.8	2.7	3.4	59.5	13.5
（十四）水生产与供应业	3.2	2.9	10.3	59.5	6.8
（十五）轻工业	4.1	3.0	4.2	59.5	4.9
1. 采盐业	3.3	1.8	5.5	59.5	1.4
2. 酒和饮料制造业	8.6	5.7	6.0	59.5	3.4
（1）白酒制造业	13.2	9.4	7.5	59.5	8.8
（2）啤酒制造业	7.5	4.9	5.1	59.5	1.3
（3）制茶业	9.1	4.3	4.8	59.5	24.5
3. 纺织服装服饰业	5.8	4.1	2.3	59.5	3.0

（续）

行业名称	净资产收益率	总资产报酬率	成本费用利润率	资产负债率	销售（营业）增长率
4. 皮革毛皮羽绒及其制品业	6.9	3.7	4.7	59.5	-1.7
5. 家具制造业	1.6	0.6	2.7	59.5	5.1
6. 造纸及纸制品业	0.7	0.5	0.7	59.5	15.0
7. 印刷业记录媒介的复制业	3.6	2.0	4.6	59.5	3.5
8. 文教体育用品制造业	3.1	1.7	0.9	59.5	0.2
9. 工艺品及其他制造业	3.4	2.7	3.7	59.5	3.2
（十六）其他工业	1.9	1.4	2.0	59.5	4.9

参考文献

［1］李心合，赵华. 会计报表分析 ［M］. 北京：中国人民大学出版社，2004.

［2］梁伟祥. 企业会计与报表解读 ［M］. 北京：科学出版社，2004.

［3］曹军，刘翠侠. 财务报表编制与分析实务 ［M］. 北京：清华大学出版社，2004.

［4］徐政旦，石人瑾，林宝璨，等. 成本分析 ［M］. 上海：上海三联书店，2004.

［5］荆新，王化成，刘俊彦. 财务管理学 ［M］. 北京：中国人民大学出版社，2009.

［6］金中泉. 财务报表分析 ［M］. 北京：中国财政经济出版社，2001.

［7］王化成，汤谷良. 财务案例 ［M］. 杭州：浙江人民出版社，2003.

［8］席伟. 新会计制度下的财务案例 ［M］. 北京：中国物价出版社，2004.

［9］吴安平，王明珠，尹桂凤，等. 财务管理学教学案例 ［M］. 北京：中国审计出版社，2001.

［10］廖玉，凌荣安. 会计报表分析技能与案例 ［M］. 北京：中国财政出版社，2003.

［11］刘桂英，邱丽娟. 财务管理案例实验教程 ［M］. 北京：中国铁道出版社，2005.

［12］国务院国资委考核分配局. 企业绩效评价标准值：2018 ［M］. 北京：经济科学出版社，2018.

［13］中华人民共和国财政部. 企业会计准则应用指南：2019 年版 ［M］. 上海：立信会计出版社，2019.